国家自然科学基金青年项目(72403258)
高等学校学科创新引智计划(B21038)
| 资助

气候变化背景下
企业高质量发展
路径研究

任晓航 著

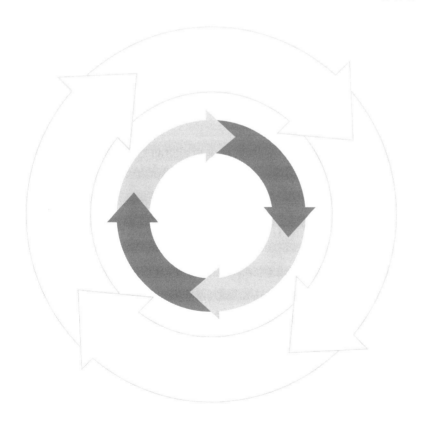

中国财经出版传媒集团

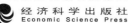

经济科学出版社
Economic Science Press

·北 京·

图书在版编目（CIP）数据

气候变化背景下企业高质量发展路径研究／任晓航
著. -- 北京：经济科学出版社，2025.6. -- ISBN 978 -
7 - 5218 - 6871 - 5

Ⅰ. F279. 2

中国国家版本馆 CIP 数据核字第 2025KF4167 号

责任编辑：张　燕
责任校对：李　建
责任印制：张佳裕

气候变化背景下企业高质量发展路径研究

任晓航　著

经济科学出版社出版、发行　新华书店经销

社址：北京市海淀区阜成路甲 28 号　邮编：100142

总编部电话：010 - 88191217　发行部电话：010 - 88191522

网址：www. esp. com. cn

电子邮箱：esp@ esp. com. cn

天猫网店：经济科学出版社旗舰店

网址：http://jjkxcbs. tmall. com

北京鑫海金澳胶印有限公司印装

710×1000　16 开　15 印张　240000 字

2025 年 6 月第 1 版　2025 年 6 月第 1 次印刷

ISBN 978 - 7 - 5218 - 6871 - 5　定价：89.00 元

（图书出现印装问题，本社负责调换。电话：010 - 88191545）

（版权所有　侵权必究　打击盗版　举报热线：010 - 88191661

QQ：2242791300　营销中心电话：010 - 88191537

电子邮箱：dbts@ esp. com. cn）

前　　言

　　从工业革命的繁荣到落幕，从科技革命的兴起到全盛，人类经济社会发展的历史车轮滚滚向前，让世界共同见证了生产力进化的奇迹。作为地表贮藏的宝藏——化石能源，燃烧迸发的巨大能量将人类推入经济社会发展鼎盛时期的同时，也开启了全人类共同经历温室效应熔炼的时代。极端天气、冰川消融、山火肆虐、物种濒危、热浪侵袭，气候危机的阴影笼罩全球，人与自然和谐共处的诉求呼之欲出，可持续发展的呼声振聋发聩，低碳转型的进程迫在眉睫，生产力的绿色革命势在必行……

　　气候变化的难题对人类绿色发展意识的唤醒催生出经济社会谋求永续发展的新型理念——高质量发展。作为全球应对气候风险的中流砥柱，中国率先对"高质量发展"进行了全新界定和精准诠释。高质量发展之路作为聚合创新、协调、绿色、开放、共享先进理念的高效率发展之路，是使得人类经济社会发展不再受气候危机裹挟的科学发展之路。秉着将生态环境与经济发展置于同一架天平的原则，高质量发展引领着社会生产力的绿色变革，为人类在与自然相争的局面中开拓出新格局。

　　企业作为社会生产力的主要载体，是气候变化挑战当前社会生产绿色革命的先驱。不可否认的是，一方面，在气候变化所掀起的风浪之中，企业发展深受其害，气候风险为企业开辟高质量发展之路设下重重障碍。另一方面，企业作为新兴生产力的萌生之所，是人类经济社会应对气候变化的绿色革命成功的关键。因而，企业的高质量发展是当前解除气候危机的第一要务，探寻气候变化时代企业的高质量发展之路是当前经济发展破除气候风险困境的必由之路。由此，本书基于构建人类命运共同体的责任担当和历史使命，为人类经济社会在自然威胁中谋求绿色发展空间的初衷，以及当前学术研究对高质量发展之路探索未涉及微观视域的局限，全面系统地探寻了气候变化背景下企业的高质量发展路径。

本书在借鉴和糅合高质量发展以及气候变化优秀成果的基础上，搭建了完整的探索企业高质量发展之路的研究框架，结合了理论分析和经验借鉴的方法，构建了多元完善的企业高质量发展评价体系，运用了计量模型和实证检验相结合的模式，验证了气候风险对企业高质量发展的影响，采用了归纳提取和价值衍生的方式，总结了气候风险冲击下企业高质量发展的战略规划。通过一系列的研究工作，本书旨在为企业如何在气候危机中破局提供高质量发展方向，通过企业高质量发展水平的跃升释放动力推动经济社会绿色生产革命的胜利，同时也为高质量发展以及气候风险等研究领域提供全新的学术资源，为后续研究进一步深入探索气候变化困境中的高质量发展之路提供第一手参考资料。

本书内容共包含十章，主要按照研究背景阐述、理论与研究综述、气候变化对企业高质量发展影响探讨以及结论总结和政策价值延伸四个部分展开。具体内容按以下结构展开。

第 1 章为绪论。主要介绍了本书的研究背景、选题意义、研究方法、研究内容、研究目的、研究创新与局限之处以及本书拟解决的关键问题。通过对全书架构的梳理，搭建了本书的系统研究框架——本书的结构总览，为读者阅读本书提供清晰完整的脉络。

第 2 章为文献综述和理论基础。对本书的核心概念进行了科学定义，详尽解释了气候风险及企业高质量发展的深层含义、衡量标准以及影响因素，并引入公司治理理论构建理论基础框架，对气候风险与公司治理的重点研究进行了系统的总结、归纳、整理，为读者全方位理解气候风险与企业高质量发展提供系统的学术素材。

第 3 章为气候风险与企业全要素生产率。本章采用重点行业上市公司的面板数据对气候风险与企业全要素生产率之间的关系进行了实证分析，揭示了气候风险对企业全要素生产率具有正向激励的基本事实，并进一步探讨了气候风险对企业全要素生产率产生影响的具体渠道，为能源生产及消费行业在气候变化挑战下基于生产绩效的提升路径提供了高质量发展方案。

第 4 章为气候风险与企业环境绩效。本章基于经济投入—产出生命周期评估方法对企业碳足迹的量化，采用动态面板估计检验了气候风险对企业碳排放的影响效应，强调了气候恶化会刺激企业碳排放水平上涨这一基本结论，并就气候风险对企业碳排放产生影响的机制以及异质性展开了详尽讨论，为企业在气候风险的冲击中以提升环境绩效为途径稳住高质量发展水平提供思路指引。

第 5 章为气候风险与企业创新。本章采用中国 A 股上市公司的面板数据探讨了气候风险对企业创新投入的影响，明确了气候风险对企业创新研发投入所具有的显著正向刺激效应，并就气候风险对企业创新研发投入的激励作用展开异质性分析和影响机制探讨，为企业通过技术革命破除气候风险威胁助力高质量发展增强战略自信。

第 6 章为气候风险与企业过度负债。本章基于 A 股上市公司的面板数据研究了气候风险与企业过度负债之间的直接与间接关系，收获了气候风险提升了企业过度负债水平这一全新发现，并通过影响机制分析和异质性检验进一步厘清了气候风险对企业过度负债的影响途径与差异化表现，为企业在气候危机中通过优化财务策略减小高质量发展阻力提供可操作指南。

第 7 章为气候风险与企业股价崩盘风险。本章采用动态面板模型对气候风险作为股价崩盘风险的触发因素进行了系统验证，并基于异质性分析与影响机制探讨进一步强化了气候风险引发股价崩盘风险的细节，从企业内部及外部双重视角明确了气候风险影响股价崩盘的渠道，为增强企业面临气候风险冲击的经济韧性从而稳住高质量发展内核提供价值策略。

第 8 章为气候风险与企业金融化。本章采用固定效应模型研究了气候风险对中国 A 股上市公司金融化趋势的作用效果，并通过异质性检验与影响机制探索清晰呈现了气候风险对不同企业金融化影响的显著差异以及两者之间产生因果关联的中间渠道，为企业通过调整资产结构对冲气候风险的负外部影响从而增强高质量发展定力提供路径选择。

第 9 章为气候风险与企业数字化转型。本章采用中国 A 股上市公司的面板数据考察了气候风险对企业数字化转型进程的激励效果，并聚焦于异质性分析与影响机制探索阐明了企业数字化转型受气候风险影响差异性产生的深层原因以及渠道发挥作用的根本原理，为企业通过数字技术渗透抗衡气候危机，清除高质量发展阻碍提供精细化的指导方针。

第 10 章为结论。对全书所做研究工作进行系统回顾与全面总结，对本书研究成果进行精炼和萃取，并基于研究结论所展示的科学事实构建完整、适用、精细、灵活的政策框架，为深陷气侯变化困局的企业高质量发展提供长远、创新、可行、实际的战略决策参考体系，为世界各国经济社会在气候变化挑战中铺展高质量发展道路提供实践指南模板。

本书由浅入深、从易至难、化繁为简阐明了当前人类经济社会可持续发展被气候变化掣肘的难题，以及在解放绿色生产力应对气候风险的呼声下企业高质量发展的意义。在本书中，企业高质量发展被视为解除气候危机对经济社会发展束缚的关键途径，本书系统全面地为读者展示了企业高质量发展的多维量化指标，深入科学地考察了气候风险对企业高质量发展形成的桎梏，不遗余力地探索了气候变化背景下企业的高质量发展路径，力求以科学严谨的学术态度为企业的高质量发展以及人类社会的可持续繁荣描绘广阔共进的绿色蓝图。

本书得到了国家自然科学基金青年项目（项目批准号：72403258）和高等学校学科创新引智计划（项目批准号：B21038）的支持，由中南大学任晓航主持撰写，是团队就气候金融与公司金融长期研究的学术成果集成之作，也是团队所有学术工作者不懈努力、持之以恒的智慧结晶。在出版过程中，感谢团队成员肖娅、杨婉平、付海琴、付晨佳、章子琪、胡水灵、刘雪、卢谦、钟妍等同学在修改程序和校对工作中的努力与付出。抵御气候变化，铺就人类经济社会高质量发展的康庄大道任重而道远，本书作为融合气候金融与公司治理研究的高质量发展学术新作，期望为将来气候变化下人类社会高质量发展路径探索提供智库支持，在与关注气候危机和高质量发展研究的学者交流中迸发出更绚丽的思想火花，望更多的科研工作者与我们且行且探讨，且做且深化，且思且创新！

任晓航

2024 年冬于长沙市岳麓山下

目　　录

第 1 章

绪　　论

1.1　研究背景与选题意义

自第一次工业革命以来，全球进入了能源生产和消费的跃进时代，世界各国相继展开了以化石能源消耗为基础的工业军备竞赛。不计代价的粗放式发展使得二氧化碳等温室气体排放剧增，人类进入全球气候变暖的历史性时期，气候变化愈演愈烈，自然灾害随时可能发生。相比于 20 世纪中叶，当前全球地表温度上升约 1.2 摄氏度，极端自然灾害事件增加一倍有余。危机预警频繁显现，高温和干旱致使热带雨林大面积萎缩，陆地冰川融化引发海平面急剧上升，洪涝、飓风和森林火灾肆虐全球（Castells-Quintana et al，2021；Fankhauser and Tol，2005）。气候问题俨然成为制约人类社会可持续发展的重要阻碍，对人类社会的能源安全、生态安全、粮食安全以及水资源安全等基本生存要素产生了深重威胁，进而危及整个人类社会的生存安全（Stroebel and Wurgler，2021；Su et al，2020）。因此，气候变化问题逐渐成为国际社会关注的焦点，引发了人们对于现有的粗放式经济发展模式的反思，寻求低碳减排的绿色经济发展模式成为当前世界各国政府组织亟待解决的重要问题。

为解除全球气候变化带来的威胁，各国将控制二氧化碳等温室气体的排放提上日程，相继达成了一系列协定，包括《联合国气候变化框架公约》(1992 年)、《京都议定书》(1997 年)、《坎昆协议》(2010 年)、《巴黎协定》(2016 年)(Arbex and Batu, 2020)。其中,《巴黎协定》的签订成为气候联合行动中的里程碑事件。该协定由 178 个缔约方共同签署,对自 2020 年起全球应对气候变化的行动进行了统一规划。该协定的长期目标是将全球平均气温上升幅度较前工业化时期控制在 2 摄氏度以内,且努力将温度上升幅度限制在 1.5 摄氏度以内,并实现 21 世纪下半叶温室气体的"净零排放"。全球多个国家和地区已做出"碳中和"承诺。在第 75 届联合国大会上,中国正式提出在 2030 年之前实现"碳达峰",并在 2060 年之前实现"碳中和"的减排目标。

为有效应对气候变化,保护生态环境,探索可持续发展路径,中国的环境保护战略历经了一系列重大变革(王金南等,2019)。1979 年 9 月,我国颁布第一部环境法律——《中华人民共和国环境保护法(试行)》,标志着我国环境保护开始走上依法管理的道路。1994 年 3 月,国务院通过《中国 21 世纪议程》,将可持续发展总体战略提升为国家战略。习近平同志于 2005 年首次提出"绿水青山就是金山银山"的理念,环境保护成为社会经济发展的引领性目标。2013 年,党的十八大通过《中国共产党章程(修正案)》,将生态文明建设纳入党的行动纲领。2014 年 4 月,我国完成对《中华人民共和国环境保护法》的修订。2018 年 3 月,第十三届全国人大通过的《中华人民共和国宪法修正案》将生态文明和"美丽中国"写入宪法,为生态文明建设提供了国家根本大法的指导。2020 年,我国正式提出"双碳"发展战略。至此,我国的环境保护行动在循序渐进中实现了规模化、组织化和高效化。

经过多年实践,我国的环境保护和生态文明建设取得了一系列可观成果(侯宇恒等,2023)。首先,能源结构持续优化。我国已建成世界最大规模的超低排放清洁煤电供应体系,煤炭占比从 2011 年的 70% 左右降至 2018 年的 59%;2020 年底,光伏、风能装机容量及发电量均居世界首位,全国清洁能源占能源消费的比重达 23.4%。其次,生态保护稳步推进。截至 2019 年 9 月底全国已建立 2 750 个自然保护区,总面积达 147 万平方千米,占陆域国土面积的比例达 15%,其中国家级自然保护区达 474 个。如果算上我国其他的各类自然保护地，则占陆域国土面积的 18%，即提前实现了联合国《生物多样性公约》提出的到 2020 年保护地面积达 17% 的目标。此外，全国森林覆盖率已由新中国成立之初的 8% 提高到 2018 年的22.96%。基于上述生态文明建设成果和新时代中国经济发展的鲜明特征，单一地追求经济高速增长的阶段性目标已不再适用于当前发展的价值追求。摒弃高能低效的发展方式，力求实现经济与环境效益双赢的高质量发展进程拉开序幕。党的十九大报告明确指出，"我国经济已由高速增长阶段转向高质量发展阶段"。在党的二十大开幕会上，习近平总书记进一步提出，"高质量发展是全面建设社会主义现代化国家的首要任务"。高质量发展逐渐成为经济社会发展的主旋律。

高质量发展即以质量和效益为价值取向的发展模式（丁志帆，2020）。高质量发展是基于我国经济发展新时代、新变化、新要求而对经济发展的价值取向、原则遵循、目标追求所作出的重大调整，是创新、协调、绿色、开放、共享的新发展理念的高度聚合，是创新为第一动力、协调为内生特点、绿色为普遍形态、开放为必由之路、共享为根本目的的全新发展方式（金碚，2018）。它要求以质量为核心，以"质量第一，效率优先"为原则，使得发展思路的确定、经济政策的制定以及经济调控的实施都更好地服务于总体质量和效益的提升（黄速建等，2018）。

高质量发展理念是通过以宏观层面的经济高质量发展为主旨，以微观层面的企业高质量发展为途径予以实现的。无论是经济发展方式和增长动能的转换、经济结构的优化还是发展质量和发展效率的突破，都离不开企业所发挥的主体功能（Ma and Zhu，2022；Wang et al，2022）。然而，目前对高质量发展的研究主要聚焦于宏观层面的经济学分析，鲜有学者从微观层面探究企业的高质量发展路径。同时，为数不多的企业高质量发展相关研究也仅采用全要素生产率等单一指标来测度高质量发展水平，难以充分反映高质量发展的丰富特征和内涵（刘志彪和凌永辉，2020；赵宸宇等，2021）。此外，大部分企业管理人员对高质量发展的内涵缺乏科学的理解，难以有效确立企业的发展目标，导致企业探索高质量发展的路径异常艰难。近年来，气候变化问题使企业面临的不确定性增加，主要体现在自然灾害和转型风险两方面。一方面，自然灾害如洪水、地震等对上市公司的生产设施、供应链、销售渠道以及业务活动等造成严重的破坏和中断；另一方面，气候转型风险使高碳企业面临成本上升、政策不确定性干扰以及市场竞争力下降等问题，进一步影响企业长期发展。因此，合理应对气候风险是企业实现高质量发展的关键环节。

本书拟基于气候变化背景和公司治理理论，从企业绩效提升、动力变革和风险管理等维度构建企业高质量发展评价体系，并通过实证分析气候风险对上市公司高质量发展的影响及其影响机制，在此基础上提出有助于企业应对气候风险挑战以及进一步探寻高质量发展路径的政策建议。

本书具有以下三个方面的意义。

首先，理论发展层面。本书从七个维度构建衡量企业高质量发展水平的指标体系，对企业高质量发展的分布特征和演化规律进行系统性研究，有效弥补了现有研究中衡量企业高质量发展指标匮乏的不足，丰富和拓展了本领域有关企业提升高质量发展水平的理论基础。通过整合和优化这些指标，本书不仅为理论研究提供了新的工具，更重要的是为实践者提供了一套更为全面和实用的评估框架。这种综合性的视角将有助于企业决策者从多维度、多层次去理解和把握企业发展的真实情况，从而作出更加科学合理的决策。总体而言，本书在企业高质量发展理论研究上的创新之举，能够激发学术界和实务界对提升企业高质量发展水平进行更为广泛而深刻的思考，同时也为推动经济增长和企业管理实践提供了新的理论支持和方法论指导。这是当前公司治理领域关于高质量发展研究的一项突破。

其次，实证方法层面。本书深入分析了气候风险对企业发展的深远影响。通过数据驱动的方法，本书揭示了企业如何在气候风险中寻找增长机会，以及企业如何制定和执行科学的策略来应对气候变化的挑战。书中探讨了企业高质量发展的多种途径，并提供了一套全面的理论框架和实践指南。这些内容旨在帮助企业管理者识别潜在的气候风险，评估这些风险对公司战略和运营的影响，并制定出相应的管理和应对措施。此外，本书还致力于为政策制定者、投资者以及其他利益相关者更好地理解和衡量气候风险提供一个全面的视角，从而加深整个社会对气候变化风险的认知。

最后，实践应用层面。本书深入探讨了企业高质量发展的丰富内涵及其特征。通过全面剖析，本书揭示了气候风险对企业高质量发展的深远影响。这种分析不仅有助于企业管理者深化对气候风险的理解，还为企业在风险管理、资本投资决策以及战略抉择等方面提供了宝贵的理论指导。这使得我国金融市场的稳定运行具有更加坚实的保障，同时为我国科技生产力水平的提升提供了强大助力。此外，书中所提出的一系列政策建议也将为我国的绿色经济发展提供更为细化的行动指南。

1.2　研究问题提出

气候变化引发的极端天气和自然灾害加剧了经济高质量发展的阻力，企业正面临着气候灾害致使高质量发展陷入瘀滞的困境。市场秩序紊乱、资源配置效率降低、能源安全受到威胁，均使企业的生产和运营面临的不确定性风险加剧，严重影响企业的高质量发展水平（Ahmed et al，2022；Konar and Cohen，2001；Su et al，2020）。提升企业应对风险挑战的能力，是企业寻求高质量发展新路径的关键，更是维护宏观经济健康平稳运行的必要任务。然而，气候风险具有影响力大、不确定性程度强、影响范围广以及影响周期长等特征，通常难以充分且准确地预测（高睿等，2022；杜剑和张杰，2023）。要深入探究企业在气候变化背景下如何实现高质量发展，关键在于分析气候变化对企业发展的多重影响，进而有的放矢地制定应对各维度风险的战略决策并采取科学有效的预防措施。

国内外学者对气候变化的研究大多从宏观经济视角切入，探究气候变化对经济增长（陈海山和陈志龙，2024）、能源安全（Chalvatzis and Hooper，2009）、社会福利（Arbex and Batu，2020）和系统性金融风险（张帅等，2022）等的影响。除此以外，部分学者还从微观角度探讨了气候变化对企业发展不同维度的影响。研究发现，气候变化不仅破坏企业的正常生产经营（Pankratz et al，2023），同时还对企业的价值提升具有负面影响

（Sautner，2023）。虽然现有文献从微观层面考察了由气候变化导致的经济后果，但缺乏系统的研究框架，难以帮助企业从整体上把握其战略调整方向并据此制定转型目标。

探究气候风险对企业影响的关键在于明确气候风险的定义和内涵。气候风险是指气候变化使得自然生态系统以及人类社会经济系统在全球范围内所产生的一种长期且普遍的不确定性，是一类新型的宏观风险（Dietz and Stern，2015），具有不可预测性、传染性、非线性、不可逆性和全局性特征（高睿等，2022；杜剑和张杰，2023）。气候风险按照其特性和传导机制，可以分为物理风险和转型风险（NGFS，2019）。其中，物理风险是指由气候变化引起的极端天气事件增加（如洪涝、森林火灾），或长期的气候改变（如降水量变化、海平面上升），导致经济主体发生业务中断、局部资源短缺、资源由生产性活动转向灾后重建和搬迁以及商品价格上涨等。转型风险是指经济体为实现《巴黎协定》的目标，在向低碳经济转型过程中所发生的金融风险。转型风险的驱动因素包括低碳转型政策的骤然出台、消费者偏好的急剧变化、新兴技术的萌生和应用以及经济主体在转型过程中发展速度和效率的变更，这些都可能对企业运营和金融稳定造成一定程度的负面影响。除此之外，已有研究借助大数据分析工具，识别气候政策不确定性和气候风险指数，以此来衡量转型风险和物理风险（Su et al，2020）。

为了探究气候风险与企业高质量发展之间的关系，本书的首要任务是明确企业高质量发展的内涵和构建企业高质量发展评价体系。目前有关高质量发展的研究主要基于宏观层面展开，包括高质量发展的理论内涵和实践要求（田秋生，2018；赵剑波等，2019）、判断标准和决定因素（任保平和李禹墨，2018；魏敏和李书昊，2018；任保平和文丰安，2018）、评价指标体系探讨（李金昌等，2019）、目标要求和战略路径（张军扩等，2019）以及高质量发展的经济学研究（金碚，2018）等。然而，鲜有研究从微观视角探讨企业高质量发展的内涵和评价体系。本书基于评估企业绩效和可持续发展的关键指标，包括技术创新能力、环境绩效、数字化转型水平等，构建企业高质量发展评价体系。

　　本书拟从绩效提升、动力变革和风险防控三个维度来探索企业高质量发展的实现路径。首先，从企业发展目标来看，提升绩效是企业追求效益最大化的必经之路（Bernstein et al，2022）。全要素生产率是衡量企业绩效的核心指标。一方面，气候变化通过刺激研发投入实现技术进步对全要素生产率产生直接影响（易福金等，2021）；另一方面，气候变化通过刺激资本生产率以及劳动生产率的提升对全要素生产率产生间接影响（张豪等，2018）。这两种传导过程是企业实现高质量发展的重要路径，因此将全要素生产率纳入研究框架具有必要性。除此之外，企业绩效不仅包含其内部的生产效率，还应包括其创造的外部效益（Konar and Cohen，2001）。因此，本书计划将企业全要素生产率和企业环境绩效纳入企业高质量发展评价体系，并探究气候风险与两者之间的作用机制。

　　动力变革决定企业的发展潜力，进行动力变革是企业实现可持续发展的关键举措。已有研究指出，创新驱动型企业具有较强的可持续发展能力（Ma and Zhu，2022）。而绿色技术创新存在"知识溢出"和"环境溢出"的双重效应，兼具提高生态环境质量和经济效益的双重优势（Du et al，2019；Lv et al，2021b）。因此，企业高质量发展离不开技术创新。除此之外，数字化转型可以降低企业的信息获取成本，畅通融资渠道，提高企业生产效率（Ren et al，2023b）。另外，信息技术手段的运用增加了公司内部治理透明度，有利于利益相关者实施监督，确保企业管理制度的高效运作（Banalieva and Dhanaraj，2019）。因此，本书将企业创新和数字责任作为评价企业高质量发展的重要因素，并探究气候风险对其的影响效应。

　　风险管理是公司治理的重要环节，是企业保持长期竞争力，实现持续稳定发展的关键（Ahmed et al，2022；Baker et al，2021）。由于外部环境复杂化和利益相关者的矛盾冲突，企业在生产经营过程中可能面临一系列内外部风险挑战，比如宏观经济冲击、政策变动风险、金融市场风险、管理层腐败以及企业空心化等问题（An et al，2016；Lou et al，2022；Wen et al，2022；Xu，2020）。防范化解和高效应对风险挑战是企业实现高质量发展的重要保障。本书计划从企业过度负债、企业金融化和企业股价崩盘风险三个维度来侧面刻画企业风险管理能力，并进一步探究气候风险与企业风险管理之间的影响机制。

本书聚焦于气候变化背景下企业高质量发展路径研究，对以下关键性科学问题展开讨论。

（1）如何衡量企业高质量发展水平？为了系统而全面地测度企业高质量发展水平，本书将首先明确企业高质量发展的定义和内涵，同时梳理可供用于企业高质量发展水平测度的衡量指标，在此基础上构建企业高质量发展评价体系。该体系拟选取企业效率、绿色发展、创新发展、风险管控等不同维度的指标来衡量企业的市场表现。本书将结合气候变化背景和中国经济发展目标，构建中国企业高质量发展分析框架。

（2）气候风险对企业高质量发展有何影响？气候风险按照其特性和传导机制，可以分为转型风险和物理风险。本书拟选取中国气候政策不确定性（CPU）来量化气候风险。并且，本书将从绩效提升、动力变革和风险管理等方面展开关于气候风险对企业高质量发展的影响研究。此外，本书拟采用中国气候物理风险指数和全球气候政策不确定性指数替换核心解释变量进行稳健性检验。

（3）气候风险如何影响企业高质量发展？本书拟基于系统性研究方法，将企业、政府、投资者等市场参与主体纳入分析框架，探究气候风险影响企业高质量发展的渠道和机制。本书将在企业理论架构的基础上，探讨政府监管、融资约束和投资者关注等因素在气候风险影响企业高质量发展过程中所发挥的作用。这将为企业探索高质量发展路径提供切实可行的参考依据。

1.3　研究思路与主要内容

当前，气候风险所引发的危机在全球范围内产生的影响持续扩大，干旱、洪涝、飓风、极端天气以及森林火灾等自然灾害频繁发生，成为导致企业生产经营活动不确定性增加以及利润下滑的直接影响因素。此外，企业供应链、品牌价值以及其他企业相关要素也都不同程度地受到了来自气候风险的影响。这些潜在的不确定性对企业的运营和未来发展构成严重威胁。因此，本书研究气候变化风险对企业高质量发展的影响，探究企业可行的应对措施与策略，并为监管部门规范环境规制手段、维护经济平稳运行和探索企业可持续发展道路提供思路。本书旨在通过探究气候变化背景下企业的高质量发展路径，为企业科学应对气候风险制定战略规划提供理论依据和行动指南。本书的研究目标包括：（1）明确企业高质量发展的含义和衡量指标，并在此基础上构建企业高质量发展评价体系。（2）从绩效提升、动力变革和风险管理等方面系统性评估气候风险对企业高质量发展的影响。（3）在企业理论架构的基础上，探讨政府监管、融资约束和投资者关注等因素在气候风险影响企业高质量发展过程中所发挥的作用。

　　本书的研究思路如下：首先，本书回顾气候变化和公司治理领域的相关研究，总结以往研究的主要发现和不足，提出本书所研究的核心问题，在此基础上进行研究设计。其次，本书在现有理论框架的基础上，讨论气候风险与企业高质量发展之间的关系及两者间的作用机制，提出对应的研究假设。再次，本书通过系统的实证过程分析气候风险对企业高质量发展各项细分指标的影响，并提出具有针对性的差异化政策建议。最后，本书通过对主要研究成果的总结，提出有助于企业应对气候风险的一系列可行措施，以提高企业的风险抵御能力，助力企业实现可持续的高质量发展。

　　本书的主要内容分为三个部分：第一部分为本书的研究基础，介绍本书的研究背景、综述公司治理领域的相关研究，从而构建本书的理论基础和研究框架，主要对应本书的第 1 章～第 2 章内容。第二部分基于多重维度，分析气候风险对企业发展的影响，包括企业生产效率、环境绩效、创新水平、风险控制、市场表现、资产配置和数字责任。在此基础上，本书还探索了气候风险对不同类型企业的异质性影响和气候风险与企业发展之间的作用机制，即本书的主体部分，对应本书第 3 章～第 9 章内容。第三部分为研究总结，对全书研究内容进行了系统回顾和整体梳理，并提出相应的政策建议，具体内容见第 10 章。

　　本书的总体研究思路和框架设计如图 1－1 所示。

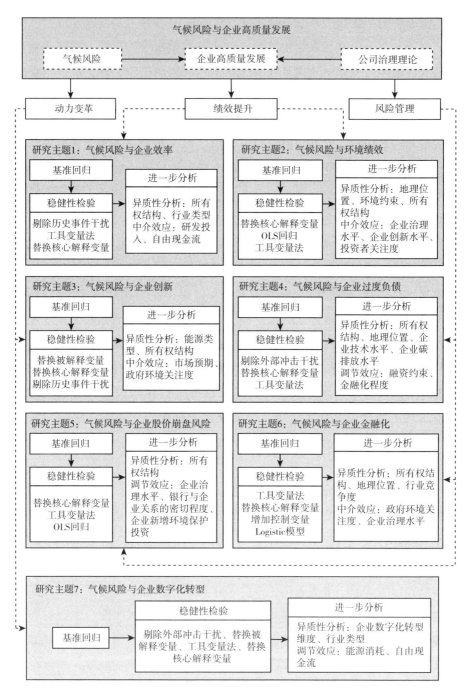

图 1 - 1　总体研究思路和框架设计

本书的架构设计旨在使读者可以全面地理解气候风险对企业高质量发展的影响，以及了解如何通过有效的公司治理来应对这一风险。全书共分为十章，下面将详细介绍每一章的内容和安排。

第1章为绪论部分，主要介绍本书的研究背景、选题的重要性以及研究问题的提出过程。本章明确指出了本书的研究目的，为后续章节构建了研究框架。此外，本章阐述了主要的研究方法，包括文献分析法、实证研究法等，同时总结了本书可能存在的局限性。

第2章为文献综述和理论基础。首先，本章进行了相关概念界定，分别介绍了气候风险和企业高质量发展的含义、衡量尺度以及影响因素。其次，本章总结了本书系统研究的理论框架，主要涉及公司治理理论，包括委托代理理论、信息不对称理论和风险管理理论等。在构建理论框架的基础上，本章梳理了气候风险与公司治理的相关研究成果，并对现有文献进行简要评述。

第3章探讨了气候风险对企业生产效率的影响。首先，本章基于采矿业、制造业以及能源生产和供应行业上市公司的数据，分析了气候风险与企业全要素生产率之间的关系。研究发现，气候风险会促进企业全要素生产率提升。其次，本章的实证分析表明，气候风险带来的影响在非国有企业、劳动密集型行业、资本密集型行业和技术密集型行业中更为显著。在以上结论的基础上，本章进一步探索了气候风险与企业生产效率之间的作用机制。结果表明，气候风险主要通过研发投资和资金获取两个渠道对企业生产效率产生促进作用。本章的研究发现为促进能源生产和能源消费行业的发展制定更有效的气候政策提供重要见解。

第4章基于经济投入—产出生命周期评估方法量化企业碳足迹，探究了气候风险对企业环境绩效的影响。本章采用动态面板估计作为基线模型研究了气候变化对企业环境绩效的影响。结果表明，气候风险会导致企业碳排放量增加，从而抑制企业环境绩效的提升。为了进一步研究可能影响企业应对气候风险的因素，本章从不同层面分析了气候风险对企业碳排放的异质性影响。研究发现，气候风险对不同地理位置企业环境绩效的影响具有显著差异，其中，气候风险对企业环境绩效的负向影响在中部和东部地区更为显著。此外，环境约束严格的企业和非国有企业对气候风险更为敏感，碳排放水平更容易受到极端气候事件的影响。最后，本章从不同角度进一步分析了气候风险潜在的影响机制，研究发现，气候风险可以通过降低企业内部治理水平、增加企业创新水平和降低投资者关注度，进一步影响企业环境绩效。

第 5 章基于中国 A 股上市公司的非平衡面板数据讨论了气候风险对企业创新投入的影响。首先，研究发现，气候风险对企业研发创新投入具有显著的正向影响，该结论在经历一系列稳健性检验之后依然成立。其次，本章分析了气候风险对企业创新的异质性影响。结果发现，气候变化对其他行业的研发投入影响大于新能源行业的企业。国有企业相对于非国有企业更愿意增加对研发和创新的投资以应对气候风险。最后，本章探究了潜在的影响机制——在面临气候风险时，政府提高了对环境的关注度，从而刺激了企业对创新的研发投入；市场预期则通过股票价格的波动和市场价值的变化扩大了企业的融资规模，进而增加了其创新研发投入。

第 6 章基于中国 A 股上市公司数据，探讨了气候风险与企业过度负债之间的直接和间接关系，并重点分析了融资约束和企业金融化的调节作用。研究发现，气候风险会促进企业过度负债。异质性分析表明，非国有企业所受气候风险的影响相对较大；东部和中部地区的企业均受到气候风险的影响，而西部地区的影响效果则不显著；气候风险对高科技企业和高碳企业过度负债的促进效果更为强烈。影响机制分析表明，融资约束和企业金融化水平均对气候风险与企业过度负债之间的关系具有正向调节作用。

第 7 章探究了气候风险是否会对企业的股价崩盘风险产生影响。实证结果表明，气候风险对股票产生的冲击会增加企业股价崩盘的风险。而后本章从不同角度进一步分析了潜在的影响因素。异质性分析结果表明，气候风险对企业股价崩盘风险的影响在非国有企业中表现得更为显著。最后，本章从企业内部治理水平、企业与银行关联度和新环境的投资三个角度进行了影响机制分析。研究进一步证实了更高的内部治理水平会加剧气候风险所带来的影响，增加企业股价崩盘风险。而企业与银行关系和新环境的投资可以降低企业在气候风险下的股价崩盘风险，成为企业应对气候风险对股价崩盘风险冲击的有效渠道。

第 8 章分析了气候风险对企业金融化趋势的影响。本章采用了固定效应模型，研究了气候风险对中国 A 股上市公司金融化趋势的作用效果。研究发现，首先，气候风险升高会增强企业的金融化趋势，在采用了工具变量等一系列稳健性检验之后该结论仍然成立。其次，气候风险对企业金融化的影响具有异质性，具体而言，非国有企业、东部地区企业以及高竞争度行业的企业所受影响更为显著。最后，气候风险通过提高政府的环境关注度以及企业的治理水平两条渠道来增强企业的金融化趋势。

第 9 章探究了气候风险对中国上市公司数字化转型过程的影响，通过聚焦于不同部门、行业以及极端气候风险，观察气候风险的异质性作用效果以及各类极端气候风险因素对企业数字化转型的具体影响。此外，本章进一步探讨了能源消耗与企业自由现金流的调节作用。研究发现，气候风险显著促进了企业的数字化转型进程，并且这种促进作用在智能制造部门和劳动密集型企业中表现得更为明显。稳健性检验揭示了极端气候风险的作用，极端干旱日指标具有最强的负向影响，而极端降雨日指标具有最强的正向影响。最后，影响机制分析表明，能源消耗和自由现金流对气候风险与企业数字化转型之间的关系具有负向调节作用。

第 10 章在全面回顾并深入分析前文所述内容的基础上，对全书研究的主要结论进行了精准的提炼和总结。本章不仅概述了整个研究过程中的关键发现，而且依据本书的一系列研究成果提出了切实可行的政策建议：第一，企业应当以绿色发展为宗旨，加快创新驱动发展战略的实施，将绿色技术渗透到企业生产经营的各个环节。第二，金融机构应当就企业的绿色发展需求优化资源配置功能，为企业的绿色创新发展摆脱融资困境，同时守住不发生金融风险的底线，为企业的绿色转型保驾护航。第三，监管部门应当融合市场机制和法治体系强化和规范对企业信息披露与环境保护的监督，并建立监管信息在各部门的有效对接机制。第四，政府应当发挥财政政策的驰援作用，加减法并举鼓励企业绿色创新，同时促进区域协调发展，形成企业绿色发展的空间联动格局。本书研究成果所衍生出来的政策建议旨在为企业在气候危机中开拓高质量发展路径提供政策指引、实践指南以及可行的战略规划，帮助企业摆脱当前发展受阻于气候风险的现状，为企业实现长远、稳定、均衡的高质量发展奠定深厚的基础。

1.4　研究方法、创新点与局限性

1.4.1　研究方法

1.4.1.1　实证分析法

本书研究中使用最为广泛的估计方法为面板数据固定效应模型。通过OLS 回归、工具变量 2SLS 回归、动态面板等方法进行稳健性检验。此外，为完善研究设计，本书通过中介效应和调节效应模型探讨了气候风险对企业高质量发展的影响路径。

1.4.1.2　文献研究法

本书从企业高质量发展的内在含义出发，分析了影响公司治理和企业可持续发展的相关因素。本书还梳理了有关气候变化和公司治理的现有研究成果，以此构建本书的研究框架。此外，本书选取了与企业可持续发展相关的生产效率、环境绩效、创新投入、风险控制等指标，分别总结其影响因素和驱动因素，并形成文献综述，为研究气候变化背景下的公司治理决策问题提供了充分的理论基础。

1.4.1.3　比较分析法

本书基于所有权结构、行业特征、能耗特征以及地理位置等划分标准对样本企业的分类展开了异质性分析。本书还讨论了气候风险对不同行业和不同特征的上市公司高质量发展的影响，并识别不同企业对气候风险影响的敏感程度。比较分析法有助于政策制定者有针对性地设计差异化政策，"因地制宜"为不同类型的企业制定合理的气候政策。

1.4.1.4　系统分析法

本书关注的焦点在于探寻企业高质量发展路径。现有的诸多研究倾向于从产业层面或地区层面等宏观维度构建高质量发展指标,该衡量方式具有片面性。本书基于系统性思维方式,从微观角度构建生产效率、环境绩效、创新水平和风险控制等多重维度的企业高质量发展指标体系。此外,本书将各类市场参与者,包括企业、政府和利益相关者等,纳入研究框架,并系统分析了不同市场参与者为应对气候风险所采取的措施。

关于公司治理问题的研究屡见不鲜,囊括了企业发展过程中的各个层面,但随着气候风险的加剧和信息技术的更新迭代,企业所面临的外部环境产生了颠覆性的改变。这为推进公司治理领域的理论发展带来新契机的同时也提出了新的挑战。随着商业社会的不断演化,企业的发展目标也从单一的追求生产效率和投资回报,转为追求经济高效和环境友好的可持续发展模式。以往研究主要关注宏观经济因素对公司治理的影响,或者从管理层以及决策层等内部视角研究企业可持续发展的影响因素。这些研究成果对公司治理的理论研究发挥了奠基作用,构建了公司治理领域的基本研究框架。但气候变化导致的极端天气和自然灾害对受影响企业的正常发展造成了前所未有的负面影响,且气候风险存在显著的空间溢出效应,这使得所有企业在应对气候危机带来的巨大威胁时所面临的风险具有高度的同一性和统一性。因此,将气候变化纳入企业高质量发展研究具有重要意义。

1.4.2　创新点

在此基础上,本书主要有以下五个方面的创新。

1.4.2.1　研究视角创新

已有文献大多着眼于对企业某一方面绩效的研究,缺乏对气候风险与企业整体发展之间关系的全方位和多视角分析。目前大量文献集中探讨了高质量发展的内涵以及来自企业层面的影响因素，但忽视了气候因素所产生的影响。因此，本书将气候风险问题引入企业治理领域的研究当中，探讨气候风险对企业高质量发展的多重影响，从气候冲击角度解释了企业效率、绿色发展、创新发展、风险控制、资产配置、数字责任和市场表现七个方面变化的原因，为全面探索企业高质量发展路径提供了新的视角。

1.4.2.2　研究思路创新

现有研究对高质量发展的理解和探索大多基于宏观层面的经济发展动态变化，而微观层面的高质量发展水平量化也多将目光投射在企业全要素生产率上。因而，当前的高质量发展评价和衡量具有单一性和片面性。本书在研究思路上进行了大胆创新，它不仅从微观视角建立了一个企业高质量发展的综合评价指标体系框架，而且还全面分析了企业高质量发展的诸多特征。这一分析不再仅停留在理论层面，而是深入企业实际运营的各个方面，力求揭示企业在面对气候变化时所展现出来的一系列适应性特征。

更重要的是，本书还进一步探讨了气候风险对企业高质量发展的潜在影响机制。通过系统地研究气候变化下企业面临的风险类型及其对生产经营活动的影响，本书旨在为理解和预测处于气候变化中的企业未来的发展趋势提供更为深刻的洞见。这种研究视角的拓展，无疑为学术界提供了新的研究路径，同时也为政策制定者和企业管理者在制定应对策略时提供了宝贵的参考价值。总的来说，本书在研究思路上的创新之处在于突破了高质量发展传统指标在宏观上的笼统和在微观上的单薄，将气候风险与企业高质量发展紧密联系起来，以全新和全面的视角审视和解读了两者之间所存在的复杂而深刻的关系。本书不仅丰富了相关领域的研究内容，也为未来相关研究的进一步开展开辟了新的道路，能够激发更多学者投身于此项富有挑战性的学术探索之中。

1.4.2.3　研究观点创新

本书揭示了气候风险对企业高质量发展的复杂影响。研究表明，在某种程度上来说，气候风险对企业产生了一定的正向激励。例如，它会促进企业全要素生产率提升；它可以激发企业家精神，促使他们勇于创新，从而推动技术进步和产品革新；同时，它有助于缓解因过度金融化导致的金融风险，帮助企业回归核心业务，增强企业稳定性；最后，气候风险也为企业数字化转型提供了动力，使得企业能够更有效地利用数据和技术来提高运营效率与市场竞争力。然而，更让人担忧的是，气候风险为企业发展所带来的负外部效应。一方面，气候变化导致的极端天气事件可能会加大环境压力，增加企业的碳足迹，从而降低企业的环保形象，并可能迫使企业采取成本高昂的适应性措施；另一方面，气候变化的不确定性增加了企业股价波动的可能性，尤其是在市场信心脆弱或投资者情绪低迷时期，企业股价容易出现剧烈波动，甚至触发股价崩盘。此外，气候风险还可能导致企业过度负债。因此，企业在探寻高质量发展路径的过程中，必须着重考虑气候风险对自身发展的双重影响，制定合理的风险管理策略，以确保可持续发展战略的稳步推进。

1.4.2.4　研究方法创新

本书致力于采用创新的研究方法来探讨气候风险如何影响企业的高质量发展。首先，本书引入了气候政策不确定性指数作为衡量气候风险的工具。为了确保分析结论的稳健性，本书也选用了中国气候物理风险指数和全球气候政策不确定性指数替换核心解释变量进行分析。其次，本书建立了一个多维指标体系，旨在全面捕捉在面对气候风险时企业高质量发展所呈现出来的特征。该指标体系包括但不限于绩效提升、动力变革、风险管理等若干维度。通过这种多维度的指标设置，我们能够更细致地分析企业在不同方面的表现，从而为研究提供更为丰富和深入的理论支撑。最后，本书基于坚实的理论分析，构建了一系列计量模型。这些模型经过精心设计，能够适应本书研究中复杂多变的数据特性。通过对这些模型进行严格的校准和参数估计，我们从统计学和计量经济学的角度验证了研究结论的科学性和有效性。

1.4.2.5　数据来源创新

本书主要采用马等（Ma et al，2023）构建的年度气候政策不确定性指数,该指数基于《人民日报》《光明日报》《经济日报》《环球时报》《科技日报》和中国新闻社约 175 万篇新闻文章构建而成,旨在量化中国气候政策的不确定性水平,并分为日度、月度和年度的国家、省级和城市指数数据。并且在稳健性检验中,本书选用了全球气候政策不确定性指数(Ji et al,2024;Ma et al,2024)和中国气候物理风险指数(Guo et al,2024)替换核心解释变量。

1.4.3　局限性

本书通过一系列的实证研究和理论分析,尝试构建一个全面、系统的企业可持续发展能力评价体系。这一体系旨在评估企业在面对市场波动、企业转型和气候变化等多重挑战时的表现。尽管本书研究在理论上具有一定的创新性,并对相关领域提出了前瞻性的见解,但不可忽视的是,它还存在一些局限性,这些问题有待后续研究进行深入探讨。

首先,尽管本书选择了企业全要素生产率、股价崩盘风险、企业创新、绿色发展、过度负债、企业金融化和数字化转型等七个维度作为评价企业高质量发展水平的指标,但企业可持续发展不只局限于这些方面。例如,投资者权益保护同样也是影响企业长期稳定发展的重要因素。因此,如果能够将其纳入研究范围,将极大地丰富和深化人们对企业高质量发展的理解。未来的研究可以致力于开发更为细致和多元的评价指标,以更好地捕捉企业可持续发展能力的全貌。

其次,为了确保研究结论的可靠性和稳健性,本书采用了多个不同的指标来衡量气候风险。这种多元化的方法虽然有助于检验气候变化如何影响企业,但同时也暴露出一个潜在的不足之处,即气候风险的测量在很大程度上依赖于研究工具的进步和研究理论的发展。随着技术的不断更新和理论的不断深化,我们有必要对现有的气候风险测度指标进行重新审视和调整,确保它们能够准确反映气候变化对企业的真实影响。

最后,尽管本书尝试从系统性的角度探讨气候风险与企业高质量发展之间的作用机制,并关注了创新投入、自由现金流、企业治理水平、投资者关注度、政府监管、市场预期、融资约束、金融化程度、政府环境关注度和能源消耗等关键因素的作用，但由于篇幅所限，仍未能涵盖所有可能的传导机制和实现企业高质量发展的路径。考虑到现实世界中企业面临的复杂环境和多维挑战，我们有理由相信，未来的研究定能更加全面地探索这些机制，以便为企业提供更为具体和实用的指导建议。

总而言之，本书着重强调了气候变化背景下探寻企业高质量发展路径的重要性，充分肯定了企业作为微观功能主体在实现经济高质量发展过程中所扮演的关键角色，深入挖掘了气候风险对企业高质量发展的复杂影响机制，为企业管理者和政策制定者在后续经济发展过程中激发高质量发展的强大动能建言献策，为中国在新一轮大国竞争中以经济高质量发展为新赛道占领竞争高地提供战略性建议。然而，正如任何学术研究一样，本书也存在诸多不足，这些问题的解决有待通过新工具的开发以及对现有理论的进一步检验和完善来进行更深入的探讨。

第 2 章

文献综述和理论基础

2.1 相关概念界定

2.1.1 气候风险

　　由气候变化所引发的极端天气和自然灾害等气候危机成为当前经济发展模式在进行低碳转型时所面临的最大外部风险，极大程度地增加了社会经济活动的不确定性。随着生产力的不断发展以及生产方式的不断变革，气候危机所导致的气候风险对经济社会的负面影响愈发强烈，引发了各界的广泛关注。学者们对气候风险作了详细的定义与分类。斯特恩（Stern，2007）将气候风险划分为物理风险、相关风险、保险业资本约束与溢出风险。2017 年的二十国集团会议上，G20 绿色金融研究小组指出，气候变化引发的金融风险主要分为物理风险和转型风险。这两种风险有着不同的传导途径，但都是导致公司财务遭受损失的潜在影响因素。绿色金融体系网络（NGFS，2019）基于 G20 的研究提出了更为明确清晰的定义，后续研究或直接沿用 NGFS 的分类和定义，或作出边际上的补充和扩展。因此，基于普遍研究，本书认为，气候风险即由气候变化而引发的外部风险，其主要划分为物理风险和转型风险。

2.1.1.1　物理风险

物理风险是指因气候变化促使极端天气（海平面上升、降水量变化、温度升高）以及自然灾害（洪涝、飓风、山火）发生而导致的一定数额的人员伤亡和财产损失。气候风险不仅影响企业发展，还因其不可预测性、传染性、非线性、不可逆性和全局性等特征使得宏观经济和金融领域发生动荡（高睿等，2022）。就其产生的物理风险而言，外部环境的急剧变化给经济主体的生产活动带来了不确定性风险，企业实物资产受损、资源由生产性活动转为灾后重建和搬迁、业务中断、商品价格上涨，以及收入减少等（魏革军，2023）。经济主体遭受的损失可能又以企业利润减少和抵质押品减值等多种形式将风险传导至金融体系，对银行、证券以及保险公司等其他金融机构的正常经济活动产生干扰，从而影响整个金融系统的稳定性（Salisu et al，2023）。有研究还指出气候物理风险与市场风险溢价呈负相关关系（Lemoine，2021）。此外，农业生产与气候因素息息相关，气候变化带来的物理风险会对农业经济产生直接影响（丁宇刚和孙祁祥，2022；Hong et al，2019），进而间接影响与农业相关的企业经营，如食品企业等。

气候变化引发的极端天气和自然灾害所产生的物理风险也会使得其带来的负面影响在企业之间产生一系列连锁反应。首先，厂房和设备的运行效率会受气候变化的影响使得企业正常的生产经营活动受到干扰，从而影响企业的产量和业绩。其次，极端天气影响下企业正常销售需求的波动和物流运输的中断，导致企业经营的不确定性和经营风险增加。同时，自然灾害还会直接威胁企业员工的生命安全，成为企业消极运营的影响因素来源（刘瑞霞，2022）。最后，气候物理风险对企业股票收益率存在负向风险溢价（李博阳等，2024）。总的来说，气候物理风险对经济所产生的负面影响具有多重性和广泛性，直接关系到企业的生产行为。然而，现有文献尚未对上述影响在企业运营中的具体表现、对企业产生作用的程度，以及企业可采取的应对措施进行充分探讨。

2.1.1.2　转型风险

转型风险是指为实现《巴黎协定》目标，经济社会在向可持续发展模式转型过程中需要作出相应调整而必须面临的不确定性风险，主要包括以下三个方面。

一是政策变化风险。在向低碳社会转型过程中，政府为推进能源绿色化转型会采取相关措施或出台相应政策来限制化石能源的使用，如征收碳税、资源税或实施碳交易等。同时强化环境保护相关的法律法规，如提高污染排放标准、加征污染物排放相关税费，以及加大对污染严重公司的监管和处罚力度等。此类措施会使得企业，尤其是碳密集型企业，逐渐从自愿减排转变为强制减排，并且给以传统能源为主要生产能源的企业带来利润损失，增加企业生产经营成本，降低企业市场竞争力（刘瑞霞，2022）。因此，企业在适应新政策的过程中，可能面临被迫急速转型甚至经营中断的风险，对企业的可持续发展形成较大冲击。

二是技术创新风险。为了适应新环境，行业内不断更迭优化。清洁能源技术的快速普及，极大地降低了经营成本，导致化石能源相关企业直接受到冲击，市场竞争力逐渐降低，转型压力加剧（Cheng et al，2023）。此外，企业面临高额的转型成本。为适应市场竞争现状，企业必须加大低碳技术创新投入，提高能源利用效率。这会增加企业生产经营成本，导致企业短期利润和偿债能力下降，增加企业的经营压力和风险。若技术储备不足，高成本的研发投资还会使企业面临转型失败的风险（刘桂平，2022）。

三是消费者偏好变化风险。在经济低碳化全面施行的倡议下，公众的消费观念也随之发生改变，节能减排、追求绿色低碳生活已然成为大众普遍支持且倡导的生活态度。公众消费观念的转变促使了市场需求风向的变动，使得企业的经营模式由此发生根本性变革，这既为企业迎合新的市场需求提供了机遇，同时也为企业的低碳转型带来了巨大挑战（陈国进等，2021；Reboredo et al，2021）。

政策调整、技术更新以及消费者偏好变化等转型风险所导致的资产搁浅具有长期性（张帅等，2022）。目前对气候转型风险的研究主要集中于被搁置能源资产的价值以及通过相关传导途径引发的系统性金融风险。在低碳转型政策的推动下，相关行业不断进行技术革新，开发新能源并规范对煤炭和石油等传统能源的使用，导致市场对化石燃料能源的需求大幅度降低，大量传统能源资产被过早地贬值甚至转化为负债（危平等，2021；Colenbrander et al，2023）。麦克格莱德（McGlade，2015）指出，为了应对气候变化，延缓全球变暖趋势，2011～2050 年，超过 50% 的石油储备、33% 的天然气储备和 80% 的煤炭储备必须被搁置，对其进行限制开采。全球化石燃料能源行业的总损失将在 2035 年增至 28 万亿美元。与此同时，大量碳资产的搁浅，导致金融资产价格下降，持有相关资产的金融机构面临巨大的市场风险、信用风险和流动性风险（Li et al，2022a）。

尽管现有文献对气候转型风险所造成的经济影响有一定的研究基础，但对气候风险领域的探索尚存在一定的研究缺口。目前，已有研究对气候转型风险进行了情景压力测试（于孝建和詹爱娟，2021；丁攀等，2022；于孝建等，2022），并探讨了其对金融稳定的影响（王博和宋玉峰，2020；Reboredo et al，2022）。然而，针对气候转型风险对企业运营影响的相关研究仍有所缺乏。如前所述，由气候变化所引发的转型风险直接或间接地对企业的经营状态和运营模式产生冲击，其对企业的影响路径以及可能造成的经济后果在本领域的研究中需要进行进一步的细化和深入探讨。

2.1.1.3　企业层面的气候风险

企业作为应对气候风险的主要经济参与主体，在气候危机中首当其冲。因此，部分学者从微观角度出发，探讨了气候风险对企业的普遍影响。研究表明，飓风侵袭不仅会增加企业现金持有量，而且会对股票收益率产生冲击（Dessaint and Matray，2017；Choi et al，2020）。索特纳（Sautner，2023）从公司层面量化了气候风险，发现企业层面的气候风险与企业本身的价值呈负相关关系。恩格尔等（Engle et al，2020）基于《华尔街日报》等相关新闻报道，使用文本分析法构建气候新闻指数，发现企业的股票收益率与企业的气候暴露度呈显著的负相关关系。此外，因高温天气影响企业生产经营，企业绩效也因此受到影响（Pankratz et al，2023）。

气候风险直接或间接影响企业生产经营。具体来说，气候风险从基础设施、供应链以及企业资产和融资等方面直接影响企业的经济活动（G20 绿色金融研究小组，2017）；从工业产出、产品销售收入以及企业固定资产折旧等方面间接影响企业的生产经营（李泽广和黄远标，2024）。在全球急速推进经济低碳转型的浪潮中，气候变化所引发的气候风险使企业面临前所未有的压力和挑战。尽管现有文献从公司层面分析了气候风险所产生的一系列影响，并从微观角度考察了其可能产生的经济后果，但在研究内容上缺乏系统性、全面性和综合性。此外，现有研究对企业所受气候风险影响的探讨仅限于当前阶段，未能就其对企业未来生存发展的影响以及企业可采取的应对措施给出满意的答案。

2.1.2　企业高质量发展

高质量发展是中国新时代背景下经济社会发展的主旋律。党的十九大报告指出"我国经济已由高速增长阶段转向高质量发展阶段"。党的十九届五中全会将高质量发展视为"十四五"乃至之后更长时期经济社会各方面发展的主题。党的十九届六中全会通过了《中共中央关于党的百年奋斗重大成就和历史经验的决议》，进一步明确提出要推动高质量发展的要求。而后，党的二十大报告提出要实现高质量发展，就要推动经济在实现量的增长基础上进一步实现质的提升。当前，面对新一轮科技革命和产业变革、大国竞争加剧以及我国经济结构优化升级等重大挑战，坚定不移地推行高质量发展方针是我国在国际角逐中赢得胜利的关键。

高质量发展涵盖了高质量投入和高质量产出两个层面。就其狭义概念而言，经济高质量发展即注重经济增长效率的发展模式；而从广义概念而言，高质量发展与经济发展的质量和数量均密切相关，涉及社会法律与秩序的发展程度、人均预期寿命长度、地区收入不均衡跨度，以及社会群体受教育水平和健康状况的差异程度等多个维度（易培强，2011；胡楠等，2022）。众多学者相继从多个视角阐述了高质量发展的内涵。张军扩等（2019）认为，高质量发展是促进经济、政治、社会和生态环境全方位协同发展，强调经济增长方式的可持续性以及经济增长的协调性。而王定祥和黄莉（2019）提出，高质量发展就是提高生产效率。随后，王一鸣（2020）基于国内外环境现状，主张高质量发展的核心是提高全要素生产率，同时也要从质量提升、转型升级、创新驱动、共同富裕和绿色发展五个方面实现经济的可持续发展。而蔡跃洲和马文君（2021）从两个方面提出自己的见解，研究认为，在供给方面，高质量发展的侧重点是经济发展的质量和效率，应当持续释放发展效能；在需求方面，高质量发展就是要满足人民对美好生活向往的需求。

不言而喻，经济高质量发展是在注重经济规模增长的同时，更关注经济增长的效率，是结构优化、生产效率提高、生态环境改善以及社会稳定性提高的综合表现。但归根结底，经济高质量发展需要通过企业的高质量发展来实现（王小华等，2023）。随着外部环境的变化和企业治理理论的发展，企业高质量发展的内涵经历了一个由点到面不断扩充的过程。最初，企业高质量发展意味着实现经济增长的集约化，提高全要素生产率。因此，大部分文献对企业高质量发展的研究聚焦于企业全要素生产率（郭涛和孙玉阳，2021；马金华等，2021；王治和谭欢，2023）。随后，企业高质量发展被认为其核心在于提高效率，同时也要注重从创新驱动、绿色发展和转型升级等方面实现可持续发展。最后，企业高质量发展的内涵进一步深化，还包括以维护市场安全稳定运行为目标的风险控制，以及以实现信息化高效运转为目标的数字责任等更加多元化的衡量方式。同时，企业高质量发展具备以下三个特征：（1）竞争力；（2）创新驱动；（3）价值共享。具体来说，首先，企业竞争力是企业高质量发展的外在体现。企业拥有强大的竞争力，才能在产品和资产等要素市场占据优势，从而加快企业自身发展进程。其次，创新驱动是企业高质量发展的内在实现路径。从内部环境看，创新能提高企业核心竞争力，帮助企业获得高附加值，向价值链上游跃升。从外部环境看，企业提高创新能力有利于提高其国际竞争力及其应对全球环境变化的抗风险能力。最后，企业发展应该实现企业自身与利益相关者的共赢。价值共享是企业实现高质量发展的目标，这要求企业在创造经济价值，实现经济效益的同时，也要主动承担社会责任，推动经济效益与社会和生态效益的协调发展。因此，根据高质量发展的内涵和基本特征，本书将企业高质量发展刻画为企业的全要素生产率、创新发展、绿色发展、风险控制、市场表现、资产配置和数字责任七个方面。

目前，对于企业高质量发展的研究仍处于初步探索阶段。大量文献致力于探讨企业高质量发展的影响因素。从企业外部看，唐飞鹏（2023）以"金税三期"作为准自然实验，发现政府税收征管数字化会抑制企业的高质量发展。经济政策不确定性也会对企业高质量发展产生负面作用（李雄飞，2023）。数字化转型对企业高质量发展的推动主要表现在国有企业和制造业企业上（武永霞和王虹雨，2023）。合理监管约束下金融科技有利于提升企业全要素生产率，进而促进企业的高质量发展（王小华等，2023）。政府创新补贴力度与企业高质量发展水平呈"U"型函数关系（闫俊周等，2023）。减税降费也能正面促进企业的高质量发展（晏国菀和夏雪，2023）。从企业内部看，内部控制、会计信息质量、企业环境社会治理（ESG）表现、数字技术创新、企业财务风险以及股权激励等都会影响企业的高质量发展（罗华伟等，2022；潘艺和张金昌，2022；陈蕾和范嘉俊，2023；黄勃等，2023；谢海娟等，2023；王思繁，2023）。另有部分文献将企业进行细分，关注不同行业中企业高质量发展的实现途径。例如，发展绿色农业、坚持创新以及构建农业高质量发展绩效评价指标体系，能够助推与农业相关的企业高质量发展（杨超振等，2022）。出版发行企业可以通过创新业务拓展、主营业务提升以及数字化转型等途径实现高质量发展（王玉娜和李治堂，2023）。商贸物流业的物流创新以及对大数据的充分运用等优势均能促进企业实现高质量发展（曹光求，2023）。高新技术企业通过技术创新、壮大企业集群和优化发展环境也能推动企业的高质量发展（陈舒等，2023）。此外，制造业企业可以通过重视企业创新、治理和资源等要素的联合运用实现高质量发展（刘中艳和吴侠，2023）。由此可见，企业高质量发展的影响因素复杂多样，企业高质量发展的实现路径丰富多元。

2.2　文献综述

2.2.1　气候风险与企业全要素生产率

全要素生产率是衡量经济发展水平的重要指标，它反映了生产过程中总产出与全部生产要素投入的比值，即投入转化为总产出的效率（鲁晓东和刘京军，2017）。近年来，诸多研究探讨了气候变化对全要素生产率的影响并提供了初步的经验证据（Moyer et al，2014；Dietz and Stern，2015；Letta and Tol，2019）。另有研究调查了气候变化和气候政策对不同行业和不同因素（例如能源税）全要素生产率的影响（Gonseth et al，2015；林光华和陆盈盈，2019；Sheng et al，2021）。而气候变化对企业全要素生产率的作用主要体现在两个方面：技术效率和技术进步（刘波等，2023）。

第一，技术效率渠道。一方面，气候变化通过影响资本生产率和劳动生产率从而间接对全要素生产率产生影响（张豪等，2018）。由气候变化所带来的极端自然现象如气温升高，会导致水资源供应减少，在资本存量不变的前提下，资本生产能力下降；同时温度升高会影响人们的身体健康状况，导致生产积极性降低，从而使劳动生产率受到影响（杨璐等，2020；Somanathan et al，2021）。另一方面，气候变化的影响具有长期性，因此生产要素所受到的影响具有持续性，从而使得气候影响嵌入到生产要素的自主技术变化中成为必然。

第二，技术进步渠道。在技术进步方面，气候变化主要通过影响企业对创新技术的投入力度从而对全要素生产率产生影响（易福金等，2021）。如新兴技术的研发会因基础设施建设受到恶劣天气的影响从而导致其发展进程受到阻碍而产生停滞。由内生增长模型可知，技术进步是全要素生产率增长的驱动因素，能够对经济增长形成持久动力。关于研发投入对全要素生产率的影响研究早期多集中于宏观经济层面，中后期则集中于微观层面以反映企业的高质量发展水平。因而，研发投入对企业全要素生产率的影响尚未形成统一定论。一方面，部分学者肯定了研发投入对企业全要素生产率增长的正向促进作用，并且发现具有一定规模的研发投入才会对企业全要素生产率显现出较大的促进作用（毛德凤等，2013）；另一方面，也有学者从企业生命周期的角度出发，指出研发投入在某些时段对企业全要素生产率具有负面影响（叶祥松和刘敬，2018）。总的来说，气候变化可通过研发投入影响企业全要素生产率，进而影响企业的高质量发展，从而形成"气候变化——研发投入——技术进步——全要素生产率"的传导机制。

2.2.2　气候风险与企业创新发展

绿色技术创新存在"知识溢出"和"环境溢出"的双重效应，兼具提高生态环境质量和经济效益的双重优势，要实现企业的高质量发展，离不开企业的技术突破和科技创新。已有研究表明，气候变化会诱导企业进行自主创新，因此创新成为企业缓解气候危机的重要途径（杨起城和罗良文，2023）。

气候风险对于企业创新发展的影响主要通过环境政策或法规来实现，而科技创新在环境规制与经济高质量发展之间发挥了中介作用。近年来，有研究表明环境规制与科技创新关联紧密，环境规制对技术创新的促进作用存在明显的地区差异（沈能和刘凤朝，2012）。但也不乏学者持相反观点，例如，齐亚伟和陶长琪（2014）认为，环境规制对区域创新能力具有双重效应，即当期的环境政策会阻碍区域创新的发展，而滞后期的环境政策则会促进区域创新的发展。通过对现有文献的总结可以得知，气候变化通过环境规制影响企业创新可归因于两大效应（Zhu et al，2019；张意翔等，2021）。一是成本效应。根据新古典经济学理论，环境规制政策的实施会增加企业的生产成本、交易成本和污染治理成本，从而使得企业经营负担加重，创新投入由此减少，最终致使企业高质量发展受阻。二是创新补偿效应。短期来看，环境规制政策会使得企业将一部分资金投入节能减排相关项目中。但从长期来看，科技创新的发展路径与可持续发展的长远目标相符，企业的高质量发展需要企业从战略层面进行改革。通过环境规制的外在压力倒逼企业进行科技创新，并通过科技创新推动企业生产方式的变革从而促进生产效率的提升，最终达到企业高质量发展的终极目标。

2.2.3　气候风险与企业绿色发展

随着气候问题的日益严峻，为改善生态环境质量，政府出台了一系列环境政策并完善相关法规对企业进行约束。为实现绿色发展，企业需要据弃高污染和高能耗的传统生产方式转而实行绿色经营模式，从而达到经济效益与环境效益"双赢"的目标。绿色发展是以经济、社会和环境的可持续发展为目标的创新发展模式，而企业的环境社会治理被看作可持续发展理念在企业层面的具象投影（谢红军和吕雪，2022）。有关 ESG 表现的研究，主要聚焦于企业信息披露的制度设计和发展现状，以及对企业价值、经营风险、融资成本和投资效率的评估等方面。ESG 强调环境、社会和公司治理三要素的协同发展，致力于客观和全面地反映企业经营的内外部效益，是企业进行全面绿色转型的重要抓手。

气候风险可通过政府相关政策法规对企业施加转型压力从而使得企业绿色发展面临转型风险的影响。经济政策的变动使得企业的运营模式发生相应变更，如改善企业环境、承担社会责任以及优化内部公司治理结构等，导致其外部运营环境的不稳定性增加（陈琪和刘卓琦，2023）。与此同时，严格的环境保护制度也可能驱动企业进一步提升 ESG 表现（王珮等，2021）。在金融体系整体进行绿色发展的大趋势下，绿色企业更容易获得投资者青睐，资本的注入使得相关企业拥有可持续发展的竞争优势，同时也提高了利益相关者对于企业未来发展潜力的预期，促进了企业价值的提升（林辉和李唐蓉，2023）。

2.2.4　气候风险与企业风险控制

基于已有研究，气候变化所带来的物理风险与转型风险极有可能增大企业的风险承担水平（杜剑和张杰，2023）。就物理风险而言，极端天气事件会破坏企业的生产设施，给企业带来直接的财务损失，从而对企业业绩造成负面影响。且气候变化可能使得单个企业乃至整个行业的盈利能力受损，如滑雪场因气温升高导致无雪可滑从而收入减少，地中海沿岸国家农业生产因水资源供应不足导致收成下降。同时，气候变化会对人们的身体健康造成威胁，企业员工健康状况的下降会提高企业医疗卫生费用的支出，从而导致企业经营成本的增加（Salisu et al，2023）。就转型风险而言，随着节能减排政策的颁布和相关环境法规的出台，许多企业的非绿色生产设备可能成为搁置资产，"碳泡沫"破灭的风险会随着气候变化风险的增大而增大。搁置资产越多，企业未来盈利能力下降越快，公司市值越容易被高估，从而引发投资者的恐慌和焦虑情绪，若投资者受其影响大量抛售公司股票，公司市值下降风险会大幅度增加（Cheng et al，2023）。与此同时，企业将可能面临银行机构紧缩信贷和保险机构减少灾害保险产品供给的局面，由此导致的企业借贷成本上升使得企业生产经营面临巨大风险（Reboredo et al，2022）。此外，转型风险对金融稳定的影响具有辐射效应，对高碳行业的上下游产业以及与之相关的企业均有影响（陈国进，2021）。转型风险还包括消费者偏好的变化，当绿色低碳环保概念渗透到人们的消费观中时，消费者会更偏好低碳产品而使得高碳产品滞销，从而影响高碳企业的销售收入。因此，为应对气候变化，发挥企业主观能动性采取科学有效的应对措施，将企业面临的气候风险以及由气候风险带来的不良影响降至最低，对企业的高质量发展至关重要。

2.2.5　气候风险与企业市场表现

随着社会对企业承担环境责任的呼声越来越强烈，气候相关风险与公司股价的关系也越来越紧密（Kim et al，2014）。一系列实证研究表明，气候风险使得企业的生存环境增加了诸多不确定因素，引发公司股价的异常波动（曾国安等，2021）。有学者（Lin and Wu，2023；Ren et al，2023c）指出，碳风险与未来股价崩盘风险之间存在显著的正相关关系，但企业及时披露气候变化信息可以缓解由碳风险带来的不利影响。此外，马利克等（Malik et al，2022）证实自然灾害引发的不确定性诱使管理者不断隐藏坏消息从而增加未来股价崩盘的可能性。因此，气候变化会通过影响企业价值进而影响企业发展。

2.2.6　气候风险与企业资产配置

爱普斯坦（Epstein，2005）首先提出了金融化的概念，认为金融化是一种在社会范围内金融部门影响力不断提升以及体量不断扩大的现象。在对金融化的解读上，阿尔伯斯（Aalbers，2016）提出，金融化可以从金融市场扩张和金融工具扩散等七个角度解释。金融化的具体表现为由金融投资或者投机所产生的利润占国内生产总值（GDP）的比例越来越大（Krippner，2005）。目前中国上市公司表现出明显的金融化趋势。值得一提的是，由于信贷环境等条件的制约，中国企业金融化的动机并非预防性储蓄，而是为了追逐利润（Xu and Xuan，2021）。

随着企业"脱实向虚"问题日益严重，部分研究开始关注气候变化与企业金融化之间的关系。如，丁海等（2021）提出，气候风险通过刺激企业进行技术研发推动其进行绿色转型升级进而延缓公司的金融化进程。正面来看，由气候变化引发的各类不确定性风险会使得市场动荡加剧，受其影响企业经理人投资意愿下降，从而导致企业原本的投资安排延后（Han and Qiu，2007）。而从反面来看，气候变化带来的风险会降低企业利润，迫使企业因追逐短期利益而增加对金融领域的投资（齐绍洲和段博慧，2022）。此外，金融资产具有储存流动性和投资获利性的双重属性，在市场情况发生变化时，企业可能出于不同目的而持有金融资产。一方面，气候变化增加了企业外部风险，企业经理人的预防性储备动机增强，致使他们增持大量流动性金融资产，并通过管理营运资本来应对外部环境冲击以降低企业经营风险（Bloom et al，2007）。另一方面，气候风险增加，市场的隐性预期收益率会提高，有风险追逐特征的企业会因此增加投资（Segal et al，2015）。

2.2.7　气候风险与企业数字责任

数字经济可以推动企业绿色低碳转型（韩晶等，2022），从而促进企业的高质量发展。数字化转型是企业促进自我转型的一种方式，它是指商业企业在转型过程中尝试运用新的方法使得数字技术和工具在企业内部得到充分运用（Peng and Tao，2022）。影响企业数字化转型的因素包括管理认知的更新、管理社会资本的发展、业务团队的建设以及组织能力的提升等（Li et al，2018）。而由数字化催生的数字金融发展同样是推动企业创新发展的重要因素，为推进企业数字化转型提供了强大动力（Luo，2022）。

气候变化带来的影响已渗透到社会的方方面面，企业尤为明显。一方面，气候变化产生的物理风险会增加企业财产损失，正常的社会生产活动受到干扰，导致企业运营成本的增加。而数字化转型能够帮助企业实现智能化运营，从而降低营业成本（倪克金和刘修岩，2021）。因此，追求利益最大化的企业会加快其数字化转型的步伐。另一方面，气候变化产生的转型风险会推动政府政策的实施，通过环境规制等手段加快推进全社会的整体绿色发展进程。企业在面临内外部压力剧增的情况下，加大研发投入，通过数字化工具和手段开发绿色创新技术，提高能源利用效率的需求变得更为迫切。已有研究表明，数字化转型能够推动企业进行绿色技术创新（Li et al，2022b；李慧鹏和周小亮，2023）。因此，企业在促进自身发展的过程中，具有充分的动机提升其数字化水平。

2.3　相关理论基础

2.3.1　委托代理理论

公司治理的本质是为解决因所有权和控制权分离而产生的代理问题，由此产生了委托代理理论。20 世纪 30 年代，美国著名经济学家伯利和米恩斯（Berle and Means，1991）就在其著作《现代企业与私人财产》中明确提出"所有权与控制权分类的理论"，并运用该理论研究股份制企业的经营者控制现象。委托代理理论的研究重点是解决委托人与代理人之间的利益冲突问题，以确保代理人按照委托人的意志和利益行事。在早期的研究中，委托代理理论是公司发展相关理论研究的基础。随着理论研究的进一步深入，詹森和梅克林（Jensen and Meckling，1976）研究发现，代理人通常具有一定的自主权，这意味着他们在一定程度上可以自行决策，而其所作决策并不一定符合股东的利益诉求。

在委托代理理论中,戈沙尔(Ghoshal,2005)认为,委托人需要制定合理的契约,并构建适当的激励机制以激励代理人为委托人谋求利益而行动。道尔顿等(Dalton et al,2007)主张代理人可以在不违反契约的前提下,尽可能地追求自身利益。因此,委托代理理论的目标是设计一种合理的契约,使得委托人和代理人之间的利益趋于一致,从而达到代理人动机和委托人目标之间的最优契合。

委托代理理论是建立在非对称信息博弈论基础之上的(万华,2023)。通常情况下,经理比股东拥有更多的公司内幕信息,这也导致经理更容易产生机会主义行为,违背股东意愿。由于气候变化产生的物理风险和转型风险对企业造成直接或间接影响,物理风险导致企业经营中断,财产损失;转型风险给企业内外部同时施加压力,增加其经营风险,而股东并不完全了解企业经营状况,因此,公司管理层极有可能因为隐瞒坏消息而作出错误决策(Solomon et al,2021)。同时,管理层的短视可能会使他们忽略或低估气候风险给企业带来的影响,因为他们更关注公司短期的业绩表现,而忽视了气候变化对企业可能产生的长期影响(Chang et al,2016),因此导致企业未能及时采取有效的管理措施应对气候变化风险,进而影响企业未来发展。

2.3.2　信息不对称理论

最早的经济学理论包含一个重要的假设条件,即信息是完全充分的。但阿克洛夫(Akerlof,1970)对此产生怀疑,提出了信息不对称理论,即市场上买卖双方各自掌握的信息是有差异的,通常卖方拥有较完全的信息而买方拥有的信息并不完全。在信息不对称的市场环境下,相比投资者,企业管理者对企业的经营信息掌握得更为全面,由此占据了与投资者博弈中的优势地位。之后,信息不对称可能会导致逆向选择和道德风险问题(Akerlof,1970;Stiglitz and Weiss,1981)。而为避免此类情况,最有效的方法是通过信息传递和交流来缓解信息不对称问题。

就企业内部而言，首先，管理层可能会低估气候变化风险带来的影响，决策者缺乏对气候变化对企业潜在影响的全面了解，从而导致企业无法积极应对气候风险（王俊领和蔡闫东，2022）。其次，企业是以盈利为目的以实现其利益最大化，而气候风险是一个不确定性因素（Lin et al，2023）。一方面，它为企业带来动力，具体表现为促进企业新能源技术研发和转型升级，进而推动企业高质量发展。而另一方面，它使企业面临挑战，具体表现为物理风险和转型风险带来的压力使得企业经营风险增加，增大了企业管理者作出错误决策的可能性，导致企业在行业中被淘汰（Derrien et al，2016）。公司内外部信息的不对称加剧了这种不确定性，公司外部无法完全掌控企业的经营状况，这给了管理者可乘之机，企业未来发展由此受到影响。因此，信息不对称情况下，与企业相关的气候风险信息在企业的内外部无法形成有效衔接，对企业高质量发展构成阻力。

就企业外部而言，投资者和金融机构可能会由于企业气候风险相关信息透明度不足而面临决策风险，投资者难以作出正确的投资决策，而金融机构所面临的不良贷款风险也会因此增加（Li，2020）。因此，气候风险信息的不对称致使市场机制作用的发挥产生扭曲，从而导致市场信息对市场参与者产生误导进而引发市场失灵。综上可知，在气候风险加剧以及信息不对称的环境下，投资者和金融机构并不能完全信任企业，并对公司未来发展产生怀疑，从而各自采取措施以求将自身风险降至最低。此时，企业内外部环境堪忧，使得企业面临巨大打击，极大程度地增加了企业在未来发展过程中的不确定性。

2.3.3 利益相关者理论

"利益相关者"这一名词最早于 1963 年由美国斯坦福研究院提出，即用一个和股东（stockholders）相对应的词"Stakeholder"来表示利益相关者，其具体意义为和企业具有紧密关系的所有人。随后，弗里曼（Freeman，1984）丰富和发展了利益相关者理论，并提出了利益相关者概念，即企业应该以利益相关者的利益为导向，实现所有相关方的利益最大化。利益相关者理论是企业社会责任领域相关理论发展的一部分，克拉克森（Clarkson，1995）强调，企业应该考虑所有利益相关者的利益，而不只是股东的利益。该理论认为，企业存在的目的不仅是谋求利润，还应包括社会责任的承担和环境责任的履行，从而满足所有利益相关者的需求和期望。

企业发展离不开各利益相关者的投入和参与，企业管理者应该了解并尊重所有与组织行为以及行为结果密切相关的个体，尽可能地满足他们的需求，促进各方利益协调发展（Leung et al，2019）。根据利益相关者理论，将各利益相关者纳入组织决策，不仅是一种道德要求，同时也是一种战略资源，有助于充分发挥组织的竞争优势（毕晓方等，2022）。利益相关者理论对于提升企业高质量发展水平具有重要意义。它强调公司治理的目标不仅是追求股东利益最大化，更是要平衡公司内外部全体利益相关者的利益和需求。这意味着企业需要考虑来自员工、供应商、客户以及社会公众等多方面的利益诉求，协同多方利益以实现可持续发展。只有在平衡各方利益的前提下，企业才能长期稳定地发展，赢得社会的支持和认可。气候变化产生的风险对企业的影响是显而易见的，此种情境下，企业过于追逐短期利益势必难以保全其他利益相关方的利益，这不利于企业的可持续发展（Banerjee et al，2022）。相反，为了企业的长期发展，企业面临气候风险时更应该考虑协调多方利益，实现经济效益、社会效益以及生态环境效益的协调统一，从而高效推进企业高质量发展进程。

2.3.4　风险管理理论

马科维茨（Markowitz，1952）就证券资产的投资组合问题进行了研究，并引入了系统性风险和非系统性风险的概念。风险管理理论是指通过对风险的识别、评估、监测、控制和转移等手段，选择最有效的方式，主动地、有目的地以及有计划地管控风险，以最低成本获得最大保证。斯坦博（Stambaugh，1996）认为，衡量和报告银行及其客户投资组合中市场风险的主要方法是在险价值（VaR）。VaR 是指在某个置信区间下投资组合在未来某时段所可能遭受的最大损失，目前该模型已被广泛运用于各金融机构市场风险的测算和管理。

风险管理理论主要包括风险识别、风险评估、风险控制和风险转移四个方面。风险识别是指对可能造成损失的风险因素进行系统的、全面的识别和描述。风险评估是指对识别出来的风险进行量化分析，确定其可能带来的损失程度和概率。风险控制是指对已评估的风险采取预防、缓解和转移等措施，以降低风险可能带来的负面影响。风险转移是指通过保险或其他商业合同等方式将风险转移给第三方，以减轻自身承担风险的压力。

目前来看，气候变化产生的风险对企业各方面的影响并不能完全量化估计（Kamiya et al，2021）。本书在考虑气候风险对企业高质量发展的影响时，适当结合风险管理的方法，以确保对气候变化风险的应对能够充分体现在企业价值链的各个环节上。企业可以通过科学识别和评估气候风险来确定最优的风险应对策略，并对其进行及时调整以适应外部环境变化。同时，风险管理理论可以帮助企业在竞争激烈的市场中获得竞争优势（Garfinkel and Hankins，2011；Bakke et al，2016）。对气候风险的有效管理会在一定程度上增加企业的声誉和品牌价值，从而为企业带来更多的商业机会并扩大其市场份额，推进企业的高质量发展进程。

2.3.5 外部性理论

外部性概念最早由马歇尔提出，其将生产经济规模分为"外部经济"和"内部经济"。随后庇古进一步完善了外部性问题，同时还研究了对资源进行开发所产生的环境效应，提出经济活动对环境产生的不利影响是一种负外部性。科斯（Coase，1960）认为，外部效应是指在经济活动进行的过程中其他个体或组织所受到的影响，这种影响并不反映在市场价格或商品成本中。外部效应可分为正效应和负效应，也可分为有形效应和无形效应。如果没有外部性的存在，市场价格便能充分反映供求关系，即供应商和消费者之间的交易行为对价格的影响。然而，由于外部性的存在，市场价格并不能完全反映所有的成本和收益信息（Alayo et al，2017）。

外部性可以分为正外部性和负外部性。若一项产品或服务的私人收益大于社会收益，则称之为负外部性，反之为正外部性。负外部性是指一种经济行为给其他个体造成了负面影响，使得其他个体成本增加或收益减少。外部性理论在实践中具有重要的应用价值。例如，针对环境污染问题，政府可以通过对污染者征收税费或者实行排放配额以减少污染物排放，从而减轻环境污染的外部影响。同时，政府也可以通过经济补贴或税收优惠等手段鼓励企业进行研发投入，以加速相关产业的发展步伐，提高整体社会福利水平（Zhu et al，2022a）。

气候变化本身就是一种全球性的环境问题，由气候变化导致的气候风险具有明显的负外部性（高睿等，2022）。在实践中，为缓解气候变化压力，除政府采取征收碳税以及建立碳排放权交易机制等手段减少二氧化碳排放外，企业作为重要的经济活动主体，也具有积极采取措施，减少环境污染的义务以减轻因企业发展所需而累积的负外部性（Lu et al，2021）。同时，高质量发展作为当下的时代主题，对企业未来的可持续发展有着深刻影响。然而，由气候风险带来的负外部性对企业高质量发展所产生的影响以及企业应当采取的应对措施在现有文献中并未得到深入研究。基于此，本书积极探讨了气候变化所产生的风险对企业高质量发展实现路径的影响。

2.4　文献评述

第一，现有文献对气候风险的研究大多关注其可能引发的经济后果，缺少对气候风险和企业高质量发展之间关系的多维度考察，并且对企业高质量发展实现路径方面的探讨存在不足，缺乏系统性的总结。

已有研究证明，气候变化所带来的物理风险和转型风险对企业产生了广泛影响，既给企业发展提供了新的契机，同时也为企业带来了前所未有的压力。气候物理风险导致企业实物资产受损和业务中断，从而降低企业经营利润。而气候转型风险则加剧了企业所面临的低碳转型压力。企业须加大内部对能源技术的研发投入，同时还需面对外部环境的不确定性，例如新政策的实施和投资者偏好的变化。在此种不确定环境中，企业自身的决策和行为对其长期发展至关重要。因此，研究气候风险对企业高质量发展的影响具有其必要性。

然而，现有文献大多仅关注气候风险对企业发展某一方面的影响，对于气候变化如何影响企业的高质量发展、气候变化产生影响的内在机制和异质性以及气候变化背景下提升企业高质量发展水平的实现路径等相关研究较为分散，缺乏系统性。因此，为全面把握气候变化对企业高质量发展的影响，尚且需要对其进行进一步的综合深入研究。在研究框架内纳入气候风险产生影响的内在机制、不同企业所具有的特征及其差异、行业特定的适应性策略，以及对气候风险进行管控的最佳实践规划。只有通过深入挖掘气候风险对企业高质量发展的本质影响，为提升企业高质量发展水平提供正确的战略抉择，才能使企业更好地应对气候变化所带来的机遇和挑战。

第二，现有文献对企业高质量发展水平衡量指标的选取过于单一，且忽略了从气候风险视角分析企业的高质量发展。

提升企业的高质量发展水平旨在使企业在生产和运营过程中实现量的增长和质的提升。近年来，学者们开始关注企业的高质量发展，且大部分文献都集中探讨了各种内外部因素对企业高质量发展的影响。此外，关于企业高质量发展的相关研究虽已取得一定成果，但目前的研究重点主要集中于企业的全要素生产率，忽略了其他影响企业高质量发展的因素。

当前经济社会正面临着向绿色低碳发展模式转型的挑战，在转型目标的督促下，中国出于对经济发展和社会和谐的双重考虑，提出了"双碳"目标。在此背景下，关注气候问题并分析气候变化对企业高质量发展的影响具有现实意义。在气候变化视角下，存在诸多尚未解决的问题和未被探索的领域。对于企业高质量发展的关键驱动因素、内外部环境对其影响的综合分析，以及不同行业和地区之间的差异，亟须进行进一步的探讨和研究。目前，相关学者正积极探索气候变化对企业战略决策、业务模式和供应链管理的影响，以及气候相关风险对企业绩效和长期可持续发展的影响。但此类研究缺乏对企业在适应气候变化过程中所采取的创新型举措的关注，并缺少对于该类举措对企业高质量发展持续影响效果的评估。此外，从跨学科视角研究气候变化对与企业高质量发展息息相关的企业社会责任、利益相关者关系以及企业决策中长期风险管理等因素的影响同样具有潜在价值。

本书将根据高质量发展的含义和特征，从企业的全要素生产率、创新发展、绿色发展、风险控制、市场表现、资产配置和数字责任七个方面全面衡量企业的高质量发展水平，并着重关注气候变化这一社会背景，研究气候风险对企业高质量发展的影响及其影响路径。

通过上述研究，我们将气候风险对企业高质量发展的具体影响机制进行了深入剖析，并揭示了不同行业和地区影响效应的异质性，为企业制定应对气候风险的相关策略提供依据。同时，还有助于企业更好地适应气候变化，并应对气候风险带来的压力与挑战，加快企业实现可持续发展的步伐并在经济社会向绿色低碳转型的过程中展现出充分的竞争优势。

2.5　本章小结

随着气候变化引发的气候危机加剧，其带来的负面冲击在诸多影响现代经济社会发展的因素中占据着不可忽视的地位，推进当前社会进行绿色低碳转型迫在眉睫。气候变化带来的风险冲击具有广泛性，金融经济首当其冲。本书将气候风险具体划分为物理风险和转型风险两个方面。物理风险可能导致经济主体遭受财产损失，业务活动被迫中断，同时对企业的采购、生产和销售等环节产生不利影响。企业所面临的转型风险包括政策变化风险、技术创新风险和消费者偏好变化风险。具体而言，政府为推动能源绿色转型会采取相关措施或制定相关政策以限制化石能源的使用，并加强落实环境保护相关法律法规的执行。诸如此类的环境规制手段给企业施加了压力，推动企业自发进入节能减排行列。为了适应绿色低碳的新发展环境，企业亟须将压力转变为动力，以提高能源效率为目的优化投资决策，增加技术研发投入，实现企业的可持续发展。此外，在低碳经济的约束下，人们的消费观念也发生相应变化。随着消费者环保意识的增加以及社会责任感的增强，投资者更加青睐具有良好社会责任意识且污染问题较小的企业。企业需要积极回应消费者需求，承担绿色发展的数字责任以提升市场竞争力。这不仅为企业创造了新的需求，同时也带来了诸多挑战。气候变化对企业运营的影响贯穿始终，因此深入分析气候变化所带来的风险对企业的实质性影响至关重要。尽管已有部分研究探讨了气候风险与企业具体行为之间的关系，但对其进行综合性分析以探究气候风险对企业高质量发展影响的文献尚且缺乏。因此，进一步研究气候风险对企业高质量发展的影响并探索其产生影响的具体路径具有必要性。综上所述，从气候风险的角度研究企业高质量发展，不仅能够深入分析气候变化对企业发展各方面所产生的影响，还能为企业后续良性发展提供政策指引并指明战略方向，为企业在应对气候风险时稳步推进高质量发展进程开辟切实可行的新路径。

大部分研究认为，企业高质量发展的关键在于提高全要素生产效率，推动企业向高质量和高效率的方向发展。因此，此类研究都使用企业的全要素生产率来衡量其高质量发展的程度。当前已有文献在探究影响企业发展的各类因素时，主要关注外部政策补贴、减税降费、经济政策不确定性，以及内部会计信息质量、企业的 ESG 表现和数字技术创新等方面。为了更加准确和全面地定义企业高质量发展，本书基于高质量发展的含义和基本特征，将企业的高质量发展分为七个方面，即全要素生产率、创新发展、绿色发展、风险控制、市场表现、资产配置和数字责任。气候变化为我们研究企业的高质量发展路径提供了新的视角。因此，本书从气候风险的角度出发，对企业的高质量发展进行全面研究，旨在分析气候风险对企业在全要素生产率、创新发展、绿色发展、风险控制、市场表现、资产配置和数字责任等方面的影响。通过对其展开深入探讨，我们揭示了气候风险对企业高质量发展产生影响的潜在机制和企业高质量发展的实现路径。此外，我们还根据公司特征的异质性进行了进一步的深入分析，以更好地理解不同类型企业在应对气候变化挑战时的行为差异和策略特征。通过上述研究，我们为企业未来发展提供了有价值的政策见解，帮助企业管理层制定可持续发展战略，积极应对气候变化所带来的外部风险冲击，助力企业在经济社会向绿色低碳转型的浪潮中抓住新的商机，实现企业高质量发展的长远目标。

第 3 章

气候风险与企业全要素生产率

3.1 引　　言

近年来，能源发展已成为驱动各国经济增长的核心要素。无论是制造业的蓬勃兴起，还是服务业的迅猛扩张，其背后均深刻体现了对能源资源的巨大依赖。这一高能耗与经济增长之间既紧密又复杂的关联性，在学术界已通过多项研究得到了充分验证（Lee，2005；Ren et al，2022b）。然而，高能耗的经济发展模式也带来了严重的环境问题，尤其是对传统化石燃料的过度依赖，导致了大量温室气体的排放。这不仅加剧了全球气候变暖，还引发洪水、干旱、飓风等极端天气事件的频发，对人类社会和经济稳定造成了严重威胁。此外，化石燃料的燃烧会释放二氧化硫、氮氧化物和颗粒物等大量的有害物质，这些物质对空气质量造成了严重影响，时刻威胁着人们的健康。同时，化石燃料的开采和过度使用也会导致资源的过度消耗和枯竭，给未来经济发展带来隐患。

在现代社会，政治控制和治理在确保环境可持续方面确实发挥着越来越重要的作用。气候变化和过度排放不仅威胁着生态系统的平衡，也对人类社会的可持续发展造成了负面影响。因此，各国政府纷纷采取措施，通过制定和实施气候政策来应对这一全球性挑战（Liu et al，2020；McCollum et al，2018；Ren et al，2022c）。由于气候变化的影响难以准确预测，政策制定者在制定和执行气候政策时面临不确定性，称为气候政策不确定性（CPU）。这种不确定性可能会影响政策的效果和可行性，进而影响能源消费与经济发展之间的关系。特别是对于制造行业和生产行业来说，气候政策不确定性具有重大影响。制造业是能源消耗的主要领域之一，其生产和运营过程对能源的需求巨大。气候政策的不确定性可能导致企业面临更高的运营成本和不确定性，从而影响其投资决策和生产经营活动，增加额外的经济负担和风险，影响整个行业的竞争力和稳定性。此外，政策的不稳定性还可能影响能源市场的稳定性，从而对整个经济体系产生影响（Chiu and Lee，2020）。

在经济领域，气候变化对全要素生产率的影响，成为一个不容忽视的研究焦点。全要素生产率（TFP）是衡量经济增长质量和效率的关键指标，它涵盖了资本、劳动、技术等生产要素的综合利用效率。在气候变化的大背景下，TFP 受到的影响是多方面的、复杂的。理论研究已经假设了气候变化对全要素生产率的潜在影响（Dietz and Stern，2015；Moyer et al，2014）。此外，还有部分研究进一步探索了二者关系在不同行业和不同情境下的具体表现。气候变化对 TFP 的影响并非一成不变，而是受到多种因素的综合影响，如行业特性、技术水平、政策环境等。特别是在不同行业层面，气候变化对能源密集型行业（如采矿、制造和能源生产供应部门）的 TFP 影响尤为显著（Gonseth et al，2015）。同时，气候政策（如能源税）的实施也会对这些行业的 TFP 产生影响，通过引导企业采用更加环保的生产方式和技术，从而提高生产效率（Sheng et al，2021）。

尽管已有研究在探讨气候变化和气候政策对 TFP 的影响方面取得了一定的进展，但关于气候风险如何影响企业 TFP 的研究却相对较少，这一领域的研究空白亟待填补。中国作为全球最大的温室气体排放国之一，其气候风险会影响到企业的投资决策、技术创新和生产经营活动。因此，本章将关注气候风险对采矿、制造和能源生产与供应部门整体样本的企业全要素生产率的影响。通过收集和分析这些行业的企业数据，运用计量经济学方法构建模型，以揭示气候风险与 TFP 之间的关系及其作用机制。这将有助于更好地理解气候变化和气候政策对企业经济活动的影响，为制定有效的气候政策和促进经济可持续发展提供科学依据。

本章使用 2011～2020 年中国 A 股上市公司的年度数据实证研究了气候风险对企业全要素生产率的影响。结果表明，气候风险会促进企业全要素生产率的增长。且气候风险和企业全要素生产率之间的关系受企业所有权结构和行业类型的影响。即气候风险对非国有企业、劳动密集型行业、资本密集型行业和技术密集型行业的全要素生产率有明显的正向影响，但对国有企业和资源密集型行业的正向影响不明显。同时，气候风险会通过推动企业研发投资和增加企业的自由现金流来提高全要素生产率。此外，为保证结果的稳健性，本章进行了一系列稳健性检验。首先，考虑到新冠疫情对经济社会的影响，剔除了 2020 年的样本数据；其次，使用 CPU 指数的滞后一期作为工具变量以减轻内生性问题；最后，考虑 CPU 的替代变量，使用中国气候物理风险指数来衡量气候政策不确定性。最终的实证结果能够证明本章的主要结论是稳健的，这进一步支持了本章提出的观点。

本章从以下三方面对现有研究作出贡献。首先，为理解气候风险与企业全要素生产率之间的关系提供了全新视角。传统上，对于企业 TFP 的研究多侧重于内部运营效率、技术创新和市场竞争等因素，而较少关注外部环境，特别是气候政策的不确定性。然而，随着全球气候变化问题的日益严重，气候风险已经成为影响企业发展的重要外部因素之一。气候变化和过度排放不仅威胁着生态系统的平衡，也对人类社会的可持续发展造成了负面影响。因此，各国政府纷纷采取措施，通过制定和实施气候政策来应对这一全球性挑战（Liu et al, 2020；McCollum et al, 2018；Ren et al, 2022c）。由于气候变化的影响难以准确预测，政策制定者在制定和执行气候政策时面临不确定性，称为气候政策不确定性。这种不确定性可能会影响政策的效果和可行性，进而影响能源消费与经济发展之间的关系。气候政策的不确定性主要源于政策制定过程中存在的各种变数，如政策目标的调整、政策执行力度的不确定性等。这些因素会对企业的投资决策、生产安排和资源配置产生重要影响，进而影响到企业的全要素生产率。本章通过结合气候政策的不确定性，深入探讨了其对企业 TFP 的潜在影响。此外，鉴于各类行业对政策环境的高度敏感性，相较于广义的经济政策不确定性，特定于气候的政策不确定性研究具有更为显著和直接的微观经济意义（Wen et al, 2022）。因此，本章对气候风险的研究不仅为行业环境治理提供了新思路，且其针对性和实用性也远超过了一般性的普适政策。

其次，本章进一步深化了对政策不确定性在经济增长中所扮演角色的理解。在经济学研究中，全要素生产率一直被视为经济增长的主要驱动力之一（Santos et al, 2021）。在本章的研究中，大部分样本来自制造业公司，这一行业在全球经济体系中占据着重要的地位。制造业的全要素生产率能够直接影响并促进经济增长（Jia et al, 2020）。因此，通过探讨气候政策不确定性如何影响企业 TFP 增长，不仅揭示了气候风险和企业 TFP 的关系，更重要的是提供了一个理解气候风险如何影响经济发展的新视角。这对于政府制定更加稳定和有效的政策，以促进经济的持续增长具有重要的指导意义。

最后，本章对于了解如何在气候变化挑战的背景下提高企业全要素生产率，进而增强经济发展的可持续性具有重要意义。在当前全球气候变化日益严峻的背景下，推动经济向更加绿色、低碳和可持续的方向发展已成为国际社会的共识。作为一个拥有庞大制造业基地的国家，中国政府正积极寻求从资源和能源驱动型经济向创新型经济转型的路径。企业 TFP 的改善是实现这一转型的关键。通过提高生产效率、优化资源配置、推动技术创新，企业能够在减少能源消耗和环境污染的同时，提升自身的竞争力，实现可持续发展。本章研究为如何在气候变化挑战的背景下提高企业全要素生产率提供了重要的参考。通过政府和企业的共同努力，可以推动经济向更加绿色、低碳和可持续的方向发展，实现经济和环境的双赢。

本章内容安排如下：第 3.2 节回顾了相关文献并提出研究假设；第 3.3 节介绍了数据和方法；第 3.4 节分析了实证回归结果并进行一系列稳健性检验；第 3.5 节进一步分析了气候风险对企业全要素生产率的影响；第 3.6 节对本章内容进行了总结。

3.2　理论分析与假设提出

3.2.1　气候风险对企业全要素生产率的影响分析

近年来，极端天气事件的频发与加剧已在全球范围内引发了对气候变化危害及风险的深切关注。自然灾害不仅可能加剧能源消耗，还可能对能源密集型行业的生产造成深远影响（Lee et al，2021）。先前的研究，如迪茨和斯特恩（Dietz and Stern，2015），进一步揭示了气候变化相关灾害的破坏力，指出其不仅会削减当前产出，还会通过削弱知识积累对长期经济增长产生负面影响。因此，在应对气候变化的背景下，如何平衡经济增长与环境保护成为亟待解决的重要议题。

中国政府已采取了一系列措施，如"中国制造2025"等计划，旨在规范并减少重污染企业的生产活动。当前，中国经济已步入"新常态"阶段，其显著特征之一便是从追求经济总量的快速增长转向追求经济的高质量发展。未来，中国经济增长将更多依赖于供给端的升级来拉动内需，为内生增长提供新的动力源泉，而非过度依赖低附加值产品的出口。值得注意的是，在内生增长模型中，气候变化对生产水平的负面影响会转化为对全要素生产率（TFP）的损害（Moyer et al，2014）。因此，气候政策的制定者必须充分考虑政策对企业TFP的潜在影响。

鉴于气候变化对自然环境影响的复杂性和多维性，使用单一指标来衡量经济发展显然具有局限性。全要素生产率，作为劳动生产率和资本生产率的综合体现，是衡量技术进步和经济增长质量的重要指标。以往研究表明，影响企业TFP的内部因素主要包括研发投入（Dai et al，2022）、资本补贴（Barseghyan and DiCecio，2011）、企业规模（Sheng and Song，2013）以及人力资本配置（Jia et al，2020）。而在外部因素方面，行业法规、政府政策以及市场条件均对企业层面的TFP产生显著影响。特别是市场化改革（Sheng and Song，2013）和绿色信贷政策的实施（Zhang，2021），已被证明能够有效提升企业层面的全要素生产率。

在气候变化的情况下，影响企业全要素生产率的因素变得更加复杂多样。如前所述，现有文献对全要素生产率影响因素的研究主要集中在企业、政府、市场等实体层面，只有少数研究涉及气候变化等自然环境层面的影响因素，缺少研究气候政策的不确定性的相关文献。因此，本章考察了气候政策不确定性是否影响以及以何种方式影响企业 TFP。在中国现有的制度结构安排下，政策的出台和实施在很大程度上影响着经济增长。这种政策导向型的经济增长模式使得企业面临着较高的政策不确定性。同时，气候政策的实施也会通过引导企业采用更加环保的生产方式和技术，从而提高企业 TFP（Sheng et al，2021）。并且由于政策的强制性，气候政策的不确定性会迫使企业更注重技术创新以应对潜在的政策调整或新规要求，从而提升全要素生产率。并且气候政策的不确定性会倒逼企业重视风险管理，提高决策的实时性和效率，同时通过制度优化和数字化转型等方式提高全要素生产率。基于以上分析，本章提出第一个假设。

假设 3.1：气候风险有利于企业 TFP 的提升。

3.2.2　气候风险对企业全要素生产率影响的异质性分析

气候风险，从根本上讲，可归结为碳风险，它涵盖了气候变化所引发的一系列潜在威胁与挑战。在中国经济体系中，能源、矿业及制造业领域内，资本密集型的国有企业占据显著地位。这些企业凭借其庞大的体量与国家信用的强力支撑，通常能够享受多元化的融资渠道与雄厚的资本基础。然而，这种优势也导致了国有企业在政策管理上过度依赖政府指导，自主性驱动力相对不足。相比之下，非国有企业则缺乏国有企业所享有的强大后盾与广泛的融资网络，因而更易受到市场波动及外部环境变化的直接影响。面对外部不确定性，非国有企业展现出更高的决策灵活性，能够迅速调整经营策略与资源配置，以有效应对潜在风险与挑战。此外，非国有企业所处的市场竞争环境往往更为激烈，这促使它们必须快速响应政策变动以保持竞争优势，从而更倾向于采取主动措施来提升全要素生产率。

因此，在面对外部不确定性时，非国有企业展现出更强的风险适应性。有理由预期，气候风险对非国有企业全要素生产率的影响将显著大于对国有企业的影响。这一差异不仅源于非国有企业在决策与资源配置上的灵活性，还与其在市场竞争中形成的快速响应机制密切相关。

此外，依据产业特征，企业可被明确划分为资源密集型、劳动密集型、资本密集型以及技术密集型四大类别。资源密集型产业，其核心在于依赖丰富的自然资源进行生产和运营活动，且往往已构建起较为成熟的技术体系，技术迭代周期相对较长。面对气候风险的加剧，该类型产业倾向于依赖现有技术框架以应对政策变动，而非迅速开展大规模的技术革新投资，故其对气候风险的敏感度相对较低。与之形成鲜明对比的是劳动密集型、资本密集型和技术密集型产业，这些产业的生产模式更侧重于资本和技术的深度融入，并展现出浓厚的技术创新潜力。在气候风险带来的外部压力下，这些产业不得不加速提升生产效率并削减能源消耗，从而驱动全要素生产率的提升。特别是资本密集型产业，作为资源密集型产业的下游承接者，其生产活动高度依赖于上游企业提供的能源资源。气候风险促使资本密集型产业加大对绿色技术的投资与革新力度，以期降低能耗、提升生产效率，进而带动全要素生产率的增长。劳动密集型产业的全要素生产率虽主要依托劳动力资源，但在面对气候政策变化时，该产业也能通过生产方式的转型与升级来提高全要素生产率。而技术密集型产业，则更是在气候风险的激励下，致力于突破性的技术创新，积极研发新产品与新技术，以适应不断变化的市场需求，进而实现全要素生产率的显著提升。基于以上分析，本章提出第二个假设。

假设 3.2：气候风险对企业 TFP 的影响在不同公司之间有所不同，其影响程度取决于公司所有权结构和行业类型。

3.2.3 气候风险对企业全要素生产率的影响机制分析

气候风险可能通过两大中介机制对企业全要素生产率产生深远影响。首要机制涉及研发投资。现有文献已证实，气候风险是推动企业创新的关键因素之一（Zhu et al，2023）。具体而言，气候风险不仅能够激励企业通过增加海外董事会成员比例和遏制低效投资来促进创新活动（Ling et al，2025），还能激发企业在研发领域的投入，以开发更高效、环保的能源利用技术，如太阳能、风能等可再生能源技术。这些技术的采纳不仅能减少对化石燃料的依赖，降低碳排放，还能显著提升企业的生产效率和环境绩效。因此，研发投入的增加不仅有助于改善企业绩效，还能直接推动企业全要素生产率的增长（毛德风等，2013），而创新带来的技术进步更是企业全要素生产率提升及经济增长的重要驱动力（盛明泉等，2020）。

另一关键机制则与自由现金流紧密相关。气候风险的存在往往促使企业加强财务管理，以减少非必要支出，增加可自由支配的资金，从而增强企业对气候政策调整及经济波动的抵御能力。这一过程中，企业可能会优化资本配置，降低对外部融资的依赖，以减少因政策强制性带来的潜在风险。值得注意的是，融资约束长期以来被视为制约企业作出最优生产经营决策的重要因素，进而抑制了企业全要素生产率的提升（何光辉和杨咸月，2012；陈海强等，2015）。因此，气候政策不确定性促使企业减少融资约束，增加自由现金流，实际上为企业提供了更多可自由支配的资金，这有利于企业作出更为灵活和高效的决策，进而提升全要素生产率。基于以上分析，本章提出第三个假设。

假设 3.3：气候风险将通过研发投资和自由现金流来影响企业 TFP。

3.3　研究数据与研究设计

3.3.1　变量选取与说明

本章的样本为 2011～2020 年中国 A 股上市公司。根据 2012 年中国证监会行业分类类别，行业包括采矿业、制造业、能源生产与供应等行业。根据文献（Fang et al，2020），所有公司的财务信息均来自中国股票市场与会计研究（CSMAR）数据库。为保证实证结果的有效性和可靠性，排除主要变量缺失过多的数据。使用气候政策不确定性[①]作为气候风险的代理指标。同时，为避免极值存在而导致结果产生偏差，所有连续变量均在1%和99%水平上进行了缩尾处理。最终样本年度观测值共计16 468个。

3.3.1.1　被解释变量

本章采用LP方法（Levinsohn and Petrin，2003）计算企业层面的全要素生产率，并记为TFP。LP法以中间投入作为工具变量，解决了企业同时选择产量和资本存量所带来的同时性偏差问题。参考LP方法应用的相关研究（Ackerberg et al，2015；Li et al，2021b），将营业收入作为产出变量，分别选取固定资产净值和从业人数作为资本和劳动投入变量。同时，使用扣除折旧和摊销的所有成本的总和作为中间输入变量。

LP法使用的Cobb-Douglas生产函数如下：

$$y_{it} = \beta_0 + \beta_1 l_{it} + \beta_2 k_{it} + \beta_3 m_{it} + \omega_{it} + \varepsilon_{it} \qquad (3-1)$$

其中，y_{it}是企业产出的对数。l_{it}、k_{it}和m_{it}分别是劳动投入、资本投入和中间投入的对数。ω_{it}表示每个时期可以观察到的影响企业当期要素选择的生产率冲击。相比之下，ε_{it}代表对生产率的冲击，这种冲击是不可观察的，并且对企业的投入决策没有影响。得到ω_{it}的估计结果后，取自然对数。最后得到企业层面的全要素生产率数据。

3.3.1.2　核心解释变量

本章使用马等（Ma et al，2023）构建的年度气候政策不确定性指数来衡量气候风险，并记为CPU。该指数基于《人民日报》《光明日报》《经济日报》《环球时报》《科技日报》和中国新闻社的约175万篇新闻文章构建而成，旨在量化中国气候政策的不确定性水平，并分为日度、月度和年度的国家、省级和城市指数数据。因此，本章采用2011～2020年的年度国家指数数据作为核心解释变量。

---

① 气候政策不确定性的数据来源可访问 http://www.cnefn.com/data/download/climate-risk-database/。

3.3.1.3　控制变量

结合研究的问题和相关参考文献（Ren et al，2022e），本章选取公司规模（*Size*）、杠杆率（*Leverage*）、总资产收益率（*ROA*）、收入增长率（*Growth*）、股权集中度（*EC*）和资产流动性（*Liquidity*）作为控制变量。

本章使用的主要研究变量具体说明如表 3 - 1 所示。

表 3 - 1　　　　　　　　主要研究变量具体说明

变量类型	变量名称	变量说明
被解释变量	*TFP*	企业全要素生产率的自然对数值
核心解释变量	*CPU*	气候风险
控制变量	*Size*	企业总资产自然对数值
	Leverage	企业总负债/总资产
	ROA	企业净利润/总资产
	Growth	营业收入增长率
	EC	最大股东所持的股份比例
	Liquidity	流动资产/流动负债

3.3.2　变量描述性统计

表 3 - 2 报告了本章使用主要变量的描述性统计结果。企业 *TFP* 最大值为 11.802，均值为 8.998，标准差大于 1，说明纳入研究的企业平均 *TFP* 水平较高，但差距较大。*CPU* 指数平均值为 2.523，最小值为 2.213，最大值为 2.899。

表 3 - 2　　　　　　　主要变量的描述性统计结果

变量	观测值	平均值	标准差	最小值	P25	P50	P75	最大值
TFP	16 468	8.998	1.013	6.953	8.287	8.897	9.585	11.802
CPU	16 468	2.523	0.258	2.213	2.274	2.448	2.843	2.899
Size	16 468	22.018	1.200	19.957	21.140	21.832	22.673	25.782
Leverage	16 468	0.397	0.192	0.054	0.243	0.389	0.538	0.869
ROA	16 468	0.037	0.063	- 0.257	0.013	0.037	0.068	0.195

续表

变量	观测值	平均值	标准差	最小值	P25	P50	P75	最大值
Growth	16 361	0.110	0.449	-0.715	-0.128	0.043	0.250	2.327
EC	16 468	34.119	14.235	9.190	23.149	32.051	43.132	73.012
Liquidity	16 468	0.565	0.172	0.143	0.446	0.575	0.695	0.900

注：表中所有的连续变量均进行了 1% 和 99% 的缩尾处理。

3.3.3 计量模型设定

本章使用具有个体固定效应的面板回归模型来考察 CPU 与企业 TFP 之间的关系，具体模型设定如下：

$$TFP_{it} = \beta_0 + \beta_1 CPU_t + \beta_2 Size_{it} + \beta_3 Leverage_{it} + \beta_4 ROA_{it} + \beta_5 Growth_{it}$$
$$+ \beta_6 EC_{it} + \beta_7 Liquidity_{it} + \mu_i + \varepsilon_{it} \qquad (3-2)$$

其中，下标 i 代表各个研究样本企业，t 则代表年份；TFP_{it} 表示企业 i 在第 t 年的全要素生产率；CPU_t 表示第 t 年的气候政策不确定性指数；$Size_{it}$、$Leverage_{it}$、ROA_{it}、$Growth_{it}$、EC_{it} 和 $Liquidity_{it}$ 为前文所提及的控制变量；μ_i 代表个体固定效应；ε_{it} 为回归残差项。需要强调的是，由于 CPU 是时间序列变量，引入时间固定效应会引起多重共线性问题，从而造成时间虚拟变量与 CPU 对企业 TFP 的作用相互抵消，因而在本书的计量模型设定中没有控制时间固定效应，仅控制个体固定效应（田国强和李双建，2020；Huang et al，2022）。在后续章节的模型设定中未控制时间固定效应，仅控制个体固定效应的原因同上。

3.4 实证结果及分析

3.4.1 基准回归结果

表 3-3 列出了气候风险对企业全要素生产率影响的 OLS 估计结果。

从第一列的结果可以看出，在控制个体固定效应、不加入控制变量的情况下，CPU 对企业 TFP 的系数在 1% 的水平上显著为正。在加入控制变量后，CPU 指标的系数仍在 1% 的显著性水平上为正。实证结果表明，气候风险越高，公司的全要素生产率水平越高。因此，基准回归模型的结果证实了假设 3.1，即气候风险将推动企业全要素生产率的提高。可能原因如下：一方面，企业在面临气候风险时，会注重技术创新，以提升自身的适应性。另一方面，政策的强制性迫使企业在战略决策中更为审慎，会推动资源向更高效、更具竞争力的企业集中，从而提高企业的全要素生产率。由此可见，企业的全要素生产率不仅受到运营能力和配置效率的影响，还受到气候变化的影响。

表 3 - 3　　　　　　　　　　　　基准回归结果

变量	TFP	
	（1）	（2）
CPU	0.504 *** （27.946）	0.118 *** （9.925）
常数项	7.726 *** （169.853）	- 4.087 *** （- 13.664）
控制变量	未控制	控制
个体固定效应	控制	控制
观测值	16 468	16 361
R^2	0.116	0.592

注：本表列出了气候政策不确定性对企业创新影响的回归结果。表中所有的连续变量均进行了 1% 和 99% 的缩尾处理。 *** 、 ** 、 * 分别表示在 1% 、5% 、10% 的水平上显著，括号内为稳健 t 统计量。

3.4.2　稳健性检验

为了确定基准回归模型结果的可靠性，并减少潜在外部因素的干扰，本节进行了一系列稳健性检验。首先，考虑到 2020 年新冠疫情对全球经济和社会产生的深远影响，本小节在进行回归分析时决定剔除 2020 年的样本数据。这是因为新冠疫情作为一个全球性的事件，其影响范围广泛且复杂，难以在模型中通过简单的控制变量来完全捕捉。疫情导致的封锁、限制措施、经济衰退以及社会行为的变化都可能对模型中的因变量和自变量产生显著影响，使得包含 2020 年数据的模型结果可能受到干扰，难以准确反映变量之间的长期或结构性关系。将疫情影响这一异常事件排除在外，可以更准确地评估模型在"正常"经济和市场环境下的预测能力和解释力，使本章的基准回归结果更加具有说服力。表 3 - 4 列（1）显示了样本子区间的估计结果，从中可以看出，*CPU* 的系数仍在 1% 的水平上显著为正。即获得的结果与基准回归模型的结果高度一致，本章的基本结论是稳健的。

表 3 - 4　　　　　　　　稳健性检验

变量	剔除历史事件干扰	工具变量		替换核心解释变量
	（1）	（2）	（3）	（4）
CPU	0. 216 *** （10. 071）		0. 107 *** （4. 003）	
L. CPU		0. 565 *** （89. 79）		
GCPRI				0. 885 *** （6. 114）
常数项	- 3. 265 *** （ - 9. 215）	0. 907 *** （22. 28）	- 7. 208 *** （ - 67. 715）	- 4. 567 *** （ - 15. 186）
Kleibergen-Paap rk LM			4 169. 959 ***	
Kleibergen-Paap Wald rk F			8 062. 462	
控制变量	控制	控制	控制	控制
个体固定效应	控制	控制	控制	控制
观测值	14 109	13 665	13 665	16 361
R^2	0. 582	0. 359	0. 780	0. 588

　　注：本表列出了稳健性检验估计结果。列（1）为样本子区间估计结果；列（2）和列（3）为 CPU 的一阶滞后项作为工具变量的稳健性检验估计结果；列（4）为用全球气候物理风险指数（中国）替代原核心解释变量的估计结果。Kleibergen-Paap rk LM statistic 为识别不足检验，Kleibergen-Paap Wald rk F statistic 为弱工具变量检验。表中所有的连续变量均进行了 1% 和 99% 的缩尾处理。***、**、* 分别表示在 1%、5%、10% 的水平上显著，括号内为稳健 t 统计量。

其次，为控制模型中潜在的内生性问题，参考耿等（Geng et al，2023）的做法，本章选择了核心解释变量 CPU 的一阶滞后项（L. CPU）作为工具变量来减轻两阶段模型回归中内生性的影响。为了验证工具变量的有效性，研究进行了检验，结果如表 3 - 4 列（2）和列（3）所示。Kleibergen-Paap rk LM 的 p 值为 0，说明工具变量可以识别；Kleibergen-Paap Wald rk F 为 8 062.462，高于临界值（16.38），因此拒绝弱工具变量的假设，证明本节选取的工具变量具有一定的科学性。列（2）为模型第一阶段的估计结果，工具变量 L. CPU 的回归系数在 1% 的水平上显著。并且根据列（3）第二阶段回归结果，解释变量 CPU 的系数依然显著为正，这与基准模型的结果一致，说明该工具变量回归结果依然稳健。

最后，为了进一步分析气候风险与企业全要素生产率之间的关系，本节选取了郭等（Guo et al，2024）计算出来的全球气候物理风险指数中的中国气候物理风险指数[①]作为 CPU 的替代变量。为便于分析，将该指数除以 100 后作为核心解释变量，并记为 GCPRI。表 3 - 4 列（4）给出了GCPRI 对企业全要素生产率影响的回归结果。从结果可知，在控制个体固定效应和其他影响因素的条件下，GCPRI 对企业全要素生产率的影响的回归系数显著为正。

以上稳健性检验的结果表明，气候风险的增加会推动企业全要素生产率的提升，这一结论与假设 3.1 一致。总而言之，本章基准回归的结论是有效和可靠的。

3.5　进一步分析

3.5.1　异质性分析

为了探究气候风险对企业 TFP 影响的异质性，在之前关于气候风险对

[①]　具体的数据来源可访问 http：//www. cnefn. com/data/download/climate-risk-database/。

企业 *TFP* 影响假设的基础上，根据所有权结构和行业类型进行子样本回归，得到相应的估计结果。

首先，根据所有权结构检验气候风险对企业 *TFP* 的影响，将公司分为国有企业（SOEs）和非国有企业（N-SOEs）。其中，企业产权性质为虚拟变量，国有企业取值为 1，非国有企业取值为 0。回归结果如表 3 – 5 所示。结果表明，*CPU* 对企业 *TFP* 的正面影响在非国有企业中表现得更明显，即气候风险对非国有企业全要素生产率的影响明显大于对国有企业的影响。这一发现可能的解释是非国有企业融资相对困难。尽管银行倾向于投资绿色技术创新，但它们可能会根据企业所有权结构对企业进行有选择性的筛选（Lv et al, 2021b）。面对气候风险带来的影响时，非国有企业的市场竞争通常比国有企业更为激烈，非国有企业通常需要快速应对政策变化以保持竞争力，从而更容易采取主动措施。此外，非国有企业更加敏感于政策变化，其决策更为灵活，能够更迅速地调整战略以应对政策变化，并主动采取措施进行绿色转型和技术创新，从而更容易提升全要素生产率。因此，就企业 *TFP* 而言，非国有企业比国有企业更容易受到气候风险和政府政策变化的影响。

表 3 – 5　　　　　　　　　按所有权结构分类模型估计结果

变量	*TFP*	
	（1）	（2）
	国有企业	非国有企业
CPU	0. 031	0. 151 ***
	（1. 145）	（12. 123）
常数项	− 3. 335 ***	− 4. 019 ***
	（− 5. 438）	（− 11. 715）
控制变量	控制	控制
个体固定效应	控制	控制
观测值	4 764	11 597
R^2	0. 528	0. 608

注：表中所有的连续变量均进行了 1% 和 99% 的缩尾处理。***、**、* 分别表示在 1%、5%、10% 的水平上显著，括号内为稳健 t 统计量。

其次，在本节中，我们根据行业特性将公司划分为四大类：资源密集型、劳动密集型、资本密集型和技术密集型。具体而言，资源密集型行业涵盖了矿业企业以及电力、热力、燃气和水资源的生产及供应企业；劳动密集型行业则主要包括食品加工、纺织服装及其他商品制造企业；资本密集型行业以石油化工和金属冶炼等企业为代表；技术密集型行业则涵盖了交通运输和装备制造等领域。为了深入分析气候风险对不同行业类型企业全要素生产率的影响，我们采用了子样本回归分析方法，并将结果呈现在表 3 - 6 中。分析结果显示，CPU 对不同行业 TFP 的影响呈现出显著的差异性。具体而言，CPU 对劳动密集型、资本密集型和技术密集型行业的 TFP 均产生了显著的正面影响，而对资源密集型行业的 TFP 影响则不显著。进一步观察发现，CPU 对劳动密集型和资本密集型行业的影响较大。这可能是由于劳动密集型、资本密集型和技术密集型行业面临气候变化时，会通过创新技术、改进设备、优化资源配置等方式应对不确定性，从而提高全要素生产率。而资源密集型行业通常依赖特定的自然资源，其在面临气候变化时，难以在短期内迅速调整技术和生产方式以适应政策变化，使得全要素生产率受影响的程度相对较低。

表 3 - 6　　　　　　　　按行业类型分类模型估计结果

变量	TFP			
	（1）	（2）	（3）	（4）
	资源密集型	劳动密集型	资本密集型	技术密集型
CPU	0.113	0.151 ***	0.149 ***	0.090 ***
	（1.652）	（7.502）	（7.275）	（4.913）
常数项	0.276	- 3.826 ***	- 3.122 ***	- 4.336 ***
	（0.131）	（- 6.212）	（- 7.296）	（- 8.991）
控制变量	控制	控制	控制	控制
个体固定效应	控制	控制	控制	控制
观测值	844	3 397	4 467	7 653
R^2	0.233	0.585	0.546	0.627

注：表中所有的连续变量均进行了 1% 和 99% 的缩尾处理。***、**、* 分别表示在 1%、5%、10% 的水平上显著，括号内为稳健 t 统计量。

总之，气候风险对企业 TFP 的影响因其所有权结构和行业类型而异。其中，对非国有企业、劳动密集型、资本密集型和技术密集型企业的作用更加突出，这为假设 3.2 提供了实证支持。

3.5.2 影响机制分析

为确定技术进步和资本状况在 CPU 与企业 TFP 之间关系中的作用，本节基于江艇（2022）的渠道检验法，将研发投入（R&D）和自由现金流（FCF）作为中介变量进行机制分析。首先，假设 CPU 增加会影响企业的技术进步决策，从而影响企业 TFP，本节使用研发投入（R&D）作为公司技术改进的指标。表 3－7 列（1）结果显示，当前企业研发投入和 CPU 之间存在一定的关系，其系数显著为正，这说明气候风险增加了企业研发投入。这可能是由于企业在面临气候风险时，为了增强自身的政策适应性和市场竞争性，显著增加了企业的研发投入。并且企业在预期政府可能会出台相应的激励措施时，会增加研发投入。此外，已有文献表明，研发投入显著促进企业全要素生产率（毛德凤等，2013；李静等，2013）。另外，从主观动机上看，企业会很乐意通过投入研发和升级生产过程来努力减少碳排放，因为这不仅可以减少碳排放，还可以提高能源效率，从而增加全要素生产率。因此，气候风险能够通过增加研发投入来提高企业全要素生产率。

表 3－7　　　　　　　　　　中介效应模型估计结果

变量	（1）	（2）
	研发投入（R&D）	自由现金流（FCF）
CPU	0.169 *** (7.196)	0.599 *** (11.592)
常数项	－ 1.897 *** （－3.546）	17.927 *** (76.884)
控制变量	控制	控制
个体固定效应	控制	控制
观测值	16 277	10 590
R^2	0.425	0.143

注：表中所有的连续变量均进行了 1% 和 99% 的缩尾处理。***、**、* 分别表示在 1%、5%、10% 的水平上显著，括号内为稳健 t 统计量。

其次，假设 *CPU* 可以通过影响企业的资本流动来提高 *TFP*，本节使用自由现金流（*FCF*）作为公司资本充足率的指标。如表 3 – 7 列（2）结果所示，企业 *FCF* 和 *CPU* 之间存在一定的关系，其系数显著为正，这表明 *CPU* 会增加企业的自由现金流。这可能是由于气候风险会使得企业削减非核心领域的支出，优化现金的管理来应对未来的不确定性。而且有学者指出，融资约束会限制企业作出最优的生产经营决策，从而降低企业全要素生产率（何光辉和杨咸月，2012）。而融资约束的减少意味着可自由支配的资金更多，有利于提高全要素生产率。这说明自由现金流在气候风险对企业全要素生产率的影响中起中介作用。

综上所述，气候风险通过增加研发投入和自由现金流，从而提高了企业全要素生产率。该结论为假设 3.3 提供了实证支持。

3.6　本章小结

本章选取中国矿业、制造业、能源生产和供应行业的企业，探讨气候风险与企业全要素生产率之间的关系。基于中国 A 股上市公司样本，研究发现气候风险显著促进了企业全要素生产率，并通过一系列稳健性检验证实了这一结论。结果还表明，气候风险对不同所有权结构和生产类型的企业全要素生产率有不同的影响。具体而言，气候风险能够显著促进非国有企业、劳动密集型行业、资本密集型行业以及技术密集型行业的全要素生产率的提升，而对国有企业和资源密集型行业的影响不显著。同时，气候风险可以通过推动企业研发投入和增加企业的自由现金流来间接提高企业全要素生产率。本章的研究成果为实施更为精确的气候政策、推动企业高质量发展提供了深刻的洞见。

为了充分发挥政府在推动企业高质量发展中的核心作用，政府可以采取以下措施：首先，政府可通过财政补贴与税收优惠双管齐下，削减企业运营成本，强化其市场竞争力。其次，政府应引领金融机构增强对这类企业的信贷扶持，有效缓解融资难题，确保企业在气候政策动荡中拥有稳固的资金后盾。更进一步，为削减气候相关风险并提振实体经济，政府需依据各行业特性，量身定制扶持策略，比如：针对资源密集型行业，应积极推动清洁能源技术的普及，激励企业采纳低碳环保生产模式，减轻环境负担；对于劳动密集型行业，政府应开展技能提升培训，促进人力资本升级，提升劳动者效能与技能；面对资本密集型行业，政府应催化产业升级转型，促进跨行业协同，全面提升生产效率与市场竞争力；至于技术密集型行业，政府则需加大创新激励，如提供研发资助、强化知识产权保护，并拓宽市场渠道，加速科技成果的转化与应用步伐。这些政策与措施旨在构建一个适应性强、激励机制完善的发展环境，从而确保企业能够在持续变化的气候条件下维持并提升自身的竞争力。

| 第 4 章 |

气候风险与企业环境绩效

4.1 引 言

极端天气事件潜藏的风险，对人类的财产安全乃至生命安全构成了严峻威胁，凸显了缓解气候风险的刻不容缓，迫使各类市场参与者加速向低碳排放转型。相较于政治与经济事件的议题，气候变化的讨论范围更为广泛且深入。企业部门，作为碳排放的主要源头与气候变化的关键推手，亟须采取行动，遏制其高碳排放行为，以应对这一全球性挑战。当前，众多机构投资者纷纷加入联合国责任投资原则组织（UNPRI），将企业的非财务表现作为投资决策的重要考量因素，这标志着投资界对气候变化的深刻认识与积极应对。随着企业社会责任理念的兴起，以及利益相关者对环境绩效关注度的日益提升，企业也逐渐意识到将生态因素融入内部治理结构的深远意义，此举不仅有助于提升企业形象，还能促进可持续发展（Farah et al，2021）。

气候风险，源自极端天气、自然灾害及全球变暖等气候因素，以及社会向可持续发展转型过程中对经济金融活动引入的不确定性，其内涵丰富且复杂。学者们对此进行了详尽的定义与分类，将其细化为物理风险和转型风险两大类别，这些风险以其发生频率与破坏性，成为不容忽视的存在（Pinkse and Gasbarro，2019）。尤为引人注目的是，气候事件已对金融系统造成了深远的影响，且具有巨大的不确定性（Lamperti et al，2019），这一现状不仅彰显了气候风险在当代社会经济发展中的严峻性，更凸显了应对气候变化的紧迫性和重要性。物理风险，特指自然灾害（诸如干旱、森林火灾、洪水及飓风等）对环境造成的直接物质损害（Caldecott et al，2016），其对企业资产的冲击可导致价值减损与业务中断，进而对潜在经济利益产生不利影响（Huang et al，2018）。现有研究已充分揭示物理风险对企业运营的重要性，如极端温度环境对企业销售收入的抑制作用（Pankratz et al，2023）及异常高温环境对企业生产率的显著负面影响（Zhang et al，2018）。此外，气候风险也会推升企业股权融资成本（Huynh et al，2020；Javadi and Masum，2021），并对库存管理构成挑战（He et al，2023）。然而，气候风险的范畴远不止于此，转型风险同样值得密切关注。这些风险源自环境保护所驱动的政策、技术与偏好变革。一方面，政府或国际组织为应对环境变化所制定的国际协议（如《巴黎协定》）及环境政策（如碳税）对碳密集型及高污染排放企业的经营构成挑战，增加了其生产经营成本，削弱市场竞争力（刘瑞霞，2022）。能源结构的转型导致传统化石能源使用减少，企业面临资产搁浅风险。另一方面，为适应新的政策环境，行业内加速迭代更新，传统化石能源企业面临更大的转型压力。为保持市场竞争力，企业往往增加技术投入以应对变革，但这可能增加生产经营成本，导致短期利润下滑与偿债能力减弱，加剧经营风险（刘桂平，2022）。此外，消费者与投资者偏好的变化也对环境敏感型企业构成重大不确定性，既为其迎合新市场需求提供了机遇，也带来低碳转型的挑战（陈国进等，2021；Reboredo et al，2021）。鉴于企业的长期发展与永续经营考量，消费者与投资者愈发倾向于支持注重环保与可持续发展的企业。

尽管气候风险管理对企业的重要性日益显著，但众多企业在应对气候风险方面仍显能力不足，对极端气候事件的敏感性高而应对措施有限（Kouloukoui et al，2019）。气候风险管理应深度融入企业日常运营，并成为企业与投资者等外部利益相关者沟通的重要桥梁（Weinhofer and Busch，2013）。然而，气候风险的多因素特性使企业难以精确评估和预测其具体影响。有效管理气候风险需融合气候科学、环境工程、可持续发展等多领域专业知识与技能，而多数企业在此方面知识储备和经验积累不足。值得注意的是，库卢库伊等（Kouloukoui et al, 2019）针对排放量前 100 的企业的调研揭示即便是重度污染企业也容易忽视气候风险，但鉴于样本规模有限，其结论的广泛适用性有待进一步验证。对企业应对极端气候风险的能力与态度的洞察，不仅对经济学者和决策者至关重要，还对企业领导层和投资者具有深刻意义。金融机构可依据企业披露的气候风险信息，评估气候变化带来的风险与收益，引导资金合理配置，同时辅助政府制定区域气候变化减缓政策，共同推动可持续发展目标的实现。

因此，本章旨在通过实证分析，填补气候风险对中国企业环境绩效影响研究的空白。企业环境绩效整体上反映了企业行为对环境的综合影响（Tyteca et al, 2002），常以碳绩效作为其核心指标（Keeling, 1997；Wang et al, 2019；Luo and Tang, 2021）。然而，企业级环境信息的稀缺性，尤其是对中国众多企业而言，使得量化气候风险与单个企业间的关联尤为困难（Jensen and Traeger, 2021）。为应对这一挑战，本章采用经济投入—产出生命周期评估方法的扩展路径，评估中国企业碳排放。该路径综合考量了直接能源消耗产生的碳足迹，以及产品和服务流通中的间接碳再分配，以其操作简便、通用性强的特点，成为评估企业碳排放的有效手段。为深入理解气候风险与企业环境绩效之间的关系，本章还分析了企业异质性和潜在影响机制。结果显示，气候风险对不同地理位置企业环境绩效的影响存在显著差异，中部和东部地区企业尤为明显，表现出更强的负向影响。此外，环境约束严格的企业和非国有企业对气候风险更为敏感，碳排放更易受极端气候事件影响，呈现显著增加趋势。在机制分析中，本章进一步探讨了企业治理水平、创新水平及投资者关注度在气候风险与企业环境绩效之间的调节作用。研究发现，气候风险通过削弱企业内部治理、提升创新水平和降低投资者关注度，进而影响企业环境绩效，揭示了气候风险影响企业环境绩效的复杂路径。

本章在该领域至少作出了三方面的重要贡献。首先，本章创新性地探究了气候风险对中国企业环境绩效的影响，深入分析了气候风险作为外部冲击，对企业环境绩效的具体影响及其程度。其次，鉴于气候风险已成为企业与各利益相关方的关注焦点，但其对企业环境绩效的深入影响研究仍显不足，且企业层面数据的稀缺性给量化环境绩效带来了巨大挑战。因此，本章采用经济投入—产出生命周期评估方法的扩展路径，评估了中国企业的碳排放，并以此为基础衡量企业环境绩效，通过实证研究将中国企业环境绩效与气候风险紧密相连，为评估企业环境绩效及企业对气候事件的响应提供了新的视角和方法。最后，本章对决策者具有显著的参考价值。中国"碳中和"倡议彰显了向低碳经济转型的决心，而本章通过揭示气候风险对企业环境绩效的影响机制，有助于决策者更有效地制定企业气候风险管理政策，如强化气候信息披露和环境约束措施。此外，本章研究还强调了建立企业环境信息数据库和加强外部监督的必要性，为政策制定提供了有力的支持。

4.2　理论分析与假设提出

4.2.1　气候风险对企业环境绩效的影响分析

气候风险构成了影响企业环境绩效的关键因素之一。政府在气候政策制定过程中可能频繁调整，尤其是涉及碳排放限制、绿色补贴及税收政策等方面，这种不确定性可能导致企业采取谨慎态度对待长期环境投资，甚至延迟或削减对可持续发展项目的资金投入。面对环保政策的波动，企业常面临短期财务压力，进而缩减环境投资，影响环境绩效。此外，气候风险与市场变动加剧了企业实施绿色战略的难度（Hart and Ahuja，1996；Dragomir，2018；Tavakolifar et al，2021）。企业治理结构在应对气候风险中扮演核心角色，治理结构的不完善可能削弱企业应对气候变化挑战的能力，缺乏高效的环境管理和战略规划易使企业忽视可持续发展目标，进而损害环境绩效（Schaltegger and Wagner，2011）。同时，气候风险还可能引发市场需求剧烈波动，特别是在易受气候风险影响的行业，消费者需求的不确定性迫使企业优先满足短期需求，而非长期可持续发展目标。在市场需求快速变迁的背景下，企业若未能及时调整产品和服务的环境影响，将导致环境绩效欠佳（Delmas and Toffel，2008）。基于以上分析，本章提出以下核心假设。

假设 4.1：气候风险对企业环境绩效具有显著的抑制作用。

4.2.2　气候风险对企业环境绩效影响的异质性分析

一般而言，企业层面的环境风险受地理因素与企业特征因素的共同影响（Ginglinger and Moreau，2023）。地理位置作为核心要素之一，不仅塑造了企业所在地的能源结构与资源利用模式，还决定了其运输与物流成本，并直接关联着企业所处的气候环境，如气温、降水量等自然条件。气候条件的变动可通过影响企业的生产流程与能源消耗，进而调节碳排放水平（Liverman，2024）。鉴于中国地域辽阔且经济发展阶段各异，地理位置还深刻影响着企业应对气候风险的适应能力。发达地区凭借其更为完善的基础设施、先进的技术实力与充足的资本储备，能够更好地应对气候变化挑战，有效减轻气候风险对环境绩效的负面影响（Nath and Behera，2011）。此外，政策环境的差异也导致企业在环境管理实践上的分化。在环境法规严格的地区，企业往往展现出更高的环境绩效重视度；反之，在监管缺位的区域，企业的环境绩效可能欠佳（Lyon and Maxwell，2008）。基于此，本章提出以下核心假设。

假设 4.2：气候风险对不同地理位置企业环境绩效的影响有显著差异。

在企业层面特征中，行业性质与所有权结构是企业环境绩效研究的关键要素。就行业性质而言，依据 2008 年官方公布的关键环境绩效管理行业名单，重污染行业被界定为环境约束企业（CONs），其余行业则归类为非环境约束企业（Non-CONs）。环境约束企业面临更为严苛的环境法规与处罚，承受着更大的环境绩效压力。这些严格的法规不仅要求企业承担适应气候变化的直接成本，还可能带来额外的合规压力（Porter and Van der Linde，1995）。尽管环境法规与气候政策的初衷在于促进企业减少碳排放并提升环境绩效，但对于资源密集型或高污染排放行业的企业而言，合规成本可能在短期内导致其环境绩效下滑。若这些企业在短期内难以实现有效的绿色转型或技术革新，可能会在较长时间内难以满足政策要求，致使环境绩效提升受阻，甚至因过渡期管理不当而产生负面效应（Lyon and Maxwell，2008）。基于此，本章提出以下核心假设。

假设 4.3：气候风险对环境约束企业的环境绩效有更大的负面影响。

在企业层面，企业所有权结构的异质性对环境绩效具有显著影响。相较于国有企业，非国有企业往往面临更为严峻的资金与资源约束。在应对气候变化引发的物理风险和转型风险时，非国有企业可能因资金和技术支持不足，难以实施必要的环境改造或应对措施，从而导致其环境绩效相对落后（Delmas and Toffel，2008）。尽管政府推行的环保激励政策具有普遍性，但非国有企业可能因政策执行不力、导向模糊或行业特性，未能充分受益，使其在气候变化背景下的气候风险管理面临挑战（Bansal and Roth，2000）。相比之下，国有企业不仅受到政府的严格监管，还受益于激励机制的推动，展现出更强的长期战略规划能力和系统化的环境管理能力。而非国有企业，尤其是中小型企业，往往缺乏健全的环境管理体系，且易受市场压力和短期利益驱动，导致其在气候变化应对上的管理策略呈现分散性，进而制约其环境绩效的提升（Hoffman，2005）。基于此，本章提出以下核心假设。

假设 4.4：气候风险对非国有企业的环境绩效有更大的负面影响。

4.2.3 气候风险对企业环境绩效的影响机制分析

气候风险主要通过三个维度影响企业环境绩效。首先，企业的治理水平是决定其应对气候风险能力的关键因素。根据代理理论，企业治理结构中的股东与管理层之间可能存在的利益冲突，可能导致管理层决策偏离股东最佳利益。气候风险的加剧要求管理层投资于绿色创新和可持续发展，而高效的公司治理通过监督与激励机制，促使管理层作出有利于股东的决策，进而推动环境绩效的提升。从内部治理水平对企业环境绩效的影响视角来看，企业的环境绩效与其治理水平紧密相关。治理结构薄弱的企业可能缺乏健全的环境管理机制，如专业环境管理人员的缺失、环境报告制度的不透明或环境政策执行不力等。这些问题限制了企业在面对气候风险时采取有效措施的能力，阻碍了在环保技术、资源高效利用及污染减排等方面的创新，进而影响环境绩效的改善（Kolk and Pinkse，2005；Orazalin and Baydauletov，2020；Ioannou and Serafeim，2015）。另外，气候风险也反作用于企业内部治理水平。气候政策的不确定性造成的复杂环境可能导致企业管理层决策迟缓或混乱。在高不确定性情境下，企业可能未能及时调整其内部治理结构以适应外部气候变化的挑战，导致治理水平提升滞后。同时，面临气候风险的企业可能倾向于短期生存与应对，而忽视长期治理的建设。这种短期主义倾向可能导致企业削减对治理结构的投资，减少在环境管理和可持续发展战略上的投入，进而削弱企业治理水平（Bansal and Clelland，2004）。基于此，本章提出以下核心假设。

假设 4.5：气候风险通过降低企业内部治理水平，进一步影响企业环境绩效。

其次，气候变化所带来的风险迫使企业在各个运营环节寻求创新，以增强其环境适应能力。依据动态能力理论，企业唯有在迅速演变的环境中持续展现创新能力，方能维系其竞争优势。气候风险作为一种长期且错综复杂的外部因素，要求企业灵活调配资源，推动绿色创新，以应对多变的气候政策与市场需求。从企业创新水平对环境绩效的影响层面审视，为应对气候风险，企业或将大量资源倾注于创新活动。然而，这些资源可能侧重于应对气候变化的应急举措，而非直接优化生产流程或环境管理。例如，部分技术创新可能尚处于萌芽阶段，其环境效益尚未显现，且在试验期间可能伴随额外的环境负担（申萌等，2012）。此外，绿色创新与环保技术的研发及应用往往历经较长周期。短期内，企业需投入大量资源以测试、完善新技术，此过渡期可能导致效率低下、资源错配，甚至排放增加，进而制约环境绩效的提升（Popp，2010）。从气候风险对企业创新水平的影响层面分析，气候变化引发的物理风险促使企业进行适应性创新，旨在强化其抵御气候变化直接冲击的能力（Nidumolu et al，2009；Porter and Van der Linde，1995）。同时，气候变化不仅带来物理与政策风险，还深刻改变了消费者与市场的需求。随着公众环保意识的觉醒与对可持续发展的重视，消费者对环保产品与服务的偏好日益增强，这进一步激励企业开展产品创新，从而提升企业的整体创新水平。

基于此，本章提出以下核心假设。

假设 4.6：气候风险通过增加企业创新水平，进一步影响企业环境绩效。

最后，投资者的关注度、偏好及其行为在促使企业强化环境管理、提升环境绩效方面发挥着至关重要的作用。行为金融学理论揭示，投资者的决策不仅植根于理性分析，也深受情绪与认知偏差的影响。随着气候变化议题日益凸显，投资者的情绪与认知偏差可能驱动他们更加聚焦于企业的环境责任及气候风险应对策略，进而对企业环境绩效产生深远影响。从投资者关注度对企业环境绩效的影响维度剖析，投资者的关注度直接关系到企业资本获取的难易程度。若投资者对企业的关注度低迷，企业或将面临融资瓶颈，资金匮乏可能阻碍其有效实施环境保护举措。此外，投资者关注度的减退可能导致企业放宽环境目标，削减环保投入，进而致使环境绩效下滑（Al-Najjar and Anfimiadou，2012；Krueger et al，2020）。从气候风险对投资者关注度的影响维度审视，随着气候政策的趋严与不确定性的攀升，投资者可能担忧企业面临更高的合规风险，气候风险的不确定性加剧了其投资风险感知，进而可能削弱对这些企业的关注。此外，若企业未能积极应对气候变化，或将陷入负面舆论与声誉危机的漩涡，对环境问题的漠视可能削弱投资者的信心，降低其投资意愿（Baker and Wurgler，2007；Kotsantonis and Serafeim，2019）。基于此，本章提出以下核心假设。

假设 4.7：气候风险通过降低投资者关注度，进一步影响企业环境绩效。

4.3　研究数据与研究设计

4.3.1　变量选取与说明

本章中，中国国内生产总值、财务信息及其他关键数据均源自 Wind 数据库、iFinD 数据库以及中国国家统计局的官方网站。能源消耗与直接消耗系数等原始数据则取自中国国家统计局发布的各项官方文件。气候政

策不确定性的相关数据来自气候风险数据库①。在数据处理过程中，研究
剔除了数据缺失的企业，最终选定 2009~2018 年 1 089 家上市企业作为研究
样本，共计包含 10 855 个观测值。而且，为降低数据量级差异过大及异常值
带来的误差，本章对主要解释变量与控制变量均实施了 1% 的缩尾处理。

4.3.1.1　被解释变量

本章结合行业层面的经济投入—产出生命周期评估和查普尔等
（Chapple et al，2013）采用的企业层面转换公式，评估企业碳排放量。具
体步骤如下：

$$E_i = CO_{2\,industry} \times \frac{OPCOST_i}{OPCOST_{industry}} \tag{4-1}$$

其中，E_i 为 i 企业的碳排放量，$CO_{2\,industry}$ 代表其所属行业的碳排放总量。
$OPCOST_i$ 和 $OPCOST_{industry}$ 分别为 i 企业和行业的主营业务的运营成本。

考虑两个有关行业碳排放（$CO_{2\,industry}$）的渠道，直接碳排放和间接碳
排放。考虑到每个部门能源消耗的直接碳足迹，以及碳排放在各个行业之
间的再分配，能源消费的直接排放也分为直接能源消费和工业生产活动。

每个行业的最终碳排放矩阵（定义为 B）为：

$$B = R(I - A)^{-1}Y \tag{4-2}$$

其中，R 和 Y 分别是每个行业产品和服务的直接排放矩阵和最终应用量对
角矩阵。$(I - A)^{-1}$ 代表各行业之间的投入和产出结构，A 包含的要素是根
据国家"投入产出表"计算得出的直接消费系数。对角线元素（R_m）是 m
部门单位货币产出直接排放的碳排放量。

4.3.1.2　核心解释变量

本章使用马等（Ma et al，2023）构建的年度气候政策不确定性指数作
为自变量，并记为 CPU。该指数由《人民日报》《光明日报》《经济日报》

---

① 具体数据可通过访问 http：//www. cnefn. com/data/download/climate-risk-database/获取。

《环球时报》《科技日报》和中国新闻社的约 175 万篇新闻报道构建而成。这种衡量标准侧重于代表官方声音的新闻媒体，通过这些新闻中气候政策出现的频率和相关词汇来分析和衡量。因此，本章采用年度的国家指数数据作为核心解释变量。

4.3.1.3 控制变量

本章参考汪顺等（2024）和陈等（Chen et al, 2018）的做法，主要控制企业的资产负债率（Lev）、经营活动的净现金流与总资产的比率（$Cash$）及净利润与总资产的比值（$Profit$）。此外，我们还控制了宏观层面可能影响企业环境绩效的两个变量：中国经济政策不确定性的对数值（$\ln EPU$）和 GDP 的对数值（$\ln GDP$）。变量的具体说明如表 4 - 1 所示。

表 4 - 1　　　　　　　　　　主要研究变量说明

变量类型	变量名称	变量说明
被解释变量	$\ln E$	碳排放对数值
核心解释变量	CPU	气候风险
控制变量	$\ln EPU$	中国经济政策不确定性的对数值
	$\ln GDP$	GDP 的对数值
	Lev	资产负债比率
	$Cash$	经营活动的净现金流/总资产
	$Profit$	净利润/总资产

4.3.2　变量描述性统计

表 4 - 2 展示了本章使用的主要变量的描述性统计。可以看出，$\ln E$ 在 -5.170 ~ 20.15，其均值为 8.745；而 CPU 在 1.363 ~ 2.899，平均值为 2.325。可以看出 CPU 的波动范围不大，且标准差较小。

表 4 - 2　　　　　　　　　　主要变量描述性统计

变量	观测值	平均值	标准差	最小值	P25	P50	P75	最大值
$\ln E$	10 855	8.745	3.851	-5.170	5.516	8.766	11.481	20.15
CPU	10 855	2.325	0.389	1.363	2.247	2.277	2.482	2.899

变量	观测值	平均值	标准差	最小值	P25	P50	P75	最大值
lnEPU	10 855	4.675	0.718	3.791	4.170	4.571	4.649	6.240
lnGDP	10 855	2.059	0.162	1.882	1.911	1.988	2.241	2.364
Lev	10 855	0.561	0.211	0.00800	0.447	0.577	0.684	8.009
$Cash$	10 855	0.0230	0.0720	-0.646	-0.006	0.0220	0.058	0.808
$Profit$	10 855	0.0290	0.0740	-3.884	0.004	0.0190	0.464	0.697

注：ln$E$、lnGDP 和 lnEPU 分别是企业碳排放、中国国内生产总值和中国经济政策的不确定性的对数形式。此外，碳排放的单位是吨。

4.3.3　计量模型设定

由于前一时期的生产经营策略对这一时期的生产经营方式有很大影响，进而影响企业的碳排放水平，所以本章考虑了上一时期的碳排放水平对本期碳排放水平的影响。本章采用动态面板估计作为基线模型来分析 CPU 对企业环境绩效的影响，应用 Arellano-Bover/Blundell-Bond 计量经济学估计法来估计参数如下：

$$\ln E_{i,t} = \alpha_i + \beta_1 \ln E_{i,t-1} + \beta_2 CPU_t + \beta_3 Controls_{i,t} + \mu_i + \varepsilon_{it} \quad (4-3)$$

其中，下标 i 代表各个研究样本企业，t 则代表年份；$\ln E_{i,t}$ 表示企业 i 在第 t 年的碳排放量的对数值，其中 $\ln E_{i,t}$ 数值越大，代表企业环境绩效越低；CPU_t 表示 t 年中国气候政策不确定性；$Controls_{i,t}$ 和 ε_{it} 分别对应于上述中提到的控制变量和误差项；μ_i 表示控制个体固定效应。

4.4　实证结果及分析

4.4.1　基准回归结果

从表 4-3 中可以明确看出，前一时期的企业碳排放量会对当期的企业碳排放量产生预期的正向影响。加入控制变量后，lnE 的滞后项系数为 0.934，且在 1% 的水平上显著。这主要是因为企业的碳排放与一些短期内难以改变的企业特征有关，很难在短期内发生显著性的转变。此外，值得注意的是，*CPU* 对企业的碳排放有极其显著的正向影响。从表 4 – 3 列（1）和列（2）中可以看出，*CPU* 对 lnE 的系数分别为 0.421 和 0.742，显著性水平均为 1%。这说明气候风险会导致企业碳排放量增加，进而降低企业的环境绩效。这证实了本章的假设 4.1，这同时表明中国气候政策的波动对中国企业碳排放的影响不容忽视。主要原因可能是在政策不确定性较高的情况下，企业难以准确预测未来的碳排放政策。这种不确定性可能导致企业选择推迟或减少长期的减排投资，选择维持现有的生产模式或能源消耗方式，导致碳排放量增加（Pindyck，2013）。

表 4 – 3 　　　　　　　　　　　　基准回归结果

变量	lnE	
	（1）	（2）
L. LnE	0.965 *** (0.010)	0.934 *** (0.011)
CPU	0.421 *** (0.044)	0.742 *** (0.126)
常数项	- 0.664 *** (0.125)	- 2.372 *** (0.409)
控制变量	未控制	控制
个体固定效应	控制	控制
观测值	9 763	9 763

注：括号内为 Z 统计量，***、** 和 * 分别表示在 1%、5% 和 10% 的水平上显著。

4.4.2 稳健性检验

为了确定基准回归模型结果的可靠性，并减少潜在外部因素的干扰，本节进行了一系列稳健性检验。首先，本节选择了全球气候政策不确定性指数（Ji et al，2024；Ma et al，2024）作为核心解释变量的替换变量，计

算月度频率数据的年均值，并将其进行除以 100 的数据处理，记为
GCPU[①]。结果如表 4 - 4 列（1）所示，从中可以直观看出 GCPU 的回归系
数为 0.025，且在 1% 的水平上显著。其次，本节把基准回归模型更换为
OLS 模型进行回归分析，回归结果如表 4 - 4 列（2）所示，可以看出 CPU
的系数为 0.277，且在 1% 的水平上显著，这进一步证实了我们主回归结果
的稳健性。最后，为了解决遗漏变量造成的内生性问题，本节进一步选择
了德国观察（Germanwatch）计算的中国气候风险指数（CRI）[②] 作为工具
变量来减轻两阶段模型回归中内生性的影响，即极端天气事件的发生概率
和损失情况（Ren et al，2022c）。该指数综合了大量极端天气事件的影响，
可以反映每个国家的相对气候风险水平。结果如表 4 - 4 列（3）和列（4）
所示，嵌入 CRI 后的回归模型通过了过度识别和弱工具变量检验，表明其
是一个有效的工具。嵌入 CRI 后得到的结果显示 CPU 的回归系数为
1.364，仍然是明显的正值，且在 1% 的水平上显著，这一结果再次证实了
基准回归结果的正确性和假设 4.1 的有效性。

表 4 - 4　　　　　　　　　　　　稳健性检验

变量	替换核心解释变量	OLS	工具变量	
	（1）	（2）	（3）	（4）
L. lnE	0.935 ***			
	(0.010)			
GCPU	0.025 ***			
	(0.002)			
CPU		0.277 ***		1.364 ***
		(0.030)		(0.406)
CRI			- 0.015 ***	
			(0.001)	
常数项	- 3.241 ***	8.044 ***	4.618	- 0.040
	(0.264)	(0.240)	(0.051)	(1.941)

① 具体的数据来源可访问 http：//www. cnefn. com/data/download/climate-risk-database/。
② 具体的数据来源可访问 https：//www. germanwatch. org/en/cri。

变量	替换核心解释变量	OLS	工具变量	
	（1）	（2）	（3）	（4）
控制变量	控制	控制	控制	控制
个体固定效应	控制	控制	控制	控制
观测值	9 763	10 855	10 855	10 855
F-statistic				1 242. 37
DWH （P-value）				0.031

注：本表列（1）显示了使用全球气候政策不确定性（GCPU）作为核心解释变量的稳健性检验结果；列（2）显示了把基准回归模型更换为 OLS 模型进行回归分析后的结果；列（3）和列（4）显示了使用中国气候风险指数（CRI）作为工具变量的稳健性检验结果。括号内为 Z 统计量。*** 、** 和 * 分别表示在 1%、5% 和 10% 的水平上显著。

4.5 进一步分析

4.5.1 异质性分析

为了深入探讨气候风险对企业环境绩效影响的异质性，本节在先前假设研究的基础上进行了回归分析，得到了分类后的基准模型估计结果。

首先，在本节检验了地理位置差异是否会在 CPU 和企业环境绩效之间的关系中起到关键作用。从表 4 – 5 中可以看到，西部、中部和东部地区的 CPU 系数分别为 0. 325、0. 789 和 0. 716，且只有西部地区子样本的回归结果不显著，中部和东部地区子样本的回归结果均在 1% 的水平上显著。这个结果是在意料之外的。主要的原因可能是，中部和东部地区通常经济发展较为迅速，工业化程度较高，且这些地区的企业往往在能源消耗和碳排放方面占据较大份额。这些地区的企业更容易受到气候政策的不确定性影响，因为它们面临的政策环境变化可能涉及更严格的排放控制、碳定价等措施。在这种背景下，企业可能会因无法预测未来政策的走向而推迟或减少碳减排投资，导致碳排放量维持或增加。而西部地区的经济发展水平较低，产业结构相对较单一，且以农业、低碳产业和资源型企业为主，工业化程度较差，许多企业的碳排放量本身就较低，且能源消耗较少。即使面对气候政策不确定性，西部地区的企业在碳排放方面的压力也较小，政策变化对其影响有限（Zheng and Mi，2019）。因此，气候风险对企业环境绩效的负向影响在中部和东部地区企业中更大，这证实了假设 4.2 的正确性。

表 4 - 5　　　　　　　　　按地理位置分类模型估计结果

变量	（1）	（2）	（3）
	西部	中部	东部
$L.\ \ln E$	0.800 ***	0.933 ***	0.939 ***
	（0.028）	（0.024）	（0.013）
CPU	0.325	0.789 ***	0.716 ***
	（0.347）	（0.301）	（0.148）
常数项	− 1.483	− 4.314 ***	− 1.725 ***
	（1.172）	（0.977）	（0.478）
控制变量	控制	控制	控制
个体固定效应	控制	控制	控制
观测值	1 413	2 071	6 279

注：括号内为 Z 统计量。 *** 、 ** 和 * 分别表示在 1% 、5% 和 10% 的水平上显著。

其次，中国绿色金融一直采取由政府主导自上而下的发展模式，政府会对企业绿色经济发展进行管制。假设 4.3 认为，环境监管会干扰企业的气候敏感性，从而影响其环境绩效对极端气候事件的反应。从表 4 - 6 列（1）中可以看到，在环境约束企业（CONs）中，CPU 对 $\ln E$ 的回归系数为 0.775；从表 4 - 6 列（2）中可以看到，在非环境约束企业（Non-CONs）中，CPU 对 $\ln E$ 的回归系数为 0.527，均在 1% 的水平上显著。可能的原因是，企业在面临更严格的环境约束时，通常需要遵循更严格的环保标准和排放限制。例如，某些地区实施了较为严格的碳排放配额、碳税或排放许可证制度。这些措施要求企业减少碳排放以避免罚款或其他经济损失。在气候政策不确定的情况下，企业往往难以预测未来的政策变化，因此可能会推迟或减少减排投资，选择维持现有的生产模式，这可能导致其碳排放量保持或增加（Benlemlih and Yavaş，2024；Xie et al，2021）。因此，气候风险对企业环境绩效的负向影响在环境约束企业中更为显著，这证实了本章假设4.3的正确性。

表4-6 按环境约束分类模型估计结果

变量	（1）	（2）
	环境约束企业	非环境约束企业
$L. \ln E$	0.733 ***	0.860 ***
	(0.023)	(0.014)
CPU	0.775 ***	0.527 ***
	(0.154)	(0.181)
常数项	1.159 **	-4.523 ***
	(0.482)	(0.609)
控制变量	控制	控制
个体固定效应	控制	控制
观测值	4 225	5 538

注：括号内为Z统计量。 *** 、 ** 和 * 分别表示在1%、5%和10%的水平上显著。

最后，本节检验了企业所有权结构差异是否会在 CPU 和企业环境绩效之间的关系中起到关键作用。结果显示在表4-7中，从列（1）和列（2）中可以看出，CPU 对 $\ln E$ 的回归系数在国有企业和非国有企业中分别为0.702和0.769，且都在1%的水平上显著。因此，气候风险对非国有企业环境绩效的影响更大。可能的原因是，相较于国有企业，非国有企业可能缺乏足够的资源来应对气候风险。国有企业通常有更多的资本，能够在不确定性较大的环境中保持灵活性并采取长远的应对措施。而非国有企业可能面临较大的财务压力，尤其是中小企业，它们可能缺乏足够的资金来应对高昂的环保技术投资和政策调整成本。在这种情况下，气候风险可能会导致这些企业推迟或避免进行碳减排和环保投资，进而影响其环境绩效（Zhang et al，2020）。因此，气候风险对企业环境绩效的负向影响在非国有企业中更为显著，这证实了本章假设4.4的正确性。

表 4 - 7　　　　　　　　　按所有权结构分类模型估计结果

变量	（1）	（2）
	国有企业	非国有企业
L. lnE	0.910 ***	0.779 ***
	（0.012）	（0.027）
CPU	0.702 ***	0.769 ***
	（0.156）	（0.190）
常数项	- 4.166 ***	0.959
	（0.522）	（0.595）
控制变量	控制	控制
个体固定效应	控制	控制
观测值	6 924	2 839

注：括号内为 Z 统计量。*** 、** 和 * 分别表示在1%、5%和10%的水平上显著。

4.5.2　影响机制分析

本节基于江艇（2022）的渠道检验法，进一步考察了企业治理水平（Govl）、企业创新水平（RD）以及投资者关注度（IA）在气候风险和企业环境绩效之间的中介效应。首先，本节根据中国自身情况，确定基于多因素分析衡量企业治理水平，主要包括三个方面，即监督、激励和决策，分值越高，代表企业治理水平越好。检验结果显示在表 4 - 8 列（1）中。可以看出，CPU 对 Govl 的回归系数为 - 0.070，显著性水平为1%，这说明气候风险会在一定程度上降低企业的内部治理水平。这种情况出现的原因可能在于，气候风险的增加可能导致企业管理层的决策焦虑和反应过度，尤其是在短期压力面前，企业可能会偏离长期的可持续发展战略，忽视环保和绿色创新，进而导致内部治理水平下降。此外，气候风险的增加往往要求企业在多个层级和部门之间进行更为复杂的协调与沟通。气候变化可能涉及跨部门、跨领域的合作，包括财务部门、研发部门、市场营销部门以及环境和可持续发展部门。在这种情况下，企业的治理结构可能出现复杂化，管理层的决策过程可能变得缓慢、低效，从而削弱企业的治理水平

（Bansal and Clelland，2004）。同时，企业治理水平的降低可能会导致企业缺乏有效的环境管理机制，使企业在面对气候风险时无法采取有效的应对措施，难以在环保技术、资源利用、污染减排等方面实现突破（Kolk and Pinkse，2005；Orazalin and Baydauletov，2020；Ioannou and Serafeim，2015），进而对企业的环境绩效产生不利影响。因此，气候风险可以通过降低企业内部治理水平，进一步影响企业环境绩效，这证实了本章假设4.5。

表4-8 影响机制的检验结果

变量	（1）企业治理水平	（2）企业创新水平	（3）投资者关注度
CPU	-0.070 *** (0.025)	1.047 *** (0.203)	-0.168 *** (0.040)
常数项	-0.527 *** (0.174)	20.420 *** (0.732)	6.557 *** (0.135)
控制变量	控制	控制	控制
个体固定效应	控制	控制	控制
观测值	2 518	1 617	2 045

注：列（1）为企业治理水平（Govl）对气候政策不确定性和企业环境绩效的中介效应检验结果；列（2）为企业创新水平（RD）对气候政策不确定性和企业环境绩效的中介效应检验结果；列（3）为投资者关注度（IA）对气候政策不确定性和企业环境绩效的中介效应检验结果。括号内为Z统计量。*** 、** 和 * 分别表示在1%、5%和10%的水平上显著。

其次，本节考虑了企业的创新水平在气候风险和企业环境绩效之间的中介作用。本节使用企业在创新方面总投入金额的对数值（RD）来衡量企业的创新水平，RD值越高，代表企业的创新水平越高。从表4-8列（2）中可以看出，CPU对企业创新水平（RD）的回归系数为1.047，且在1%的水平上显著。这说明气候风险的增加会增加企业的创新水平，但创新水平的成果在短期内并未及时转换成环境绩效，仍然导致短期内环境绩效的低下。可能的原因是，面对气候风险，为了提高能源效率、适应政策变化，企业通常会加大研发投入，进行绿色技术或气候适应性技术的创新。这种创新活动本质上是企业响应气候风险的反应（Nidumolu et al，2009；Porter and Van der Linde，1995）。但是，气候风险驱动的创新活动并非总能直接改善企业环境绩效，特别是当企业的创新方向和资源配置出现偏差时。企业可能过度集中于短期内可带来经济回报的创新，而忽视长期可持续发展所需的环保技术研发，这种创新的偏差可能导致企业忽略环境绩效的提升，反而使得环保成本和负担进一步增加，进而降低企业的环境绩效（Popp，2010）。因此，气候风险可以通过增加企业创新水平，进一步影响企业环境绩效，这证实了本章假设4.6。

最后，本节考虑投资者关注度（*IA*）在气候政策不确定性和企业环境绩效之间的中介作用。本节中投资者关注度（*IA*）的测量参考孔东民等（2013）的做法，是通过对百度搜索关键词中与上市公司相关的搜索量进行统计得出的。通常情况下，投资者关注度—上市公司百度指数越高，意味着其在投资者心目中的关注度越高，进而促使企业在环境绩效方面作出更多努力。投资者关注度的提高不仅增强了外部监督压力，还促进了企业加强环境治理、提高信息披露透明度、提升绿色投资的力度，从而提升企业的环境绩效（Wen et al，2019）。从表4－8列（3）中可以看到，*CPU*对投资者关注度（*IA*）的回归系数为－0.168，显著性水平为1%，这说明气候风险的增加会降低投资者关注度，进而对企业环境绩效产生负面影响。这种情况的出现可能是因为，气候风险通常意味着企业未来的财务表现存在更大的不确定性，这使得投资者对未来的盈利预期降低。此外，气候风险可能直接影响投资者对企业的信心。当投资者认为气候变化和相关政策不确定性可能削弱企业的长期可持续发展时，市场对该企业的期望下降，投资者关注度因此降低（Baker and Wurgler，2007；Kotsantonis and Serafeim，2019）。同时，低关注度的企业往往面临资金流入不足、股东和投资者的支持减弱等问题，导致企业缺乏足够的资源和动力去实施环境治理和可持续发展战略，进而导致其环境绩效下降（Al-Najjar and Anfimiadou，2012；Krueger et al，2020）。因此，气候风险可以通过降低投资者关注度，进一步影响企业环境绩效，这也证实了本章假设4.7。

4.6 本章小结

本章选用中国气候政策不确定性指数作为气候风险的量化指标，并创新性地采用经济投入—产出生命周期方法，对企业环境绩效进行了精准衡量，同时检验了气候风险指数对企业环境绩效的潜在影响。研究结果显示，气候风险显著影响中国企业的碳排放水平，进而对其环境绩效产生深远影响。为全面解析气候风险对企业环境绩效的作用机制，本章进一步从地理位置、环境规制强度及所有权结构三个维度展开异质性分析。研究显示，地理位置的差异导致气候风险对企业环境绩效的影响呈现出显著的异质性。具体而言，随着气候风险的加剧，西部、中部及东部地区企业的碳排放量均有所增加，且中部和西部地区企业所受负面影响更为突出。此外，气候风险对受环境规制更严格的企业及非国有企业的环境绩效负面影响更为显著。最后，本章深入探讨了企业治理水平、创新水平及投资者关注度在气候风险影响企业环境绩效过程中的作用。研究发现，气候风险可通过削弱企业内部治理效能、激发创新活动及降低投资者关注度等路径，进一步对企业环境绩效产生复杂而深远的影响。

基于上述研究成果，本章提出以下政策建议，旨在深化气候风险管理并促进企业环境绩效提升。首先，政府应强化企业气候风险信息披露的监管框架，激励企业公开其面临的气候风险及应对策略。此举不仅能增强投资者与消费者的透明度，促进对环境可持续性的重视，还能鞭策企业深化环境责任意识。其次，政府宜采用税收优惠、财政补助及绿色金融产品等手段，激励金融机构与投资者加大对绿色项目及环保企业的投资力度。通过设立绿色基金、发行绿色债券等金融工具，降低企业气候风险管理相关的融资成本，为其绿色技术创新与环保设施建设提供坚实支撑。最后，构建跨部门、跨行业的气候风险协同应对机制至关重要，旨在促进政府、科研机构、非政府组织及企业等多方主体的紧密合作。通过共享气候数据、风险评估工具及应对经验，激发企业间的协同创新潜能，行业协会与商会应扮演桥梁角色，推动企业间的交流合作，共谋绿色转型之路。

同时，企业作为市场经济的核心参与者，在应对气候风险时也需积极作为。首先，企业应将气候变化纳入战略决策核心，定期开展气候风险评估，识别物理风险与政策风险，据此制定气候适应性战略，并将其融入公司治理架构。其次，企业应加大对低碳技术与环保产品研发的投资，推动绿色创新，通过采用清洁能源、实施节能减排技术及绿色供应链管理等措施，提升生产流程的环境效率，减轻气候风险对企业运营的负面影响。最后，企业应增强气候风险管理信息的透明度，主动向投资者、消费者等利益相关方展示其在应对气候变化方面的积极行动与成效，这不仅能够提升企业的环境形象，还能增强投资者信心，进而优化企业的长期市场表现。

| 第 5 章 |

气候风险与企业创新

5.1 引　　言

近半个世纪以来，极端天气事件的频发与加剧（Li et al, 2021c）已对全球多数地区的气候系统造成深刻变革（Stott et al, 2016），促使各国政府与国际组织纷纷出台应对气候变化的多重风险与潜在损害的政策措施，尤其是针对极端天气和灾害的预防与应对策略（Rammel and van den Bergh，2003）。此类极端事件不仅威胁经济稳定（Giordono et al, 2021）与公民安全（Watts et al, 2015），还显著增加了气候政策的不确定性。因此，气候风险不仅直接影响企业日常运营与生产决策，更深刻塑造着企业的创新活动与发展路径。在此背景下，如何在充满不确定性的气候政策环境中作出明智且前瞻性的决策，对于有效应对气候变化挑战、确保企业可持续发展至关重要（Ren et al, 2022c）。

既有关于气候变化的文献多聚焦于探讨气候变化的适应策略（Hinkel and Bisaro，2015）及全球层面气候政策的科学设计（Haurie et al, 2012）。然而，鉴于各国经济与环境条件的显著差异，气候变化的影响呈现不均衡性，进而催生了全球气候政策的多样性。尤其值得关注的是，中国自 2010 年起已超越美国跃居全球最大能源消费国之列，其工业与制造业企业作为碳排放的主要源头，在全球减排战略的推进下，正承受前所未有的转型重压（Sarkodie and Owusu，2021）。面对此严峻挑战，企业正积极探索转型之路，力求摆脱传统高污染发展模式，迈向绿色、可持续的发展新纪元。中国政府始终将气候变化视为国家发展的重大议题，自 1993 年签署《联合国气候变化框架公约》以来，不仅深度参与国际气候治理进程，更设定了"碳中和"与"碳达峰"等战略目标。为达成这些宏伟蓝图，政府正不断强化对能源及相关产业转型升级的政策扶持。同样，企业的积极参与与创新也是实现这些目标不可或缺的一环，共同推动着中国向低碳未来迈进。

关于企业创新影响因素的研究，当前学术探讨已从宏观与微观双重视角展开深入分析。宏观层面，气候政策的实施，诸如碳税与可交易排放许可制度，已证实对减少化石燃料燃烧排放、促进可再生能源利用（Gerlagh，2008）及增加清洁能源社会投资（Chen et al，2021）具有显著成效。政府通过调整企业融资成本、投资环境，以及提供研发补贴、税收优惠等措施，深刻影响着企业的创新活动。微观层面，研究则聚焦于企业与政府两大层面因素。企业内部因素，如企业规模（Salike et al，2022）、融资能力（Wang et al，2024）等，构成企业创新的重要基础；而政府层面的外国投资（Kong et al，2020）、政府补贴（Nagy et al，2021；Zhu et al，2019）、环境监管（Jiang et al，2021）及市场结构（Kamien and Schwartz，1975）等因素，同样对企业创新产生深远影响。然而，现有研究在全面探讨企业创新影响因素时，往往忽视了气候变化这一宏观自然因素，且未能深入探讨气候风险如何作用于企业创新。鉴于此，本章致力于深入探究气候风险对中国企业创新的影响，旨在为企业在适应新气候与政策环境、推动绿色技术创新方面提供洞见与指导。

本章利用中国上市企业的年度数据，通过回归分析，深入探讨了气候风险对企业创新投入的影响。研究结果显示，气候风险显著激发了企业的创新投入。值得注意的是，不同类型企业在面对气候风险时表现出各异的反应模式：非新能源行业企业及国有企业在不确定性增加时，展现出更为显著的创新驱动倾向。此外，本章研究还发现，气候风险通过塑造市场预期及强化政府环境关注度，间接对企业的研发投入产生深远影响，揭示了气候风险对企业创新行为的复杂作用机理。为确保研究结论的稳健性，本章实施了一系列稳健性检验，检验结果与基准模型回归结果高度一致，进一步强化了本章的研究论断。

　　本章在多个维度上对现有研究作出了显著的贡献。首先，本章将气候风险纳入研究视野，将其视为企业创新过程中可能遭遇的关键影响因素之一，进行了全面而系统的探讨。这一创新性的视角不仅弥补了该领域内关于气候变化与企业创新关系研究的空白，还为深入理解二者之间复杂而微妙的联系提供了坚实的理论基础。其次，本章尤为重视外生政策变化对企业创新活动的深刻影响，特别聚焦于气候政策不确定性这一核心议题，深入剖析了其对企业创新活动的异质性影响及其潜在的作用机制。这一细致入微的分析不仅为企业如何在多变的政策环境中保持创新活力提供了宝贵的策略启示，同时也为政策制定者优化政策设计、降低政策不确定性对企业创新的负面影响提供了有益的参考。最后，随着中国国际地位的日益提升，中国正积极承担大国责任，在应对气候变化风险方面发挥表率作用。在这一现实背景下，本章研究不仅揭示了气候变化与企业创新之间的紧密联系，还为中国乃至其他处于经济转型期的新兴市场经济体提供了新的视角与可借鉴的经验启示。

5.2　理论分析与假设提出

5.2.1　气候风险对企业创新的影响分析

　　过去十年间，极端天气事件的频发为全球带来了前所未有的挑战，不仅干扰了人们的正常生活与生产活动，还对企业的稳定运营与长期发展构成了严峻威胁。在此背景下，气候风险已成为企业发展中不可忽视的关键要素，尤其是在能源生产和消费领域。极端气温不仅威胁能源的稳定供应，还可能加剧供需失衡，影响制造业能源资产的定价，进而增加企业经营的不确定性（Chen et al，2021）。为应对气候变化挑战，政府频繁调整气候政策，导致气候政策不确定性上升。

一方面，面对这种不确定性，企业为降低风险，积极寻求创新解决方案，涵盖产品与服务改进、新技术与工艺开发以及市场策略革新等，从而加大研发投入，提升研发效率，增强创新能力（Bai et al，2023）。另一方面，气候政策不确定性在推动绿色投资方面发挥重要作用。随着气候灾害导致的资产损失加剧，社会更倾向于采取负责任的投资方式，加强了气候灾害与绿色资本流入之间的联系。绿色投资的增加拓宽了企业的融资渠道，扩大了融资规模，不仅促进了研发与创新活动，还改善了企业财务业绩，特别是能源类企业（Chen and Ma，2021）。同时，财务绩效的提升增强了企业的盈利能力和发展潜力，促使企业更合理配置资金，增加战略投资，进一步加大创新投入以适应市场环境的不断变化。基于以上分析，本章提出第一个假设。

假设 5.1：气候风险增加所带来的气候政策不确定性对企业创新投入具有正向影响。

5.2.2　气候风险对企业创新影响的异质性分析

能源技术创新是实现节能减排目标的重要途径。这一创新不仅涵盖了传统化石能源的高效利用，还涉及可再生能源的大规模、低成本开发，其根本动力在于技术的不断革新与突破。随着气候变化引发的威胁日益严峻，社会对减少化石燃料依赖的呼声日益高涨。由于新能源行业与气候政策紧密相关，这些企业往往能够更快地适应政策变化，甚至在某些情况下能够利用政策不确定性带来的机遇进行技术突破和市场拓展。对于非新能源企业而言，气候风险可能意味着更高的转型压力和更紧迫的技术升级需求。为了应对气候风险可能带来的市场风险和竞争压力，这些企业可能需要通过大幅度增加研发创新投入来开发新技术、新产品或改进现有技术，以提高自身的适应能力（孙海波等，2024）。此外，新能源技术的快速发展和广泛应用可能对非新能源企业构成一定的技术壁垒和替代效应。为了保持市场竞争力，非新能源企业可能需要通过研发创新来突破技术壁垒或开发替代技术。这种需求在气候风险升高时可能更加迫切。一般情况下,气候风险的影响在风险传导较强、风险应对较差以及政策引导比较薄弱的企业中更加显著(汪顺等,2024)。非新能源企业可能在这些方面表现得更为敏感,因此对研发创新投资的增加更为明显。

根据统计数据,中国制造业的国有资本比例超过90%,特别是在能源开采和制造业中,资本密集型的国有企业占据主导地位。大多数制造业国有企业往往拥有高额的固定资产比例,虽然这可能在一定程度上增加了其技术升级的难度,但相较于非国有企业,国有企业面临的资金约束却相对较少。此外,由于国有企业为企业创新提供了支持,通常国有企业的创新创造优于本地和私营企业(Lin et al,2021)。因此,在面对气候变化所带来的限制性措施时,非国有企业可能因资源限制无法加大在研发创新方面的投入;而国有企业凭借其获取要素资源的便利,能够有效降低碳减排成本,从而更倾向于在规模和数量上扩大对研发创新的投入(Pan et al,2021)。基于以上分析,本章提出第二个假设。

假设5.2:气候风险对于不同能源类型、不同所有权结构企业的研发创新投入影响存在异质性。

5.2.3 气候风险对企业创新的影响机制分析

气候变化日益成为影响企业市场价值的关键因素,它不仅改变了全球经济的运行模式,还对企业的创新投入产生了深远影响。尽管气候政策对企业未来现金流可能产生影响,但市场参与者对化石燃料库存价值的预期并未显著受到气候变化的影响。普遍认为,虽然气候政策可能影响企业未来的现金流,但对当前估值的影响微乎其微(Shimbar,2021)。这可能与市场对企业应对气候变化的适应性及转型能力抱有一定信心有关。许多企业已经开始意识到气候变化带来的挑战,并积极寻求转型升级。企业为了保持市场竞争力并适应新的市场环境,不得不将创新作为核心竞争力的重要组成部分。它们通过加大在研发和创新方面的投入,积极开发新技术、新方法，以降低碳排放、提高能源利用效率，并探索新的增长点。事实上，随着气候风险的升高，市场对能源类企业转型升级的信心可能会进一步增强。

气候政策的不确定性是影响市场预期的关键因素之一。由于政策制定和执行过程中存在的不确定性，企业难以准确预测未来政策走向及其对自身经营的影响。这种不确定性会导致市场对企业未来价值的判断产生偏差，进而可能影响企业的股价波动和市值变化。当市场对企业未来价值持乐观态度时，股价会上涨，市值会增加；反之，当市场对企业未来价值持悲观态度时，股价会下跌，市值会减少（Baker and Wurgler，2007）。这种变化会直接影响企业的融资成本和投资决策，进而影响企业的研发和创新投入。随着企业逐渐适应气候变化并加大在研发和创新方面的投入，它们将能够开发出更加环保、高效的产品和服务，从而赢得市场的认可和竞争优势。

另外，政府因对环境保护和应对气候变化的责任感增强，会加大对环境问题的关注，以期通过更明确的政策导向来引导和规范企业行为，减少环境风险，实现可持续发展目标。比如，政府可通过提供财政补贴、税收优惠等政策支持，激励企业进行绿色技术创新（张江雪等，2018），从而提高企业的研发投资效率。此外，气候政策不确定性的增加会导致企业面临更多的市场和政策风险，迫使企业增加研发投资以适应政策变化和市场需求（汪顺等，2024）。并且在气候政策不确定性较高的情况下，企业可能会减少对传统项目的投资，进而增加对研发和创新的投资，以寻求新的增长点和竞争优势（孙海波等，2024）。综上所述，政府提高对环境问题的关注度，并通过政策引导和支持，不仅促进了企业增加研发投资以应对气候政策不确定性带来的挑战，还推动了企业实现环境目标和提升市场竞争力。这一系列举措共同构成了企业与政府携手应对气候变化、推动经济社会可持续发展的坚实基石。基于以上分析，本章提出第三个假设。

假设 5.3：气候风险通过影响市场预期和政府环境关注度来影响企业的研发创新投入。

5.3　研究数据与研究设计

5.3.1　变量选取与说明

回顾中国的气候政策历程，中国于 2007 年首次发布了国家层面的气候变化计划文件。随后，国务院于 2008 年和 2009 年相继两年发布了《中国应对气候变化的政策与行动》白皮书。鉴于政策实施与其成效显现之间存在一定的时间滞后，本章审慎地选取了 2009 年作为分析的起始基准点。因此，本章研究以 2009～2020 年中国 A 股上市企业为样本，这些企业主要涵盖采矿、制造和能源生产供应等行业。为了确保数据的准确性和可靠性，选用了国泰安金融经济研究数据库作为样本企业研发投入与财务信息的来源。气候政策不确定性的数据来自气候风险数据库。① 鉴于市场与企业的动态变化，为确保样本的有效性与完整性，本章采用非平衡面板数据进行分析，以更全面地反映实际情况。经过严格的筛选和整理，研究最终确定了 2 449 家上市企业作为研究样本，共产生了 16 737 个观测值。此外，为了确保研究结果的稳健性，本章对模型中的所有连续变量进行了 1% 和 99% 的缩尾处理，以削弱极端值可能对结果产生的干扰。

5.3.1.1　被解释变量

企业在面对日益严峻的环境挑战时，其对于创新的重视程度成为决定其长期竞争力的关键因素。已有诸多研究，如王和哈格多恩（Wang and Hagedoorn，2014）等，均通过实证分析证实了创新投入与产出之间存在着显著的正相关性，即企业投入的研发资金越多，其获得的创新成果和市场竞争优势也往往越大。当前，节能减排已成为企业创新的重要方向。而研发创新作为实现节能减排目标的关键手段，其投入的多寡直接反映了企业

---

① 具体数可访问 http://www.cnefn.com/data/download/climate-risk-database/。

在这一领域的决心和实力。因此，本章将企业研发投入视为其在节能减排创新方面的投资力度。为了更准确地衡量企业的创新水平，本章使用 *R&D* 的自然对数值作为创新投入的指标。

5.3.1.2　核心解释变量

气候政策不确定性指气候风险在转型期对行业发展的影响，为了量化评估气候风险对企业创新的影响，本章引入了马等（Ma et al，2023）构建的中国气候政策不确定性指数（*CPU*）。这一指数基于中国六家主要媒体（《人民日报》《光明日报》《经济日报》《环球时报》《科技日报》和中国新闻社）中约 175 万篇新闻文章的内容分析，通过提取与气候政策和不确定性相关的信息，来反映气候变化的程度和趋势。本章使用年度的国家指数来表示与政策不确定性有关的中国气候风险，最终得到 2009～2020 年共 12 个年度的观测值。

5.3.1.3　控制变量

结合研究的问题与相关文献（Ren et al，2024b），本章选取企业规模（*Size*）、杠杆率（*Leverage*）、收入增长率（*Grow*）、政府补贴（*Subsidy*）、总资产收益率（*ROA*）和董事会结构（*Board*）作为控制变量。变量的具体说明如表 5 - 1 所示。

表 5 - 1　　　　　　　　　　主要研究变量说明

变量类型	变量名称	变量说明
被解释变量	*R&D*	研发投入金额的自然对数值
核心解释变量	*CPU*	气候风险
控制变量	*Size*	企业总资产自然对数值
	Leverage	企业总负债/总资产
	Grow	营业收入增长率
	Subsidy	政府对研发投入补贴的自然对数值
	ROA	企业净利润/总资产
	Board	董事会中独立董事数量占比

5.3.2　变量描述性统计

表 5 - 2 列出了主要变量的描述性统计特征。R&D 的最大值为 21.670，平均值为 17.660，说明样本企业具有较高的创新投入水平。而标准差大于 1，表明不同企业之间的创新投入水平存在较大的差异，行业内创新活动的强度和规模分布并不均衡。进一步观察 CPU 指数，其平均值为 2.490，最小值为 1.363，最大值为 2.899。

表 5 - 2　　　　　　　　　　主要变量的描述性统计特征

变量	观测值	平均值	标准差	最小值	P25	P50	P75	最大值
R&D	16 737	17.660	1.546	13.110	16.810	17.690	18.590	21.670
CPU	16 737	2.490	0.300	1.363	2.274	2.448	2.772	2.899
Size	16 736	22.170	1.267	19.850	21.250	21.980	22.870	26.150
Leverage	16 736	0.426	0.203	0.053	0.266	0.420	0.576	0.951
Grow	16 552	0.156	0.397	-0.564	-0.035	0.096	0.249	2.621
Subsidy	15 930	16.080	1.790	10.300	15.130	16.170	17.190	20.230
ROA	16 736	0.036	0.068	-0.361	0.012	0.036	0.067	0.199
Board	16 727	0.373	0.052	0.333	0.333	0.333	0.429	0.571

注：表中所有的连续变量均进行了 1% 和 99% 的缩尾处理。

5.3.3　计量模型设定

为了探讨气候风险对企业创新水平的影响，本节根据研究假设构建了以企业创新投入（R&D）为被解释变量，中国气候政策不确定性（CPU）为核心解释变量的回归模型（5 - 1），如下所示：

$$R\&D_{it} = \alpha_0 + \alpha_1 CPU_t + \alpha_j Controls_{it} + \mu_i + \varepsilon_{it} \qquad (5-1)$$

其中，下标 i 代表各研究样本企业，t 代表年份；$R\&D_{it}$ 表示企业 i 在 t 年的创新投入；CPU_t 表示中国在 t 年的气候政策不确定性；$Controls_{it}$ 代表所有的控制变量；μ_i 代表个体固定效应；ε_{it} 为残差项。

5.4　实证结果及分析

5.4.1　基准回归结果

表 5 - 3 列出了气候政策不确定性对企业创新影响的基准回归结果。列（1）的研究结果表明，在仅控制个体固定效应的情况下，*CPU* 的系数在 1% 的水平上显著为正，表明气候风险在一定程度上促进了企业的研发与创新。在列（2）中，当模型包含所有控制变量时，结果显示气候政策不确定性每增加一个单位，企业的研发创新投入就会相应增加 0.301 个单位。主模型的回归结果验证了本章假设 5.1，即当气候风险水平越高时，企业越倾向于增加研发创新投入。其原因在于，随着气候变化成为全球性问题，企业需要不断探索和采用新的技术、方法来适应这一挑战，同时也为了在未来竞争激烈的市场环境中保持或提升自身的竞争优势。这一发现不仅为理解企业创新行为的驱动因素提供了新的视角，同时也为政策制定者提供了重要参考。

表 5 - 3　　　　　　　　　　基准回归结果

变量	R&D	
	（1）	（2）
CPU	0.944 *** (29.356)	0.301 *** (9.657)
常数项	15.311 *** (191.153)	- 3.132 *** (- 5.603)
控制变量	未控制	控制
个体固定效应	控制	控制
观测值	16 737	15 748
R^2	0.127	0.382

注：表中所有的连续变量均进行了 1% 和 99% 的缩尾处理。*** 、** 、* 分别表示在 1% 、5% 、10% 的水平上显著，括号内为稳健 t 统计量。

5.4.2　稳健性检验

为了验证实验结果的可靠性，本节进行了一系列稳健性检验，如表 5 – 4 所示。考虑到企业投入创新研发的金额与其本身的规模以及资金结构紧密相关，本节首先采用企业投入 $R\&D$ 的金额与总资产之比（$R\&D/Asset$）作为被解释变量的替代变量，重新进行回归分析。列（1）的结果表明，气候政策不确定性系数显著为正，这一发现与基准回归的估计结果相吻合，从而验证了原先结论的可靠性。其次，本节将核心解释变量替换为姬等（Ji et al，2024）和马等（Ma et al，2024）估计出的全球气候政策不确定性指数（$GCPU$），该数据基于 G20 十二个国家的约 1 127 万篇新闻文章得以测算。本章选取其中全球气候政策不确定性的月度频率数据[①]，并计算月度频率数据的年均值作为年度频率数据指数，最后除以 100 作为核心解释变量的替代衡量。列（2）的回归结果仍然与基准回归的结果一致，说明前文的结论是稳健的。为了消除特定历史事件对研究结果可能产生的干扰，特别是考虑到 2008 年国际金融危机和 2020 年新冠疫情对企业运营与创新活动的潜在影响，研究剔除了 2009 年、2010 年与 2020 年的样本数据，并进行了回归分析。列（3）所展示的子区间样本估计结果表明，即使排除了这些潜在干扰因素，结论依然与基准回归结果高度一致，进一步证明了研究结果的稳健性。

表 5 – 4　　　　　　　　　　　稳健性检验

变量	替换被解释变量	替换核心解释变量	剔除历史事件干扰
	（1）	（2）	（3）
CPU	0. 004 ***		0. 494 ***
	(10. 226)		(9. 692)
GCPU		0. 559 ***	
		(13. 272)	

---

① 具体的数据来源可访问 http：//www. cnefn. com/data/download/climate-risk-database/。

变量	替换被解释变量	替换核心解释变量	剔除历史事件干扰
	(1)	(2)	(3)
常数项	0.038 *** (5.653)	− 1.114 * (− 1.822)	− 0.173 (− 0.251)
控制变量	控制	控制	控制
个体固定效应	控制	控制	控制
观测值	15 743	15 748	12 883
R^2	0.020	0.395	0.355

注: 列 (1) 为用研发投入占总资产的比重替代原被解释变量的估计结果; 列 (2) 为用全球气候政策不确定性指数替代原核心解释变量的估计结果; 列 (3) 为样本子区间估计结果。表中所有的连续变量均进行了 1% 和 99% 的缩尾处理。 *** 、 ** 、 * 分别表示在 1% 、 5% 、 10% 的水平上显著,括号内为稳健 t 统计量。

5.5　进一步分析

5.5.1　异质性分析

为了深入探讨气候风险对企业创新影响的异质性,本节在先前假设研究的基础上进行了回归分析,得到了分类后的基准模型估计结果。

首先,根据能源类型的不同,将企业分为新能源行业和其他行业两组。其中,新能源行业主要包括可再生能源利用和装备制造业,其他行业主要包括采矿业、传统能源驱动的制造业以及能源生产供应业。这两大群体的回归结果如表 5 – 5 列 (1) 和列 (2) 所示,可以看到气候政策不确定性对这两类行业的创新投入都有显著的正向影响。其他行业的 *CPU* 系数大于新能源行业,说明气候政策不确定性对非新能源行业的影响更大。这一现象背后有其深层的逻辑。非新能源行业,如石油、煤炭和天然气等传统能源行业,长期以来一直是各国发展的基础支撑,其运营模式和产业链相对固定,难以迅速适应政策变动。这种不确定性导致非新能源企业面临更大的市场风险和经营压力,迫使其寻求通过技术创新和研发投资来提高能源利用效率、降低生产成本，以增强竞争力。此外，随着全球对可持续发展的重视，非新能源企业也需要加大研发力度，探索转型路径，以适应未来能源市场的变化。因此，气候风险促使非新能源行业增加研发投入，以应对市场挑战和转型升级的需求。

表 5-5　　　　　　　　按能源类型和所有权结构分类模型估计

变量	R&D			
	新能源行业	其他行业	国有企业	非国有企业
	（1）	（2）	（3）	（4）
CPU	0.247 *** （3.377）	0.294 *** （8.621）	0.337 *** （5.228）	0.243 *** （7.753）
常数项	-2.569 ** （-2.055）	-3.758 *** （-6.257）	-5.574 *** （-4.461）	-1.762 *** （-2.871）
控制变量	控制	控制	控制	控制
个体固定效应	控制	控制	控制	控制
观测值	2 751	12 997	5 275	10 473
R^2	0.389	0.381	0.305	0.439

注：表中所有的连续变量均进行了1%和99%的缩尾处理。 *** 、 ** 、 * 分别表示在1%、5%、10%的水平上显著，括号内为稳健t统计量。

其次，为了探讨气候风险对不同所有权结构企业的影响，研究进一步引入了国有企业虚拟变量。具体来说，如果企业为国有企业，则该变量赋值为1，否则为0。回归结果如表 5-5 列（3）和列（4）所示。结果表明，气候风险对企业创新投入存在显著的正向影响，但这种影响在国有企业与非国有企业之间存在明显的差异。国有企业受到气候风险的影响系数大于非国有企业，表明国有企业在面对气候风险时，其创新活动受到的影响更为显著。这一现象可能源于国有企业相对较低的创新效率和总体创新水平。与非国有企业相比，国有企业在面对不确定风险时可能受到更大的影响，因此它们更倾向于采取更多的对冲风险行为，比如加大在节能创新方面的投入。此外，国有企业通常拥有更为稳健的财务状况和较小的财务约束，这使得它们有能力在研发创新方面投入更多的资金与资源。

总之，对于不同的能源类型和不同所有权结构的企业，气候风险对企业创新的影响存在异质性。其中，新能源行业和国有企业受气候风险的影响更大，这证实了本章的假设 5.2。

5.5.2　影响机制分析

本节基于江艇（2022）的渠道检验方法，从市场预期和政府环境关注度的角度来分析气候风险对企业创新的间接影响。首先，以企业市值（MV）作为衡量市场预期的指标。随着气候风险的提升，市场开始重新评估传统能源的价值以及新能源的开发与运用前景，这种重新评估通过股价的波动和市值的变化来影响企业可用于研发创新的资金和创新动力，从而影响企业研发创新的投入。表 5 - 6 列（1）的结果显示，气候政策不确定性对企业总市值存在显著的负效应，即随着气候风险的增强，市场对企业的价值预期呈现下降趋势。

表 5 - 6　　　　　　　　　　中介效应模型估计

变量	（1）	（2）
	市场预期	政府环境关注度
CPU	− 0. 194 ***	0. 081 ***
	（− 13. 082）	（17. 224）
常数项	1. 524 ***	0. 081 ***
	（4. 831）	（17. 224）
控制变量	控制	控制
个体固定效应	控制	控制
观测值	15 731	15 746
R^2	0. 359	0. 035

注：表中所有的连续变量均进行了 1% 和 99% 的缩尾处理。*** 、** 、* 分别表示在 1% 、5% 、10% 的水平上显著，括号内为稳健 t 统计量。

气候风险通常意味着企业难以预测未来的市场条件、政策走向以及潜在的政策风险。这种不确定性可能导致投资者对企业未来的盈利能力和稳定性产生疑虑，从而降低对企业价值的预期。在传统能源行业，这种不确定性尤为明显。正如李等（Li et al，2024）研究指出，当投资者对企业未来持悲观态度时，他们可能会选择撤回投资以规避风险，导致企业的股价下跌，市值降低。气候风险虽然增加了人们对企业发展前景的担忧，对企业市值产生了负面影响，但同时也可能激发了企业的创新意识（翟淑萍等，2017）。面对不确定的市场和政策环境，企业可能会意识到传统的经营模式和产品线已经无法满足市场需求，因此需要通过创新来寻找新的增长点（刘素荣等，2022）。这种创新意识可能会推动企业加大在研发、技术创新和产品创新方面的投入。因此，气候风险可以通过影响市场预期来促进企业的研发创新投入。

其次，以政府工作报告中的环保词频作为衡量政府环境关注度的指标，将其纳入回归中。表 5 - 6 的列（2）显示，*CPU* 的系数显著为正，说明气候风险升高会使得政府的环境关注度上升。这是因为，气候政策不确定性意味着未来政策走向、实施力度及具体细节尚不明朗，这增加了经济主体（包括企业和政府）面临的风险。政府为了降低这种不确定性带来的潜在风险，往往会提高对环境问题的关注度，制定更为明确和有力的气候政策，以引导和规范企业的行为。

而政府对环境关注度的提升，会促使企业加大在环保技术、清洁能源等领域的研发投资（王永贵和李霞，2023）。这是因为企业为了符合更严格的环保标准和政策要求，需要不断提升自身的环保技术和生产能力。同时，随着社会对环保和可持续发展的日益重视，企业也需要通过研发创新来增强自身的市场竞争力和品牌形象（张彩云和吕越，2018）。因此，气候风险虽然带来了挑战，但也为政府和企业提供了推动环保技术创新和产业升级的契机。

总之，气候风险通过影响企业的市场预期以及政府对环境的关注度进而促进了企业的研发创新投入。以上结果为假设 5.3 提供了实证支撑。

5.6   本章小结

过度依赖单一的传统能源模式不仅加剧了环境压力，更是对人类的生存安全构成了严重威胁。在此背景下，调整和优化能源消费结构变得刻不容缓，而企业创新在这一过程中扮演着至关重要的角色。随着气候形势愈发复杂多变，企业的转型升级之路也充满了更多的不确定性因素。鉴于此，本章探讨了气候风险对企业创新的影响，并展开了一系列讨论研究，旨在为企业应对气候挑战、实现可持续发展提供有益的思考和启示。研究结果显示，气候风险对企业的研发创新投入具有显著的正向效应。这一结论经过多种稳健性检验后依然高度一致，证明了其可靠性。进一步分析发现，不同能源类型和所有权结构的企业在应对气候风险时展现出显著差异。具体而言，非新能源行业由于难以迅速适应政策变动，其研发创新投入的增长幅度超过新能源企业，表明气候风险对这些传统能源依赖型行业的冲击更为显著，促使其增加研发投入以应对市场挑战和转型升级需求。同时，相较于非国有企业，国有企业在面对气候风险时表现出更强的研发创新意愿，反映出其在应对气候风险方面的责任感和使命感，以及在推动技术创新和产业升级方面的积极作用。最后，为了探究这种影响背后的潜在机制，本章进一步分析了市场预期和政府环境关注度的作用机制。研究发现，气候风险可通过抑制市场预期和促进政府环境关注度间接影响企业研发创新投入。这一发现揭示了市场预期和政府环境关注度在连接气候风险与企业研发创新投入之间的桥梁作用，为理解气候风险对企业创新活动的影响提供了新的视角。

总的来说，根据研究结论，本章提出以下政策性建议：首先，政府应制定明确、稳定且长期的气候政策框架，旨在降低企业的风险感知和融资成本，巩固并增强气候政策对企业研发创新投入的正向推动作用。这有助于企业制定长期战略，并更有信心投资于研发和创新。其次，鉴于其他行业在转型升级过程中相较于新能源行业面临更大的挑战，国家应致力于改善能源结构，提高能源利用效率，加大对这些行业特别是传统能源行业的支持力度，从而有效缓解气候变化带来的风险。具体措施包括增加定向研发经费、提供补贴等，以帮助其顺利转型并适应新的市场环境。再次，针对非国有企业面临的融资约束与财务困境，政府应进一步完善其融资渠道，降低融资门槛，以激发非国有企业的创新活力和市场竞争力。最后，政府应进一步加强环境监管力度，通过严格的监管措施倒逼企业加快转型升级步伐。同时，在实施监管过程中，需充分考虑企业的实际情况，避免"一刀切"的政策对企业造成不必要的生存压力。

然而，本章研究也存在一定的局限性。企业的研发创新投入与其最终的产出及应用并不总是完全对等。尽管已有研究证实创新投入对创新产出具有显著的正向影响，但二者之间并不存在直接的、完全对等的关系。因此，本章研究尚无法确切地验证气候风险如何影响企业创新的实际成果。展望未来，若有更多相关数据和研究资料的支持，会进行更为深入、详尽的研究与分析，以期更全面地揭示风险对企业创新的实际影响，并为政策制定者提供更为精准、有效的决策依据。

第 6 章

气候风险与企业过度负债

6.1 引　言

　　世界经济论坛（WEF）发布的《2020 年全球风险报告》指出，目前气候变化是世界面临的最大风险。企业社会责任使得企业对气候政策的关注日益增强。很多企业意识到了气候风险带来的潜在威胁，并将其纳入内部治理（Farah et al，2021）。气候风险通常分为物理风险和转型风险（Pinkse and Gasbarro，2019）。物理风险一般指自然灾害对环境造成的直接物质损害。转型风险是指为了应对气候变化和推进低碳经济转型，社会、政策和技术变革可能带来的经济、法律和技术上的风险。这类风险源于政府、市场和社会采取的减缓气候变化的措施，包括为了减少温室气体排放而实施的政策和法规变革，以及技术创新和产业结构调整带来的影响。目前，气候政策的不确定性已经被证明能够影响金融的稳定性，并会产生潜在的系统性风险（Battiston et al，2017）。

　　气候风险已经在定量风险分析和投资决策领域引起了广泛关注，但其与企业融资策略之间的联系尚未被充分研究（Delis et al，2024）。尤其在中国，尽管企业数量庞大，相关的定量研究却相对较少（Jensen and Traeger，2021）。因此本章选取中国 A 股上市企业作为研究样本，原因有两点：首先，如图 6 - 1 所示，中国碳排放总量仍然呈现扩张趋势，并且增速波动较大。气候政策与过度碳排放引发的温室效应紧密相连，因此，中国企业发展必定会受到气候政策的影响。其次，中国政府对气候变化问题给予了高度重视。国家采取了一系列与应对气候变化相关的政策和措施，包括加入《联合国气候变化框架公约》以及制定《中国应对气候变化国家方案》。在这些政策引导下，中国企业会对气候风险的变化作出敏感的应对措施，然而目前只有少量文献研究了气候风险对中国企业融资决策造成的影响。且考虑到股权融资的控制权稀释作用，中国企业使用债务融资作为外部资金来源的现象较为广泛，这一融资方案在发挥财务杠杆效应的同时，也可能存在过度负债、财务风险增加的问题。因此，为了填补这方面空白，本章探究了气候风险与中国企业过度负债之间的关系。

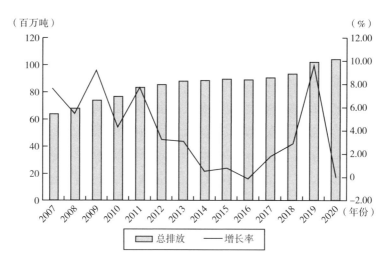

图 6 - 1　中国 2007 ~ 2020 年碳排放

资料来源：中国碳核算数据库（CEADs）。

为深入探讨气候风险与企业过度负债之间的边界机制，本章进一步研究了融资约束的调节作用。气候风险增加了企业面对外部环境变化时的财务压力，尤其是在碳排放、环保法规以及绿色转型等方面的不确定性（Lin et al，2017；Adachi and Vithessonthi，2017）。对于那些需要进行绿色转型或加强环保合规的企业而言，气候风险的增加使得企业面临更大的运营风险和资金需求。但由于融资约束的存在，企业无法通过理想的融资渠道来满足这些资金需求，从而可能会加剧过度负债现象。融资约束对商业决策具有重要影响，它通常由企业的信用状况、市场环境等因素决定（Foley-Fisher et al, 2016；Naeem and Li，2019）。当企业无法通过股权融资等较为稳健的融资方式获得足够资金支持时，可能会通过提高债务杠杆的方式来填补资金缺口，这种做法在气候变化的背景下显得尤为突出。此外，本章还关注了企业金融化的调节作用。金融化企业通常拥有更复杂的资本结构和融资手段，这使得它们能够在短期内获取更多的资金以应对政策变化。然而，在气候风险增加时，这种策略背后潜藏着风险。企业可能会过度依赖高杠杆融资来缓解短期的资金压力，这反过来又加剧了债务负担（Lyu et al，2023）。

本章研究在以下方面作出了贡献：首先，本章创新性地将气候风险与企业运营实践相联系，打破了气候风险仅影响自然环境的传统认知，实证揭示了其对企业经营活动的深远影响，为理解政策多维效应提供了新颖且有力的证据。其次，本章研究深入剖析了气候风险在企业融资决策过程中的具体作用机制，与以往聚焦于多因素对企业运营结果影响的研究不同，本章凸显了政策不确定性这一特定因素在企业融资行为中的关键作用，为相关领域的研究开辟了新的视角。再次，本章首次从融资约束与企业金融化程度这一双重调节角度出发，系统探讨了气候风险对企业过度负债的具体影响路径，填补了该领域研究的空白。这一发现不仅丰富了融资约束及金融化程度影响的研究范畴，也为理解气候风险对企业财务结构的深层次影响提供了新见解。最后，本章研究结果强调了政策制定者与企业管理者需高度重视气候风险，并采取有效措施降低因信息不对称带来的潜在风险。

6.2　理论分析与假设提出

6.2.1　气候风险对企业过度负债的影响分析

自 1972 年联合国人类环境会议以来，各国对气候治理的关注度持续攀升，气候风险已成为企业与金融市场面临的常态挑战。其中，气候政策不确定性作为气候风险的关键组成部分，对金融市场动态及企业行为具有深远影响（Zhang et al，2015）。尤为突出的是，该不确定性在企业的融资行为中扮演着至关重要的角色。现有研究主要聚焦于气候政策不确定性对金融机构运作、绿色创新实践以及企业投资决策的多维度影响（Campiglio et al，2018）。具体而言，巴蒂斯顿等（Battiston et al，2017）与斯托尔博娃等（Stolbova et al，2018）深入剖析了高碳企业所面临的气候政策风险，揭示了其可能演变为系统性风险的潜在路径。而莫纳斯特罗洛和拉贝托（Monasterolo and Raberto，2018）的研究则表明，碳税等气候政策的实施有效促进了资本向低碳部门的流动与再分配。此外，弗拉默（Flammer，2021）的最新研究进一步指出，气候政策的不确定性不仅是挑战，更是推动绿色技术与绿色专利创新的催化剂。这些研究成果共同揭示了气候政策不确定性在塑造金融市场结构、引导企业转型及激发创新活力方面的重要作用，为深入理解气候治理的复杂性与必要性提供了丰富且深刻的洞见。

尽管现有文献已广泛探讨气候政策不确定性对经济系统的多维度影响，但关于其与企业过度负债之间关系的直接研究仍显匮乏。古伦和伊昂（Gulen and Ion，2016）的研究揭示，政策变动引发的不确定性能够深刻影响企业的投融资策略。阮和潘（Nguyen and Phan，2020）进一步研究发现，气候政策的不确定性有助于降低高碳排放企业的财务杠杆水平，暗示其可能对缓解企业过度负债现象具有积极作用，然而，这一具体关联在现有文献中尚未得到明确阐述。与此同时，格雷厄姆和哈维（Graham and Harvey，2001）以及福尔肯德等（Faulkender et al，2012）研究表明，企业维持适当的负债水平对于其稳健运营至关重要，而过度的债务负担则可能对股票市场回报产生显著影响。鉴于此，学术界开始密切关注过度债务的影响因素，并尝试引入各类不确定性指标以探究其对企业负债水平的潜在作用（Jiang et al，2017；Datta et al，2019）。具体而言，刘等（Liu et al，2023）指出，气候政策的不确定性加剧了企业的债务违约风险，而达塔等（Datta et al，2019）则通过考察政策不确定性对公司债务期限结构的影响，发现当政策不确定性水平上升时，大型企业倾向于延长债务期限以规避风险。此外，张等（Zhang et al，2024）的研究揭示了不同评级的经济政策不确定性水平和波动性对公司债券信用利差长期波动性的正向影响，进一步丰富了政策不确定性对企业财务成本影响的理解。值得注意的是，陈（Tran，2021）的研究虽然发现经济政策不确定性对债务融资成本具有正向影响，但大企业由于规模优势和经济实力，其债务融资成本受经济政策不确定性的影响相对较小。基于上述理论，本章提出假设 6.1。

假设 6.1：气候风险将对企业的过度负债产生促进作用。

6.2.2　气候风险对企业过度负债影响的异质性分析

面对气候风险增加的挑战，不同类型的企业因其所处的环境、市场以及经济基础不同，可能会采取不同的应对策略。因此，从不同维度进行异质性分析能够帮助揭示气候风险对企业过度负债行为的复杂性和多样性。

国有企业与非国有企业在融资决策、风险承担及资本结构层面展现出显著的差异性。国有企业往往因政策导向与社会责任考量，倾向于维持较低的杠杆比率，或凭借政府支持更易获取融资，从而在气候政策不确定性加剧时采取更为保守的负债策略（Zhu et al，2019）。相反，非国有企业受融资约束较大，面对气候政策不确定性的增强，可能会选择提升负债水平以确保经营活动的持续性。此外，高碳企业，诸如传统能源与重工业企业，受气候政策不确定性的影响尤为突出。这些企业面临严格的环保法规、碳税及排放交易等政策压力，其未来经营与投资规划需更大规模的资金投入以推动产业升级与绿色转型。因此，为应对转型过程中的资金需求及政策变动风险，高碳企业可能会采取更高的负债策略（Liu et al，2021）。相比之下，非高碳企业面临的风险相对较小，其负债策略受气候风险的影响也较为有限。基于上述理论，本章提出假设 6.2。

假设 6.2：气候风险将对不同类型企业的过度负债影响效果存在差异。

6.2.3　气候风险对企业过度负债的作用机制分析

气候风险对企业过度负债的影响可能受到两个关键调节因素的制约：

首先是融资约束。斯蒂格利茨和韦斯（Stiglitz and Weiss，1981）指出，信息不对称导致的逆向选择问题会限制企业的外部融资渠道。在动态权衡理论框架下，企业需在负债的成本与收益间作出权衡，而融资约束的程度在此过程中扮演着决定性角色（Flannery and Rangan，2006；Faulkender and Petersen，2006）。具体而言，当融资约束加剧时，企业会更为审慎地选择融资方式，以降低潜在风险（Korajczyk and Levy，2003）。进一步地，融资约束程度反映了企业经营者与外部投资者之间的信息不对称及委托代理问题的严重程度。信息成本和代理成本的高低直接影响外部融资成本。信息不对称程度加深和代理问题恶化会推高信息成本和代理成本，进而加剧融资约束，促使企业倾向于降低负债水平以减轻财务负担（Whited and Wu，2006；Hennessy and Whited，2007）。因此，在气候风险增加的背景下，融资约束的强化可能成为企业调整负债策略、避免过度负债的重要因素。

当前研究普遍认同，融资约束的强化能够有效降低企业的债务规模，然而，从宏观视角探讨融资约束调节作用的文献仍较为稀缺。既往研究揭示，企业的融资抉择不仅植根于内部需求，也深受宏观政策事件的深刻影响（Michiels and Molly，2017）。阿莱桑德里和博泰罗（Alessandri and Bottero，2020）利用意大利的数据发现，不确定性的增加使银行减少了新贷款申请的可能性，延长了企业获得贷款的等待时间，导致企业重新选择融资策略。在宏观不确定性较低的环境下，面临融资限制的企业更倾向于债务融资，并展现出较高的资产负债率。然而，当不确定性加剧时，这些企业的外部融资途径趋于收窄，转而依赖内部融资以缓解融资约束，从而导致资产负债率下降。这一现象有力地证明了在宏观环境的驱动下，融资约束确实发挥了关键的调节作用。基于上述理论，本章提出假设6.3。

假设6.3：融资约束对气候风险与企业过度负债之间的关系具有正向调节作用。

其次是企业金融化。企业金融化是指企业在经营中越来越依赖金融活动来获取资金和管理风险，而非单纯依靠传统的实业运作（Soener et al，2021；Guizani et al，2024）。作为现代企业战略的一部分，企业金融化通过增强企业的金融资产配置比例、提升资本运作效率等手段，改变了企业对外部经济环境的应对方式。科隆博等（Colombo et al, 2022）指出，金融化意味着更加关注短期财务绩效。企业在金融化过程中，通常会受到资本市场压力的驱动，财务目标往往倾向于追求短期的股东价值最大化。在气候风险增加的情况下，企业可能通过债务融资来维持短期的财务表现。这种短期行为可能会促使企业忽视长期的财务健康，导致过度负债（Cupertino et al, 2019）。

另外，在气候风险较高的环境下，企业会感受到外部环境对其运营的不稳定影响。气候变化会导致政府政策调整的频繁性、政策内容的不确定性以及政策实施的滞后性，这些因素使得企业在规划未来发展时，难以准确预见政策带来的成本和机遇。在这种背景下，企业往往面临更大的运营风险，资金的充足性和流动性变得尤为重要。高度的金融化发展水平意味着企业在融资渠道和工具方面更为灵活，这种灵活性往往带来短期借贷和高杠杆融资的倾向，从而导致过度负债的风险加大。基于上述理论，本章提出假设 6.4。

假设 6.4：企业金融化程度对气候风险与企业过度负债之间的关系具有正向调节作用。

6.3 研究数据与研究设计

6.3.1 变量选取与说明

本章选择中国 A 股上市企业作为研究样本，并考虑到可获得的研究数据，将时间跨度设定为 2007～2020 年。研究使用 Wind 数据库获取了研究所需的企业微观数据。在样本选择中，考虑到财务数据的特殊性，本章排除了 ST 和 *ST 企业，以及金融类企业，以减少异常值对分析结果的影响，并且对企业特征变量进行了缩尾处理，将其限制在 1% 和 99% 分位数之间。经过上述处理，本章形成了一个包含 3 233 家企业的非平衡面板数据集。

6.3.1.1 被解释变量

过度负债率（*EXDA*）通过用企业实际负债率减去企业最优负债率（*DA*）得到（Chang et al，2014）。考虑到我国股票市场的市场负债率噪声较大，本章采用账面负债率衡量企业的资产负债率（Chang et al，2014）。参考黄等（Huang et al，2009）的做法，本章对样本数据进行分年度 Tobit 回归，得到了企业最优负债预测数据（*DA*）。然后，企业的过度负债率（*EXDA*）可以通过企业实际负债率与企业预测最优负债率之差得到。*EXDA* 的数值越高，表明企业的过度负债程度越严重。

6.3.1.2 核心解释变量

已有文献通常使用气候冲击来度量气候的不确定性（Nguyen and Phan，2020）。然而，由于气候冲击往往不只是事件前后的简单变化，而是涉及更复杂的动态。因此，本章参考马等（Ma et al，2023）的研究，采用 2007～2020 年的中国气候政策不确定性指数①衡量气候风险，并记为 *CPU*。该指数采用《人民日报》《光明日报》《经济日报》《环球时报》《科技日报》和中国新闻社的大约 175 万篇新闻文章构建。

6.3.1.3 控制变量

根据优序融资理论和张等（Zhang et al，2015）的研究，盈利能力强的企业往往倾向于使用内部融资来弥补资本赤字，因此它们通常不会承担过多的债务。而根据啄食秩序理论，增长机会对企业的债务水平具有积极影响。一般而言，基金经理们更倾向于借贷而不是发行股票。因此，高增长机会的企业往往有更高的融资需求，并可能承担过多的债务以满足其增长需求。此外，库克和唐（Cook and Tang，2010）证明了非债务税保护可以减少债务水平，因为折旧扣除和投资抵免的优势可以作为债务税盾的替代手段。基于以上理论和研究，本章选择了盈利能力（*ROA*、*EXP*）、增长

---

① 具体数据来源可访问 http：//www.cnefn.com/data/download/climate-risk-database/。

机会（*GROWTH*）和非债务税盾（*NDTS*）作为控制变量。此外，参考福尔肯德等（Faulkender et al，2012）和张等（Chang et al，2014）的研究，本章还选择了一系列其他可能影响企业过度负债水平的控制变量，包括管理能力（*TOP*1）、经营波动率（*VCF*、*VEBITTA*）、企业结构稳定性（*FATA*）、所得税税率（*ETR*）和企业发展潜力（*MB*），以便更准确地研究气候政策不确定性与企业过度负债之间的关系。

本章使用的变量具体说明如表 6 - 1 所示。

表 6 - 1　　　　　　　　　　　主要研究变量说明

变量类型	变量名称	变量说明
被解释变量	*EXDA*	按企业实际负债率与企业预测最优负债率之差计算
核心解释变量	*CPU*	气候风险
控制变量	*GROWTH*	按本年度与上年资产的差额除以上年资产计算
	FATA	按固定资产除以总资产计算
	ETR	按所得税开支除以除税前溢利计算。如果原始值小于 0 或大于 1，则要求该值为 0 或 1
	ROA	按营业收入除以总资产计算
	EXP	按资本支出除以总资产计算
	MB	按负债账面价值与权益市值之和除以总资产账面价值计算
	*TOP*1	第一大股东持股比例
	NDTS	按折旧费用除以总资产计算
	VEBITTA	息税折旧摊销前利润的波动率。息税折旧摊销前利润按非经常性项目前收入、利息支出与所得税之和除以总资产计算
	VCF	公司经营性现金流的波动率

6.3.2　变量描述性统计

表 6 - 2 展示了每个变量的描述性统计结果。*EXDA* 最小值与最大值之间的差异较大，且样本中接近 50% 的企业超出了最优负债水平，这可能会为经济发展带来风险。另外，气候政策不确定性（*CPU*）的均值为 2.387，标准差为 0.393，反映了企业所面临的气候政策不确定性普遍较高。

表 6 - 2 主要变量描述性统计

变量	观测值	平均值	标准差	最小值	P25	P50	P75	最大值
EXDA	29 720	0.000	0.156	-0.598	-0.103	-0.001	0.103	0.839
CPU	29 720	2.387	0.393	1.363	2.259	2.341	2.772	2.899
GROWTH	29 720	0.175	0.367	-0.315	0.001	0.092	0.219	2.557
FATA	29 720	0.225	0.168	0.002	0.093	0.192	0.323	0.717
ETR	26 270	0.227	0.310	-0.922	0.144	0.198	0.312	0.991
ROA	26 487	0.309	0.384	-0.854	0.146	0.319	0.569	0.974
EXP	26 486	0.454	0.226	0.114	0.267	0.433	0.617	0.970
MB	25 896	0.615	0.247	0.114	0.424	0.612	0.805	1.140
TOP1	26 487	34.666	14.941	8.716	22.780	32.660	45.000	74.295
NDTS	19 835	0.025	0.016	0.001	0.013	0.022	0.034	0.076
VEBITTA	29 720	0.219	0.190	0.004	0.065	0.157	0.344	0.831
VCF	26 487	0.047	0.041	0.003	0.020	0.035	0.061	0.227

6.3.3 计量模型设定

模型（6-1）用于考察气候风险对企业过度债务的直接影响：

$$EXDA_{i,t} = \alpha + \beta_1 CPU_t + \gamma X_{i,t} + \mu_i + \varepsilon_{i,t} \qquad (6-1)$$

其中，下标 i 代表企业，t 则代表年份；因变量为企业过度负债比率（$EXDA_{i,t}$），核心解释变量为气候风险（CPU_t）；$X_{i,t}$ 表示控制变量；μ_i 代表个体固定效应；$\varepsilon_{i,t}$ 为回归残差项。

6.4 实证结果及分析

6.4.1 基准回归结果

气候风险的直接作用效果如表 6-3 所示。列（1）和列（2）分别显示了未添加控制变量和添加控制变量的回归结果，CPU 的估计系数均在

1% 的水平上显著为正。因此，气候风险会显著提高企业过度负债水平。综上表明本章的假设 6.1 是有效的。

表 6 – 3　　　　气候政策不确定性与企业过度负债：基准回归结果

变量	EXDA	
	（1）	（2）
CPU	0.006 ***	0.018 ***
	(3.921)	(9.103)
常数项	− 0.015 ***	− 0.025 ***
	(− 3.877)	(− 3.018)
控制变量	未控制	控制
个体固定效应	控制	控制
观测值	29 720	19 175
R²	0.001	0.061

　　注：*** 、** 和 * 分别表示在 1%、5% 和 10% 的水平上显著。本表的列（1）和列（2）为模型（6 – 1）的估计结果。括号中报告了 t 统计量。R^2 表示 Pseudo R^2。

　　企业在面对气候风险增加时，往往难以预测未来的经营环境，尤其是与环境法规、税收、碳定价等政策相关的成本。因此，企业往往倾向于通过加大负债来获得更多的资金，以应对未来的政策变化挑战。此外，气候风险对企业过度负债的影响主要通过融资行为的调整来表现。刘和高（Liu and Gao，2024）的研究表明，政策的不确定性可能通过扩大企业的融资规模来增加其过度负债的程度。对于上市公司而言，债务融资因不会稀释原股东的持股比例和控制权，故而较为普遍。从债务融资的角度出发，陈建华（2023）研究指出，经济政策的不确定性升高可能会推动国内商业银行提高贷款利率，进而提高企业融资成本，使企业可能因为负债成本的增加而陷入过度负债状态。这些发现为企业管理者在制定融资策略时提供了重要的参考，强调了在不确定的政策环境中合理调整负债结构的必要性。

6.4.2　稳健性检验

　　为了验证实验结果的可靠性，本节进行了一系列稳健性检验。

　　首先，由于 2008 年发生的美国次贷危机引发了全球经济动荡和衰退，

中国证监会在 2008～2009 年数次暂停首次公开发行，这对企业的资本结构
造成了影响。因此，为了减少这部分因素带来的结果偏误，本节剔除了
2008 年和 2009 年两年的企业样本。结果如表 6－4 的列（1）所示，与基
准回归结果一致。这表明本章研究发现相对稳定，不受这两个异常年份的
重大影响。这一发现增强了研究结论的可靠性，表明即便在全球经济不稳
定的情况下，本章研究选取的其他年份数据仍然足以支撑气候风险对中国
上市公司资本结构影响的分析。

表 6－4　　　　　　　　　　稳健性检验

变量	剔除外部冲击干扰	替换核心解释变量	工具变量	
	（1）	（2）	（3）	（4）
CPU	0.025 *** (7.897)			0.011 ** (2.444)
GCPRI		0.002 *** (5.007)		
GMST			0.027 *** (345.920)	
常数项	-0.052 *** (-4.864)	-0.004 (-0.504)	1.030 *** (129.60)	-0.018 (-1.165)
Kleibergen-Paap rk LM			1 642.340 ***	
Kleibergen-Paap Wald rk F			120 000	
控制变量	控制	控制	控制	控制
个体固定效应	控制	控制	控制	控制
观测值	16 885	19 175	19 175	19 175
R^2	0.057	0.058	0.695	0.060

注：***、** 和 * 分别表示在 1%、5% 和 10% 的水平上显著。列（1）报告了除 2008 年和
2009 年以外的样本期的检验结果。列（2）报告了更换核心解释变量衡量指标后，气候政策的不
确定性对企业过度负债的影响。列（3）、列（4）报告了用 2SLS 估计器进行稳健性检验的结果。
括号中报告了 t 统计量。R^2 表示 Pseudo R^2。

　　其次，本节选择郭等（Guo et al, 2024）计算出来的全球气候物理风
险指数中的中国气候物理风险指数①作为气候风险（CPU）的代理变量，

———————

①　具体的数据来源可访问 http://www.cnefn.com/data/download/climate-risk-database/。

同时将原指数除以 100 作为替换的核心解释变量，并记为 *GCPRI*。*GCPRI* 指数越高，表示气候物理风险越大。表 6-4 的列（2）显示，*GCPRI* 的回归系数显著为正，与基准回归结果一致。这意味着面临的气候物理风险越高，企业过度负债问题也随之加剧。这强调了气候变化对企业财务稳定性的实际影响，表明企业需要在其财务和战略规划中更加重视气候变化的潜在风险，尤其是在全球气候政策不断变化的背景下。

最后，为了解决遗漏变量造成的内生性问题，本节采用工具变量法进行估计。选择的工具变量是由美国海洋大气管理局（NOAA）发布的全球平均海平面（*GMST*）数据。选择海平面上升作为工具变量有以下两个理由：第一，企业的融资决策通常不会受到海平面上升的直接影响，因此满足外生性的要求；第二，海平面上升是温室效应的主要危害之一，而气候风险可能会随着海平面的变化而波动，因此海平面上升与气候风险之间存在相关性。为了验证工具变量的有效性，本章进行了检验，结果如表 6-4 列（3）和列（4）所示。列（3）显示了第一阶段的回归结果。可以看出，工具变量的回归系数是显著的。并且为了验证工具变量的有效性，研究进行了检验，其中 Kleibergen-Paap rk LM 的 p 值为 0.000，说明工具变量可以识别；Kleibergen-Paap Wald rk F 为 120 000，高于临界值（16.38），因此拒绝弱工具变量的假设，表明不存在弱工具变量问题。列（4）显示，气候政策不确定性的系数仍然显著为正，与基准结果一致，从而证明了研究结果的可靠性。

6.5　进一步分析

6.5.1　异质性分析

为了深入探讨气候风险对企业过度负债影响的异质性，本节在先前研究假设的基础上进行了回归分析，得到了分类后的基准模型估计结果。

首先，按照企业所有权结构情况，本节将企业分为国有（SOEs）和非国有（non-SOEs）。从表 6 - 5 的回归结果可以看出，国有企业和非国有企业的 *CPU* 回归系数均显著为正。具体来说，国有企业的 *CPU* 回归系数为 0.015，非国有企业的 *CPU* 回归系数为 0.025，表明非国有企业受到气候风险的影响更大。验证了假设 6.2。这可能是由于国有企业对气候政策的变化不敏感导致的（Ren et al，2022d）。非国有企业受到更严格的外部监管和日益加剧的竞争（Zhu et al，2019），这导致非国有企业对气候风险更加敏感。因此它们最终将调整企业的战略，以满足气候政策的需求，实现风险降低的目标。

表 6 - 5　　　　　　　　按所有权结构分类的模型估计结果

变量	EXDA	
	（1）	（2）
	国有企业	非国有企业
CPU	0.015 *** (5.856)	0.025 *** (7.536)
常数项	0.007 (0.634)	- 0.061 *** (- 4.780)
控制变量	控制	控制
个体固定效应	控制	控制
观测值	8 812	10 363
R^2	0.063	0.062

注：***、**、* 分别表示在 1%、5%、10% 的水平上显著。括号中报告了 t 统计量。R^2 表示 Pseudo R^2。

其次，地理位置不仅会影响企业的融资（Arena and Dewally，2012），还会影响企业承担社会责任的程度（Brammer et al，2006）。本节对研究样本中的企业按照地理位置进行划分，包括东部、中部和西部，旨在探究气候风险是否因企业所处的地理位置不同而对其过度负债的增强能力产生差异。研究发现，*CPU* 对东部、中部和西部地区企业过度负债的影响系数分别为 0.019、0.024 和 0.007（见表 6 - 6）。其中，西部地区的系数未能通过显著性水平检验，这说明东部和中部地区的企业均受到气候风险的影响，而西部地区的效果不显著，验证了假设 6.2。

表 6-6　　　　　　　按企业所在地分类的模型估计结果

变量	EXDA		
	（1）	（2）	（3）
	东部	中部	西部
CPU	0.019***	0.024***	0.007
	(7.785)	(5.596)	(1.295)
常数项	-0.032***	-0.025	0.004
	(-3.085)	(-1.403)	(0.163)
控制变量	控制	控制	控制
个体固定效应	控制	控制	控制
观测值	12 697	3 505	2 973
R²	0.066	0.073	0.048

注：***、**和*分别表示在1%、5%、10%水平上显著。括号中报告了 t 统计量。R² 表示 Pseudo R²。

东部和中部地区的企业普遍以制造业、高新技术产业以及服务业为主，这些行业对绿色转型的投入需求较高。且东部和中部地区的经济发展水平普遍较高，企业的资本市场接入能力较强（Wang and Dai, 2017）。气候风险的增加可能会促使企业采取更加激进的融资策略，激励企业增加负债，以加速技术升级、应对政策压力和保持竞争力。而西部地区的市场竞争压力相对较小，融资手段受限，因而气候风险对其过度负债的影响有限。

再次，根据国民经济行业分类标准（GB/T4754-2017）以及参考谢等（Xie et al, 2018）的研究，本节选择我国上市企业中从事航空航天器制造业、医药制造业、电子计算机及办公设备制造业、电子和通信设备制造业、医疗设备和仪器仪表制造业、互联网及相关服务、传输服务业七个高科技行业的企业作为研究样本。根据表 6-7，无论是高科技企业还是非高科技企业，CPU 的系数都显著为正。其中，气候政策不确定性对企业过度负债的影响在高科技企业中更大，其系数为 0.036，而非高科技企业中

CPU 的回归系数仅为 0.010。

表 6 - 7 按企业技术水平分类的模型估计结果

变量	*EXDA*	
	(1)	(2)
	高科技企业	非高科技企业
CPU	0.036 *** (11.653)	0.010 *** (3.704)
常数项	- 0.064 *** (- 5.001)	- 0.015 (- 1.307)
控制变量	控制	控制
个体固定效应	控制	控制
观测值	8 866	10 309
R²	0.069	0.069

注: *** 、** 和 * 分别表示在 1% 、5% 和 10% 的水平上显著。括号中报告了 t 统计量。R²
表示 Pseudo R²。

　　创新的高风险是高科技企业的特点之一（Aharonson and Schilling,
2016）。为了确保其在气候风险增加的环境中能够持续竞争并应对潜在
的资金链断裂风险，高科技企业更可能通过增加债务融资来提前布局和
应对未来可能的政策变化。同时，相较于非高科技企业，高科技企业往
往依赖于全球供应链和国际市场，更需关注全球环境标准和政策变动
（Ahman et al，2017），这使得气候风险对高科技企业过度负债的影响更为
显著。

　　最后，根据国民经济行业分类标准（GB/T4754 - 2017），本章研究选
择了 2007 ~ 2020 年 12 个高碳行业（电力、黑色金属冶炼、非金属矿物制
品、煤炭开采、石油、化工、造纸、有色金属、燃气、非金属矿采选、农
副食品、航空）进行分样本回归分析。*CPU* 的回归系数对于高碳企业和非
高碳企业均显著为正。值得注意的是，高碳企业的回归系数为 0.021，非
高碳企业为 0.018（见表 6 - 8）。这说明无论是高碳企业还是非高碳企业，
都会受到气候风险的影响，但对高碳企业的影响更大。

表 6 - 8　　　　　　　按企业碳排放水平分类的模型估计结果

变量	EXDA	
	（1）	（2）
	高碳企业	非高碳企业
CPU	0.021 *** （6.687）	0.018 *** （6.800）
常数项	- 0.037 *** （- 2.705）	- 0.031 *** （- 2.828）
控制变量	控制	控制
个体固定效应	控制	控制
观测值	7 359	11 816
R^2	0.064	0.067

注：*** 、** 和 * 分别表示在1% 、5% 、10% 的水平上显著。括号中报告了 t 统计量。R^2 表示 Pseudo R^2 。

　　从本章研究选择的行业来看，许多高碳企业主要从事自然资源开发。当气候政策发生变化时，这些企业面临着更大的经营风险。为了确保现金流的稳定性，企业负债成本可能会增加，容易陷入过度债务。此外，这些企业也面临更多的政策约束（Liu et al，2021）。债权人在向企业提供贷款时会考虑到它们所面临的风险（Delis et al，2024）。为了缓解这种资金供给压力，高碳企业可能会通过增加负债来加速自身的转型，进行技术升级以减少碳排放。因此，高碳企业对气候风险的反应更为敏感。

6.5.2　影响机制分析

　　本节选取了融资约束和金融化程度作为调节变量，分别探讨两者在气候风险对企业过度负债影响中的调节作用。

　　首先，为了衡量企业受到的融资约束，本节参考了拉蒙特等（Lamont et al，2001）提出的构建融资约束指数的方法。具体的构建过程可以参考公式（6 - 2）。本节选择企业的自由现金流量（Cashflow）、托宾 Q（Q）、资产负债率（Lev）、股利支付率（Div）和企业现金持有总量（Cashholdings）作为财务指标的代理变量，并进行了逻辑回归分析。最终，利用回归方程构建了 KZ 指数，以衡量企业面临的融资约束程度，记为 KZ。

$$KZ = -1.002Cashflow + 0.283Q + 3.139Lev + 39.367Div$$
$$- 1.315Cashholdings \qquad (6-2)$$

本节通过公式（6-3）来检验气候风险对企业过度负债的间接影响机制，即融资约束渠道：

$$EXDA_{i,t} = \alpha + \beta_1 CPU_t + \beta_2 CPU_t \times KZ_{i,t} + \beta_3 KZ_{i,t} + \gamma X_{i,t} + \mu_i + \varepsilon_{i,t}$$
$$(6-3)$$

其中，CPU_t 表示气候风险，$KZ_{i,t}$ 是融资约束，$CPU_t \times KZ_{i,t}$ 是气候风险和融资约束的交叉乘数。

结果如表 6-9 的列（1）所示，在个体固定效应模型中，研究观察到 $CPU \times KZ$ 的回归系数显著为正。结果表明，融资约束程度会增强气候风险与企业过度负债之间的正向关系，这支持了本章假设 6.3。企业的融资约束水平是指企业在获取资金支持时所面临的限制水平，会受到企业财务状况、治理结构等方面的影响。公司治理欠佳的企业，融资约束问题更为严重。融资约束水平会限制企业的资金来源，导致企业对气候风险变化更为敏感，从而陷入高负债的困境。这些结果强调了制定气候政策时需要考虑其经济和财务影响，尤其是对那些在资本市场上存在显著融资约束的企业。为了缓解这种影响，政策制定者和企业管理层需要共同探索更多支持性措施，比如提供风险补偿、优惠贷款或税收优惠，以减轻企业的融资负担并促进其可持续发展。同时，企业也应通过增强内部资金管理和优化资本结构来提高抵御政策变动风险的能力。

表6-9　　　　　　　　　　　调节效应检验

变量	EXDA	
	（1）	（2）
CPU	0.004 * (1.782)	0.016 *** (7.557)
CPU × KZ	0.012 *** (10.588)	

续表

变量	EXDA	
	（1）	（2）
KZ	－0.002 （－0.874）	
CPU × FR		0.067 *** （2.689）
FR		－0.355 *** （－5.943）
常数项	－0.013 ** （－2.178）	0.005 （0.827）
控制变量	控制	控制
个体固定效应	控制	控制
观测值	18 808	18 790
R²	0.148	0.070

注：***、** 和 * 分别表示在 1%、5% 和 10% 的水平上显著。列（1）和列（2）分别为模型（6-3）和模型（6-4）的估计结果。括号中报告了 t 统计量。R² 表示 Pseudo R²。

其次，本章参考了杜勇等（2019）的做法，使用金融资产占总资产的比例来衡量企业的金融化程度（FR）。通过模型（6-4）来检验气候风险对企业过度负债的间接影响机制，即金融化渠道：

$$EXDA_{i,t} = \alpha + \beta_1 CPU_t + \beta_2 CPU_t \times FR_{i,t} + \beta_3 FR_{i,t} + \gamma X_{i,t} + \mu_i + \varepsilon_{i,t}$$

$$(6-4)$$

其中，CPU_t 表示气候风险，$FR_{i,t}$ 是企业金融化程度，$CPU_t \times FR_{i,t}$ 是气候风险和金融化程度的交叉乘数。

表 6-9 的列（2）显示，$CPU \times FR$ 的回归系数显著为正，企业的金融化程度在气候风险增加企业过度负债水平中发挥正向调节作用，即企业金融化水平会增强气候风险与企业过度负债之间的正向关系，这支持了本章假设 6.4。彭俞超等（2018）指出，金融化水平在一定程度上代表了企业的脱实向虚程度。脱实向虚的企业由于减少了对实体经济的投资，往往缺乏强有力的稳定现金流支撑。在气候风险的影响下，企业的经营环境更

加复杂，流动性风险增加，可能会导致过度负债的风险上升。此外，企业的金融化发展也促使企业通过资本市场运作获取资金的渠道增加，为管理者采取激进财务策略提供潜在可能。在气候风险增加的情况下，企业往往会运用各种金融工具加大财务杠杆，以应对政策风险。

6.6 本章小结

本章旨在探讨气候风险对中国企业过度负债的影响。本章的研究结果表明，气候风险会增加样本企业的过度负债水平。企业异质性研究揭示了不同类型企业的差异反应：国有企业受影响较少，而高科技企业和高碳企业受到显著影响。在地理位置的分析中，东部地区企业的过度负债上升程度高于西部地区，而中部地区的上升幅度最为显著，这与中国高碳企业主要集中在中部地区的情况相符。进一步的机制分析显示，融资约束与企业金融化程度在加强气候风险对过度负债的增强效应方面起到重要作用。

本章提出以下建议：首先，考虑到气候风险对企业过度负债的促进作用，政府方应着重制定长期稳定的气候政策框架，使气候政策制定细节更加透明，以减轻政策不确定性对企业发展的负面影响。其次，异质性分析提示在制定和实施相关气候政策时需要更加考虑企业的类型和地理位置，以及融资环境的差异，以针对性地减少政策不确定性带来的潜在负面影响。例如，设立专项基金，为非国有企业提供低息贷款或贷款贴息，降低其融资成本；制定区域化政策，加强对东部和中部地区的政策支持力度，提升企业风险管理能力；鼓励高科技企业开展绿色技术研发和应用，提供研发补贴和税收优惠鼓励；引导金融机构为高碳企业提供转型所需的绿色信贷和融资支持，降低其融资成本。最后，鼓励金融机构开展环境、社会与治理评价，将企业的绿色表现纳入信贷审批和风险定价中，激励企业减少过度负债风险。同时，改善金融市场的稳定性，将企业金融化水平控制在合理范围内，减少市场波动对企业融资行为的负面影响。

| 第 7 章 |

气候风险与企业股价崩盘风险

7.1 引　　言

近年来，极端气候事件的频发加剧了气候风险的严峻性，促使一系列针对性气候政策应运而生，但这些政策往往伴随着日益增强的强制性和限制性特征（Ren et al，2022a）。鉴于气候变化的外部性影响深远，政府倾向于制定并实施气候政策，旨在通过资源的优化配置，内部化外部性成本，从而有效缓解气候外部性带来的负面影响。然而，气候政策在实施过程中面临双重挑战：其一，微观经济主体难以精准预测政策出台的时间、具体目标及细节，这赋予了气候政策显著的不确定性；其二，气候风险的量化评估面临多重障碍，要求监管者在决策时全面考量气候变化与社会因素的交织影响。

与此同时，极端气候灾害的频发、地缘政治冲突的升级、贸易保护主义的盛行以及全球气候治理步伐的加快，均可能进一步加剧中国面临的气候风险的不确定性（Peñasco et al，2021）。在此背景下，市场参与者，尤其是企业，必须正视由政策转型所诱发的气候相关风险。企业直接面临的一个挑战是，气候政策的变化可能导致其资产闲置或贬值，这一现象在传统能源行业中尤为显著（Sen and Von，2020）。此外，气候风险还带来了监管压力的增大和投资者投资偏好的变化，为企业经营活动增添了额外风险。伊尔汗等（Ilhan et al，2021）基于美国碳排放与期权市场数据的分析指出，气候风险直接影响投资者对高碳企业的预期，这种预期的不确定性将诱发尾部风险，进而推高企业融资成本。鉴于中国正处于绿色低碳转型的关键时期，气候政策对中国经济的影响日益显著，气候风险的潜在经济效应不容忽视，亟须学术界深入探究。

然而，尽管关于企业股价崩盘风险的研究日益增多，但有关气候风险对股价崩盘风险的研究仍较为匮乏。现有研究关于内外部不确定性和股票价格之间的研究相对较多，例如信息的不确定性、金融产品的实施、重大事件（如新冠疫情的暴发）等都可能在一定程度上影响企业股价的波动（Yan and Yan，2021）。此外，一些学者已经证实政策的不确定性可能会增加股市崩盘的风险（Pastor and Veroesi，2012；Yuan et al，2022；Ma et al，2022），但是目前关于气候风险与股价崩盘风险之间的研究还相对较少。因此，本章研究了气候风险是否会对企业股票价格产生冲击，并探讨了相关的影响机制。

本章致力于探究气候风险与股价崩盘风险之间的关联，其动因主要源于以下方面。首先，近年来极端气候事件的频发凸显了气候政策的重要性与影响力，促使各大经济体加速推进碳税政策、工业高质量发展、节能降碳、绿色经济、循环经济、绿色金融及可再生能源转型等气候相关政策的制定与实施（Compston and Bailey，2016）。中国也积极响应，出台了一系列气候政策，如碳交易市场体系与绿色债券发展目录等。其次，气候风险已成为企业发展不可忽视的外部风险因素，可能严重干扰企业的经营战略与财务绩效。深入研究气候风险，有助于企业更清晰地认知其潜在影响，降低外部不确定性，及时制定应对策略，确保稳定发展（Ren et al，2022e）。最后，股价作为企业运营的核心指标，其崩盘风险的不确定性因素尚需深入剖析。股价暴跌不仅微观上导致投资者蒙受重大损失，甚至破产，严重削弱投资信心；宏观上则引发股市动荡，阻碍资本市场的健康平稳运行，对实体经济造成重创。鉴于中国气候风险加剧的背景，股价崩盘风险将如何变化，仍需深入探究。因此，探讨气候风险与股价崩盘风险的关系，对于帮助企业精准把握气候变化下的经营状况，维护资本市场与股价稳定，具有重要意义。

本章以中国企业为背景探究了气候风险是否会对企业的股价崩盘风险

产生连锁反应，这一研究填补了文献的空白。基准回归结果证明，气候风险水平越高，企业所面临的股价崩盘风险就会越大，这两者之间存在显著的正相关关系。并且异质性分析结果表明，气候风险对企业股价崩盘风险的影响在非国有企业中表现得更为显著。之后本章从企业内部治理水平、企业与银行关联度和新环境的投资三个角度进行影响机制分析。研究进一步证实了，更高的内部治理水平会加剧气候风险所带来的影响，增加企业股价崩盘风险。而企业与银行关系和新环境的投资可以降低企业在气候风险下的股价崩盘风险，成为企业应对气候风险对股价崩盘风险冲击的有效渠道。

本章研究在多方面对现有文献作出了重要补充与深化。首先，本章研究填补了气候风险对股价崩盘风险影响研究的空白，通过实证分析，揭示了气候风险对中国市场企业股价稳定性的负面影响，强调了气候政策变化与企业股价稳定之间的紧密联系，以及企业在制定气候政策时需兼顾环境保护与经济发展稳定性的重要性。其次，本章研究丰富了企业可持续发展战略与能力领域的文献。在气候变化的情境下，我们综合考察了企业治理、投资策略等多个维度，对具备更强适应性和复原力的企业进行了深入分析。随着气候风险的影响愈发显著，本章研究为企业管理者和政策制定者提供了全面评估企业状况的新视角，有助于制定有效策略以应对气候风险，提升企业可持续发展的能力与水平。最后，本章研究为投资者和管理者提供了深入理解气候风险与能源行业低碳转型关系的洞见，建议在制定气候政策时给予传统能源行业更多关注与支持，以充分发挥气候政策的协同效应，加速推进"双碳"目标的实现。这一发现不仅补充了伊尔迪兹和卡兰（Yildiz and Karan，2020）在环境政策与股价崩盘风险领域的研究，也为推动能源行业的绿色转型与可持续发展提供了理论支撑与实践指导。

7.2 理论分析与假设提出

7.2.1 气候风险对企业股价崩盘风险的影响分析

最早关于股价崩盘风险的研究，是在"完全信息和理性经济人假设"

的有效市场框架下，从市场层面研究股价崩盘风险的形成机制。股价崩盘风险是基于两个金融问题的理论发展而来的，即代理问题理论和信息不对称理论（Jin and Myers，2006）。此外，管理层的表现与股价崩盘风险密切相关，这种风险在管理层处理企业的负面消息时会更容易产生（Healy et al，2001；Habib et al，2018；Kothari et al，2009；Chang et al，2017；Campbell et al，2008；Hui et al，2012）。随着研究的发展，人们逐渐认识到企业股价受多种因素的影响，不仅是管理层的特征会对企业股价产生影响，许多其他的因素也会对企业股价产生影响。政治制度和政策因素更有可能导致企业股价的不稳定，其中政策实施的影响最大（Xu et al，2014）。随着政府对企业社会责任的倡导和环境问题的日益严峻，各种经济政策和环境气候政策逐渐出台，研究气候因素与企业股价崩盘风险之间的关系变得越来越重要（Kim et al，2014）。马利克等（Malik et al，2022）研究证实，自然灾害引发的不确定性将促使管理者持续隐瞒负面信息，这就可能成为未来股市崩盘的先兆。气候相关的变化也会给企业的运营带来更多的挑战（Lee and Klassen，2016）。此外，气候风险通常会引发市场的不安和恐慌情绪，尤其是对于那些依赖于高碳排放行业的企业。企业面临气候风险变化时，投资者会担心企业未来的盈利和合规性，可能会急于出售股票，导致股价剧烈波动，增加股价崩盘的风险（Keim and Stambaugh，1986）。因此，本章提出以下核心假设。

假设7.1：气候风险将增加企业股价崩盘风险。

7.2.2　气候风险对企业股价崩盘影响的异质性分析

非国有企业在面对政策不确定性时更为脆弱，易受政策变动、政治干预及社会舆论波动等不确定因素影响，这些不确定因素可直接作用于企业的经营环境与股价表现（Fisman，2001）。政治不确定性加剧时，非国有企业融资成本上升，资本获取难度加大，其资本结构因缺乏政府支持或担保而更为薄弱，易受政策调整与融资环境紧缩的冲击，进而影响股价稳定性（Xu and Wang，1999；Harris and Raviv，1991）。此外，非国有企业在政治不确定性情境下还面临较高的信息不对称风险，政府政策变化易导致市场对其未来经营预期剧烈波动。由于信息不对称，投资者对非国有企业的未来估值更为敏感，政治不确定性增加可能触发股市恐慌情绪，加剧股价波动。因此，本章提出以下核心假设。

假设 7.2：与国有企业相比，气候风险对非国有企业股价崩盘风险的影响更为显著。

7.2.3　气候风险对企业股价崩盘的作用机制分析

气候风险通过三大调节机制影响企业股价崩盘风险。首先，风险管理作为企业内部治理的关键要素，高治理水平的企业虽然能灵活应对气候风险，但在政策急剧变动时，为维持稳定运行与发展，可能采取激进策略以增强风险承受能力。然而，这种策略易引发市场对企业未来盈利能力的质疑，从而加剧股价波动与崩盘风险（Koirala et al，2020）。此外，良好的治理结构虽然能提升企业透明度、降低信息不对称，但在气候风险剧烈变化的情境下，信息披露可能被市场视为过度反应信号，进一步加剧股价波动。而且，高治理水平的企业往往具备更强的社会责任意识与长期目标导向，但若在应对政策不确定性时过度依赖政策支持或高风险策略，同样可能引发市场对其未来盈利能力的担忧，导致股价剧烈波动（Bansal and Clelland，2004；Adu et al，2024）。因此，基于以上分析，本章提出以下核心假设。

假设 7.3：企业内部治理会加剧气候风险对企业股价崩盘风险的不利影响。

其次，银企关系在缓解外部政策不确定性引发的资金流动性危机方面发挥关键作用，能有效防止因流动性紧缩导致的股价急剧下挫。稳固的银企关系使企业在气候风险增加时能获得稳定的资金后盾。银行基于与企业的长期合作关系，倾向于提供更大的信贷额度、更灵活的还款条款及信贷展期安排，助力企业渡过资金困境（Data，1994；Degryse and Van Cayseele，2000）。银行与企业间的长期信息交流与合作关系，使银行能深入理解企业的风险特征、战略目标及政策适应能力，这一信息优势促使银行在企业面临挑战时提供及时援助，同时减轻市场对股价的恐慌反应，降低股价崩盘风险（Stein，2002）。此外，银行不仅提供财务支持，还通过紧密合作为企业提供战略指导，帮助其应对外部经济与政策的不确定性，优化经营决策。这些战略支持增强了企业在政策不确定环境中的灵活性与应变能力，减轻了市场负面预期，进而降低了股价崩盘的风险（Bebchuk and Weisbach，2010）。因此，基于以上分析，本章提出以下核心假设。

假设 7.4：银行与企业关系是缓解气候风险对企业股价崩盘风险影响的一个渠道。

最后，企业投资于环境保护能显著提升其社会责任感和声誉。在气候风险加剧的背景下，投资者倾向于青睐积极履行社会责任的企业，视其为具备更强长期发展韧性的典范。绿色投资不仅塑造了企业的正面品牌形象，增强了公众信任与投资者信心，还有效减轻了气候风险对股价波动的冲击。研究表明，实施环境保护投资的企业能通过绿色债券、绿色贷款等渠道获取更为优惠的融资条件，吸引具有社会责任感的投资者及专注于环保的机构投资者，进而实现较低的资本成本，增强资金稳定性，减少因资金紧张引发的股价波动（Porter and Van der Linde，1995；Cheng，2014）。此外，环境保护投资可以推动企业向更可持续的未来迈进，在面对气候风险变化时，企业的长期发展战略与绿色投资成为其增强适应力与韧性的关键。通过环保投资，企业不仅顺应了环保政策要求，还有效缓解了政策变动带来的潜在负面影响，提升了整体稳定性（Ilyas，2022；Zhu et al，2022b）。基于以上分析，本章提出以下核心假设。

假设 7.5：增加环境保护的新投资是缓解气候风险对企业股价崩盘风险影响的一个渠道。

7.3　研究数据与研究设计

7.3.1　变量选取与说明

本章主要的财务（如托宾 Q 值）和非财务（如所有权）信息从 Wind

和 Mark 数据库中收集。气候政策不确定性的数据来自气候风险数据库①。本章过滤掉了数据缺失的企业，最终确定了 2 748 家上市企业作为研究样本，共 37 170 个观测值。同时，本章对主要解释变量和控制变量进行 1% 的缩尾处理以减少数据量级差异过大和异常值导致的误差。

7.3.1.1　被解释变量

本章参照卡伦和方（Callen and Fang，2015a，2015b）和计等（Ji et al，2021a）的研究，采用两种广泛使用的方法来衡量、比较企业的股价崩盘风险。一种衡量股价崩盘风险的方法是使用负条件收益偏度（NCSKEW）作为代理指标，另一种方法是使用企业从下到上特定周收益的波动率（DUVOL）作为代理指标。在测量之前，研究需要定义和评估周回报，它表示的是每周剩余收益率之和的自然对数，由以下过程得到：

$$r_{i,\tau} = \alpha_i + \beta_{1,i} r_{m,\tau-2} + \beta_{2,i} r_{m,\tau-1} + \beta_{3,i} r_{m,\tau} + \beta_{4,i} r_{m,\tau+1} + \beta_{5,i} r_{m,\tau+2} + \varepsilon_{i,\tau}$$

$$(7-1)$$

其中，$r_{i,\tau}$ 表示股票 i 的回报率，$r_{m,\tau}$ 代表 τ 周的价值加权市场回报率，进而可以得到 $W_{i,\tau} = \ln(1 + \varepsilon_{i,\tau})$。

第一个衡量企业股票崩盘风险的指标，即企业 i 在 t 年的负条件收益偏度（NCSKEW）的计算方法如下：

$$NCSKEW_{i,t} = -\frac{\left[n(n-1)^{\frac{3}{2}} \sum W_{i,\tau}^3 \right]}{\left[(n-1)(n-2) \left(\sum W_{i,\tau}^3 \right)^{\frac{3}{2}} \right]} \qquad (7-2)$$

其中，n 是企业 i 在 t 年内的企业特定周回报率的观测值数量。NCSKEW 值越高，表明其崩盘风险越大。

第二个衡量标准是企业特定周回报率的从下到上的波动性（DUVOL）。具体来说，研究将下跌周定义为低于企业 i 在 t 年的年度平均值的周，而上涨周则相反。然后评估这两部分的标准差，得到下跌周的标准差与上涨

---

① 具体数据可访问 http://www.cnefn.com/data/download/climate-risk-database/。

周的标准差的比率。最后，得到这个比率的对数值，即 $DUVOL$：

$$DUVOL_{i,t} = \ln\left[(n_u - 1)\sum_{DOWN}\frac{W_{i,\tau}^2}{\left((n_d - 1)\sum_{UP}W_{i,\tau}^2\right)}\right] \qquad (7-3)$$

其中，n_u 和 n_d 分别为上涨和下跌的周数，$DUVOL$ 值的大小也与股价崩盘风险成比例关系。

7.3.1.2 核心解释变量

本章使用马等（Ma et al，2023）构建的年度气候政策不确定性指数作为自变量来衡量气候风险，并记为 CPU。该指数由《人民日报》、《光明日报》、《经济日报》、《环球时报》、《科技日报》和中国新闻社的约 175 万篇新闻报道构建而成。这种衡量标准侧重于代表官方声音的新闻媒体，通过这些新闻中气候政策出现的频率和相关词汇来分析和衡量。因此，本章采用 2000～2022 年的国家指数数据作为核心解释变量。

7.3.1.3 控制变量

本章控制每周回报率的平均值（WRM）和标准误差（WRS）以减少影响，此外，借鉴崔和郑（Choi and Jung，2021）的研究，控制了资产结构，包括总资产（TA）、杠杆（Lev）、企业成立年限（Age）和托宾 Q（$TobinQ$）。同时，研究中还控制了代表企业运营能力的指标，包括现金流比率（CF）、权益回报率（ROE）和资产回报率（ROA），并对它们进行对数处理。主要变量的具体说明如表 7-1 所示。

表 7-1　　　　　　　　　　主要研究变量说明

变量类型	变量名称	变量说明
被解释变量	$NCSKEW$	股市崩盘的风险
	$DUVOL$	股票价格暴跌的风险
核心解释变量	CPU	气候风险
控制变量	WRM	周回报率平均值
	WRS	周回报率标准误差

续表

变量类型	变量名称	变量说明
控制变量	ln*TA*	总资产
	Lev	总负债/总资产
	TobinQ	托宾 Q
	CF	现金流/总资产
	ROE	普通股股东权益回报率
	ROA	资产回报率
	Age	企业成立年限

7.3.2　变量描述性统计

核心变量的描述性统计数字都显示在表 7 - 2 中。可以看出，两个崩盘风险指数略有不同，其中 *NCSKEW* 在 - 2. 270 ~ 1. 575，其均值为 - 0. 266；而 *DUVOL* 在 - 1. 288 ~ 0. 972，平均值为 - 0. 180。可以看出 *DUVOL* 的波动范围不大，且标准差较小。

表 7 - 2　　　　　　　　主要变量描述性统计

变量	观测值	平均值	标准差	最小值	P25	P50	P75	最大值
NCSKEW	37 170	- 0. 266	0. 694	- 2. 270	- 0. 656	- 0. 232	0. 154	1. 575
DUVOL	37 170	- 0. 180	0. 472	- 1. 288	- 0. 50	- 0. 179	0. 136	0. 972
CPU	37 173	2. 116	0. 619	0. 882	1. 57	2. 27	2. 48	2. 899
WRM	37 170	0. 003	0. 011	- 0. 018	- 0. 004	0. 002	0. 010	0. 039
WRS	37 170	0. 064	0. 025	0. 027	0. 046	0. 058	0. 75	0. 150
ln*TA*	37 153	3. 550	1. 285	1. 142	0. 962	1. 216	1. 453	7. 575
Lev	37 153	0. 447	0. 202	0. 056	0. 292	0. 448	0. 599	0. 896
TobinQ	26 731	1. 962	1. 767	0. 172	0. 787	1. 432	2. 479	9. 705
CF	26 765	0. 161	0. 128	0. 010	0. 072	0. 124	0. 208	0. 631
ROE	26 765	5. 378	14. 150	- 85. 990	2. 776	6. 61	11. 019	30. 830
ROA	26 765	3. 547	5. 961	- 26. 01	1. 333	3. 462	6. 290	18. 73
Age	26 147	11. 10	6. 869	1	5	10	17	26

注：*NCSKEW* 和 *DUVOL* 代表被解释变量的两个测量值，即股价崩盘风险。它们的数值越大，股价崩盘的风险就越大。

7.3.3　计量模型设定

由于前一时期的股价崩盘风险对这一时期的股价崩盘风险有很大影响，所以本章考虑了上一时期的股价崩盘风险（Dumitrescu and Zakriya，2021）。本章采用动态面板估计作为基线模型来分析 CPU 对企业股票崩盘风险的影响，应用 Arellano-Bover/Blundell-Bond 计量经济学估计法来估计参数如下：

$$Crashrisk_{i,t} = \alpha_i + \beta_1 Crashrisk_{i,t-1} + \beta_2 CPU_t + \beta_3 Controls_{i,t} + \mu_i + \varepsilon_{it}$$

$$(7-4)$$

其中，下标 i 代表各个研究样本企业，t 则代表年份；$Crashrisk_{i,t}$ 表示企业 i 在第 t 年的股价崩盘风险，研究中将分别用 NCSKEW 和 DUVOL 进行实证分析；CPU_t 表示 t 年气候政策不确定性，$Controls_{i,t}$ 和 ε_{it} 分别对应于上述中提到的控制变量和误差项；μ_i 表示控制个体固定效应。

7.4　实证结果及分析

7.4.1　基准回归结果

从表 7-3 中可以看出，无论哪种崩盘风险，前一时期的股价崩盘风险都会对当期的股价产生预期的正向影响。NCSKEW 和 DUVOL 的滞后项系数分别为 0.039 和 0.025，且均在 1% 的水平上显著，这是因为企业的股价崩盘风险与一些短期内难以改变的企业特征有关，比如企业管理者的过度自信（Kim et al，2016）。另一种可能的解释是，如果前一时期的股价崩盘风险极高，就会影响投资者或市场情绪，从而导致投资者情绪更加悲观，进而产生不良连锁反应。这些结果证实了动态回归模型选取的正确性，并对 CPU 和企业股价崩盘风险之间的联系有了更加准确的理解。

表 7 - 3　　　　　　　　　　　　　　基准回归结果

变量	(1)	(2)
	NCSKEW	*DUVOL*
L. NCSKEW	0.039 *** (0.006)	
L. DUVOL		0.025 *** (0.006)
CPU	0.213 *** (0.021)	0.163 *** (0.014)
常数项	- 0.059 *** (0.076)	- 0.302 *** (0.051)
控制变量	控制	控制
个体固定效应	控制	控制
观测值	25 466	25 466

注：括号内为 Z 统计量。***、** 和 * 分别表示在 1%、5% 和 10% 的水平上显著。

值得注意的是，*CPU* 对企业的股价崩盘风险有极其显著的影响。从表 7 - 3 中可以看出，*CPU* 对应 *NCSKEW* 和 *DUVOL* 的系数分别为 0.213 和 0.163，且显著性水平为 1%。这一结果证实了本章的假设 7.1。可以看出，气候风险对股价崩盘的影响比对股价暴跌的影响更大。可能的原因是，气候风险变动引发的市场波动可能导致企业股价暴跌，但气候风险因其长期性和不确定性会影响市场情绪，通常会对企业股价产生更大的崩盘式影响。这同时表明气候风险对中国企业和股市的影响不容忽视。由于气候风险也与全球整体政策形势有关，所以一些因素可能也会同步影响气候政策和股票市场。当然，另一种可能的解释是，企业的气候风险和低碳转型在过去 20 年中一直是一个备受关注的话题（Roncoroni et al, 2021），气候政策已经成为投资者和企业管理者的关注点，为了降低气候风险带来的影响，企业会优先将资源用在与降低气候风险最相关的项目上面，进而导致企业长期发展项目的搁置，进一步影响企业的盈利能力和投资者信心，最终增加企业的股价崩盘风险。

7.4.2　稳健性检验

为了确定基准回归模型结果的可靠性，并减少潜在外部因素的干扰，本节进行了一系列稳健性检验。首先，为了解决遗漏变量造成的内生性问题，本节进一步选择了德国观察（Germanwatch）计算的中国气候风险指数（CRI）作为工具变量来减轻两阶段模型回归中内生性的影响，即极端天气事件的发生概率和损失情况（Ren et al，2022c）。该指数综合了大量极端天气事件的影响，可以反映每个国家的相对气候风险水平（Eckstein et al，2019）。结果如表7－4列（1）和列（2）所示，嵌入 CRI 后的回归模型通过了过度识别和弱工具变量检验，表明其是一个有效的工具。嵌入 CRI 后得到的结果显示 CPU 的回归系数为 4.813（对 NCSKEW）和 2.862（对 DUVOL），仍然是明显的正值，且在 1% 的水平上显著，这一结果再次证实了基准结果的正确性和假设 7.1 的有效性。

表7－4　　　　　　　　　　稳健性检验

变量	工具变量		替换核心解释变量		OLS	
	（1）	（2）	（3）	（4）	（5）	（6）
	NCSKEW	*DUVOL*	*NCSKEW*	*DUVOL*	*NCSKEW*	*DUVOL*
CPU	4.813 *** （0.461）	2.862 *** （0.287）			0.219 *** （0.020）	0.159 *** （0.013）
L. NCSKEW			0.039 *** （0.006）			
L. DUVOL				0.025 *** （0.006）		
GCPU			0.213 *** （0.021）	0.163 *** （0.014）		
常数项			－ 0.059 *** （0.076）	－ 0.302 *** （0.051）	－ 0.491 *** （0.051）	－ 0.302 *** （0.035）
控制变量	控制	控制	控制	控制	控制	控制
个体固定效应	控制	控制	控制	控制	控制	控制

续表

变量	工具变量		替换核心解释变量		OLS	
	（1）	（2）	（3）	（4）	（5）	（6）
	NCSKEW	*DUVOL*	*NCSKEW*	*DUVOL*	*NCSKEW*	*DUVOL*
观测值	21 121	21 121	25 466	25 466	26 118	26 118
F-statistic	4 211.42	4 211.42				
DWH（P-value）	0.000	0.000				

注：列（1）和列（2）显示了使用中国气候风险指数作为工具变量的稳健测试结果；列（3）和列（4）显示了使用全球气候政策不确定性（*GCPU*）作为核心解释变量的稳健测试结果；列（5）和列（6）显示了把基准回归模型更换为 OLS 模型进行回归分析后的结果。括号内为 Z 统计量。***、** 和 * 分别表示在 1%、5% 和 10% 的水平上显著。

其次，本节将核心解释变量替换为全球气候政策不确定性指数（Ji et al，2024；Ma et al，2024），计算月度频率数据的年均值，并将其进行除以 100 的数据处理，记为 *GCPU*①。结果如表 7 - 4 列（3）和列（4），从中可以直观看出 *GCPU* 的回归系数分别为 0.213 和 0.163，且都在 1% 的水平上显著。

最后，本节把基准回归模型更换为 OLS 模型进行回归分析，回归结果如表 7 - 4 列（5）和列（6）所示，可以看出 *CPU* 的系数分别为 0.219 和 0.159，且都在 1% 的水平上显著，这都进一步证实了本章主回归结果的稳健性。

7.5　进一步分析

7.5.1　异质性分析

为了深入探讨气候风险对企业股票崩盘风险影响的异质性，本节在先前假设研究的基础上进行了回归分析，得到了分类后的基准模型估计结果。

---

① 具体的数据来源可访问 http：//www. cnefn. com/data/download/climate-risk-database/.

本节检验了不同的所有权是否会在 *CPU* 和股票崩盘风险之间的关系中起到关键作用。从表 7 - 5 中可以看到，*CPU* 对非国有企业的影响更为显著。可能的原因是，非国有企业通常更依赖市场和政府政策的稳定，政策的突然变化或政府支持的缺失可能导致这些企业的经营环境迅速恶化。因此，*CPU* 对非国有企业的股价崩盘风险有更显著的影响，这证实了假设 7.2。

表 7 - 5   按所有权结构分类模型估计结果

变量	国有企业		非国有企业	
	（1）	（2）	（3）	（4）
	NCSKEW	*DUVOL*	*NCSKEW*	*DUVOL*
L. NCSKEW	0. 029 *** (0. 009)		0. 042 *** (0. 008)	
L. DUVOL		0. 009 (0. 009)		0. 032 *** (0. 008)
CPU	0. 185 *** (0. 032)	0. 143 *** (0. 021)	0. 248 *** (0. 029)	0. 180 *** (0. 019)
常数项	- 0. 425 *** (0. 134)	- 0. 217 ** (0. 089)	- 0. 534 *** (0. 095)	- 0. 302 *** (0. 064)
控制变量	控制	控制	控制	控制
个体固定效应	控制	控制	控制	控制
观测值	10 599	10 599	14 749	14 749

注：括号内为 Z 统计量。*** 、** 和 * 分别表示在 1%、5% 和 10% 的水平上显著。

7.5.2   影响机制分析

本节进一步考察了企业治理水平（*GovL*）、企业与银行关系的密切程度（*Bank*）以及环境保护的新投资（*EI*）在 *CPU* 和企业股价崩盘风险之间的作用。本节根据中国自身情况，确定基于多因素分析衡量企业治理水平，主要包括三个方面，即监督、激励和决策。分值越高，代表治理水平越好。检验结果如表 7 - 6 所示。可以看出，列（2）的调节项 *CPU × GovL*

的系数为 0.042，显著性水平为 10%，在列（4）中 $CPU \times GovL$ 的系数为
0.001。这些结果表明，企业内部治理会加剧气候风险对企业股价崩盘风险
的不利影响。可能的原因是，高的企业内部治理水平通常意味着更加复杂
和严格的决策程序、更多的监督机制和层级，过度的治理结构可能使企业
在应对气候风险时失去灵活性，导致错失良机而无法及时调整战略，进而
增加股价崩盘的风险（Koirala et al，2020）。这证实了假设 7.3 的有效性。

表 7 - 6　　　　　企业治理水平效应的影响机制检验结果

变量	（1）	（2）	（3）	（4）
	NCSKEW	*NCSKEW*	*DUVOL*	*DUVOL*
L. NCSKEW	0. 042 *** （0. 006）	0. 043 *** （0. 006）		
L. DUVOL			0. 048 *** （0. 007）	0. 049 *** （0. 007）
CPU	0. 210 *** （0. 021）	0. 211 *** （0. 021）	0. 366 *** （0. 046）	0. 407 *** （0. 047）
GovL	－ 0. 040 ** （0. 016）	－ 0. 139 ** （0. 057）	0. 004 （0. 012）	－ 0. 176 *** （0. 042）
CPU × GovL		0. 042 * （0. 023）		0. 001 （0. 015）
常数项	－ 0. 471 *** （0. 079）	－ 0. 493 *** （0. 080）	－ 0. 271 *** （0. 053）	－ 0. 275 *** （0. 053）
控制变量	控制	控制	控制	控制
个体固定效应	控制	控制	控制	控制
观测值	24 518	24 518	24 518	24 518

注：括号内为 Z 统计量。*** 、** 和 * 分别表示在 1% 、5% 和 10% 的水平上显著。

接下来分析另一种关联的影响，即企业与银行关系的密切程度，银行
既可以为企业提供金融支持，也可以提供信息共享（Andreou et al，
2017）。*Bank* 代表银行对企业的控股程度，参照翟胜宝等（2014）的研
究，银行与企业的关系包括：企业雇用有银行背景的人作为高管，企业
持有银行的股份，银行持有企业的股份。在研究中我们将以上三种情况
中至少有一种的企业取值为 1，否则为 0。调节效应结果如表 7 - 7 所示，

$CPU \times Bank$ 的系数分别为 -0.291（$NCSKEW$）和 -0.203（$DUVOL$），回归系数都在1%的水平上显著。这意味着当 CPU 对企业股价造成冲击时，$Bank$ 有明显的调节作用，因此企业是否有强大的银行关系会影响 CPU 对企业股价崩盘风险的反应，这证实了假设7.4。可能的原因是，企业如果有强大的银行关系，则意味着企业在资金流动和融资上具有较大的稳定性。当企业面临经济困境或市场不确定性时，银行往往能够提供紧急贷款或其他形式的财务支持，从而帮助企业渡过难关。这种稳定的融资渠道可以减轻市场对企业的恐慌情绪，降低企业股价崩盘的风险（Purnanandam，2008）。

表7-7　　　　　　　　　银行与企业关系的影响机制检验结果

变量	(1)	(2)	(3)	(4)
	NCSKEW	*NCSKEW*	*DUVOL*	*DUVOL*
L. NCSKEW	0.040 *** (0.006)	0.047 *** (0.006)		
L. DUVOL			0.026 *** (0.007)	0.032 *** (0.007)
CPU	0.212 *** (0.021)	0.224 *** (0.021)	0.163 *** (0.014)	0.172 *** (0.014)
Bank	0.027 (0.019)	0.726 *** (0.079)	0.025 ** (0.013)	0.5122 *** (0.053)
CPU × Bank		- 0.291 *** (0.032)		- 0.203 *** (0.021)
常数项	- 1.546 *** (0.222)	- 1.812 *** (0.336)	- 1.341 *** (0.148)	- 1.430 *** (0.224)
控制变量	控制	控制	控制	控制
个体固定效应	控制	控制	控制	控制
观测值	23 147	23 147	23 147	23 147

注：括号内为Z统计量。*** 、** 和 * 分别表示在1%、5%和10%的水平上显著。

此外，本节考虑另外一种关联影响，即企业新增对环境保护的投资。气候政策的变化在某种程度上可能代表政府对企业环保行为更严格或更具挑战性的约束，因此近年来企业社会责任已经成为一个越来越流行的话题。监管机构和投资者对环境保护的关注也给企业带来了压力，当气候政策发生变化时，企业需要考虑增加对环保项目的投资能否减少对企业股价崩盘风险的影响，结果如表 7 - 8 所示。变量 EI 指的是环境保护相关项目投资的增加，包括污染控制和生产设备改造的资本投资。可以看出，$CPU \times EI$ 的系数为 - 0.010 和 - 0.005，分别对应 $NCSKEW$ 和 $DUVOL$，且都在 1% 的水平上显著。这一结果表明，当企业增加环保相关项目的投资时，会降低 CPU 对股价崩盘风险的冲击，这也就证实了假设 7.5。对此一个可能的解释是，当企业被迫转型以获得环境友好的声誉或迎合环境政策时，虽然他们可能偏离企业原有的运营轨道，导致企业的财务压力和其他负担的增加，但是关于环保项目投资的增加会增强企业绿色发展的能力和潜质，进而降低 CPU 对股价崩盘风险的冲击。上述结果还表明，在企业面临气候政策不确定性的大背景下，企业有机会平衡其财务业绩和对环境保护的投资这两者的关系，因此企业应该适应大环境的变化，积极进行环境友好型发展，增加环境保护的新投资，降低 CPU 对企业股价崩盘风险的冲击。

表 7 - 8　　　　新增环境保护投资效果的影响机制检验

变量	(1) NCSKEW	(2) NCSKEW	(3) DUVOL	(4) DUVOL
L. NCSKEW	0.040 *** (0.006)	0.045 *** (0.006)		
L. DUVOL			0.025 *** (0.0076)	0.0229 *** (0.006)
CPU	0.240 *** (0.022)	0.245 *** (0.022)	0.178 *** (0.014)	0.181 *** (0.014)
EI	- 0.040 *** (0.001)	0.020 *** (0.005)	- 0.003 *** (0.001)	0.009 *** (0.003)
CPU × EI		- 0.010 *** (0.002)		- 0.005 *** (0.001)
常数项	- 0.548 *** (0.077)	- 0.635 *** (0.079)	- 0.324 *** (0.051)	- 0.367 *** (0.052)

变量	(1)	(2)	(3)	(4)
	NCSKEW	NCSKEW	DUVOL	DUVOL
控制变量	控制	控制	控制	控制
个体固定效应	控制	控制	控制	控制
观测值	25 466	25 466	25 466	25 466

注：括号内为 Z 统计量。***、** 和 * 分别表示在 1%、5% 和 10% 的水平上显著。

7.6　本章小结

面对日益严峻的气候问题，国际层面对于全球气候治理提出了越来越多的治理要求，中国作为负责任的大国也在持续推进"双碳"目标的落实。本章利用动态面板模型研究了气候风险对中国企业股价崩盘风险的影响。结果证实了气候风险可以对股价崩盘风险产生显著的正向影响，并且这一结论在一系列稳健性检验后仍然成立。本章进一步对二者关系进行了异质性和影响机制分析。异质性分析发现，气候风险对企业股价崩盘风险的影响在非国有企业中更大。在影响机制分析中，研究结果证实了企业内部治理可能会加剧气候风险对企业股价崩盘风险的影响。并且发现企业是否有强大的银行关系会影响气候风险对企业股价崩盘风险的反应，拥有的银行关系越强，越能抵消气候风险对企业股价崩盘风险产生的不利影响。此外，通过考虑增加对环保项目的投资能否减少对企业股价崩盘风险的影响，结果发现，企业增加环保相关项目的投资会降低气候风险对股价崩盘风险的冲击。

针对以上研究成果，本章进一步提出以下政策建议：首先，监管机构应该更加关注并帮助那些容易受到气候政策影响的企业，特别是能源行业的企业。其次，政府部门出台相关气候政策和变更气候政策时要做好充分工作以统筹大局。一方面，任何经济政策都是为宏观经济主体发展而制定或变化的，但不是一味地强调宏观经济发展的结果，决策前需要预测判断气候政策不确定性可能带来的不确定性风险，消除气候政策变化的负面影响，保证资本市场平稳运行和宏观经济稳健发展；另一方面，要强调政策的稳定性和持续性，避免发生各机构或企业在投资时出现盲目决策的现象，加剧市场的混乱。所以政策制定者需要评估气候和经济形势，制定更加细致的气候政策以减少不确定性，且在释放气候政策协同治理效应的同时，有效规避气候政策带来的风险。最后，就企业而言，企业需要在气候政策不确定性的变化中把握长远战略目标和经营策略，避免盲目的决策行为，尤其是新能源行业企业要及时感知气候政策的变化，健全风险防护机制，减轻企业受到不确定性风险冲击的影响。同时，企业管理者可以从增加银行与企业关联度和增加环境保护项目的投资来实施应对策略，实现企业股价稳中向好的目标，实现企业的转型升级。

| 第 8 章 |

气候风险与企业金融化

8.1　引　　言

　　21 世纪以来，全球气候环境加速恶化，气候变化所引发的自然灾害给世界各国带来了巨大的经济损失（Wheeler and Von Braun，2013；Ye，2022；Ren et al，2022a）。人们对气候政策的关注源于气候风险，而气候风险主要是由碳排放引起的。不同行业对碳排放的影响不同，能源行业的企业碳排放较多，气候风险和碳排放对能源价格也会有溢出效应（Amar et al，2023）；绿色产业和气候信息披露都有助于减少碳排放，而金融部门的发展则可能增加社会的碳排放行为（Li et al，2021d）。此外，碳排放本身也会增加企业面临的气候风险，从而进一步增加企业的碳排放行为（Ren et al，2022b）。中国作为碳排放总量第一的国家，在实现全球碳减排目标中扮演着至关重要的角色，并在 2020 年的气候变化大会上向全世界承诺，争取在 2030 年和 2060 年分别实现"碳达峰"和"碳中和"。为了实现目标，中国相继颁布了《关于构建现代环境治理体系的指导意见》《关于加快建立健全绿色低碳循环发展经济体系的指导意见》等政策文件，并在"十四五"规划中强调了应对气候风险问题的重要性。目前，与气候风险相关的研究还相对较少，现有文献的研究多数聚焦于气候风险对能源的影响（Ren，2023a；Shang et al，2022）。此外，也有不少学者将研究集中在气候风险对投资的影响上（Bloom，2009；Fuss et al，2008；Lopez et al，2017）。在宏观层面，彭等（Peng et al，2023）发现，气候风险对汇率波动的影响显著。此外，在整个能源市场上，气候风险是加剧能源市场间极端风险溢出的重要因素（刘振华等，2023）。

与此同时，金融在一个国家的经济活动中变得越来越重要，无论政府、企业，还是家庭与个人的经济活动。越来越多的财富通过金融活动被创造出来，人们的日常生活也越来越依赖于金融。新古典经济学派所研究的"金融深化""金融发展""金融增长"等表述本质上也是与金融化紧密相关的内容。格利和肖（Gurley and Shaw，1955）提出以金融视角看待经济发展，而"金融深化说"在 20 世纪 60～70 年代颇有影响（Nzotta and Okereke，2009）。西方马克思主义政治经济学流派戴上了有色眼镜审视金融化问题，认为金融化帮助资本主义在全球范围内都带来了破坏性影响。爱普斯坦（Epstein，2005）认为，金融化是一种在社会范围内，金融部门的影响力和体量不断提升的现象。在对金融化的解读上，阿尔伯斯（Aalbers，2016）提出，金融化可以从金融市场扩张、金融工具扩散等七个角度解释。金融化的表现是金融投资或者投机产生的利润占国内生产总值的比例越来越大（Krippner，2005）。而企业金融化特指非金融企业的金融化行为，是经济"脱实向虚"的重要表现（闫海洲和陈百助，2018）。所以，从宏观层面来看，金融化主要是指金融深化或者金融发展；从微观层面来看，金融化重点关注的是企业降低在实体经济的投入、参与或主导微观金融活动的行为（张成思，2019）。而对于企业金融化目前还没有一个专门的统一定义。但企业金融化可以从行为和结果两个方面进行认识和界定：第一，从行为角度看，企业金融化是企业采取的一种偏重资本运作的资源配置方式，表现为企业资产更多地运用于投资而非传统的生产经营活动；第二，从结果角度看，企业金融化就是企业利润更多地来源于非生产经营业务的投资和资本运作，追求单纯的资本增值而非经营利润。

值得一提的是，由于信贷环境等因素制约，中国企业金融化的动机并非预防性储蓄，而是为了追逐利润（Xu and Xuan，2021）。出于利润最大化的"投资替代"动机（顾雷雷等，2020），金融化对中国实体经济的发展并没有发挥正面作用。从企业本身的角度看，实体企业金融化牺牲了对生产的投资（Liu and Zhang，2020；Pastor and Veronesi，2012），会加剧企业的经营风险（杜勇等，2019）。而胡海峰等（2020）进一步说明，企业金融化与生产效率存在显著的倒"U"型关系，适度金融化能够助推企业生产效率改进，而过度金融化会阻碍企业生产效率提升。从经济运行的角度看，很多学者都认为企业过度金融化会阻碍宏观经济发展。张成思（2016）指出，金融化趋势的增强会削弱货币政策对实体经济的提振作用。现有研究大多探讨了一些传统因素与企业金融化之间的关系，比如 CEO 金融背景（杜勇等，2019）、货币政策（王少华和上官泽明，2019）、企业社会责任和融资约束等（顾雷雷等，2020）。

气候风险会对一国的经济产生重要影响，而企业又是国民经济的重要组成部分。作为新兴的公共政策，气候风险已经成为企业外部风险的一个重要来源。气候风险的上升对于企业的金融决策也将产生重要影响，但是目前仍然缺乏对这个问题的检验。因此，研究气候风险对企业金融化的影响具有重要意义。从宏观层面来看，这可能会促进国家经济发展；从微观层面来看，研究结果为企业提供了科学依据，帮助企业调整财务状况，优化财务决策，进而推动企业发展。目前有关气候风险的影响集中于企业的投资行为，很少关注其对企业金融化的影响。同时，关于气候风险对企业金融资产配置行为作用机制的研究也被忽略。鉴于此，在前人的基础上，本章采用实证分析的方法探究气候风险对企业金融化程度和金融资产配置行为的影响，以期填补这一文献空白。

本章使用了涵盖 2008～2022 年中国 A 股非金融上市企业的财务数据集进行了深入研究。具体的研究步骤如下：首先，本章探讨了气候风险对企业金融化趋势的影响，并用工具变量和其他一系列稳健性检验作为对模型估计结果的补充分析。其次，本章讨论了不同所有权结构、不同地区以及不同行业中，企业金融化趋势受气候风险影响的异质性。最后，本章研究了气候风险对企业金融化趋势的影响机制，揭示了政府环境关注度和企业治理水平的作用。

与现有研究相比，本章的贡献如下：第一，本章对现有文献进行了补充，以探究企业在气候风险上升时所采取的资产配置行为，为进一步理解企业的金融决策提供了新的视角。第二，本章深入分析了气候风险对企业金融化影响的潜在渠道，发现了政府环境关注度和企业治理水平的重要作用。第三，本章的研究结果对企业经营决策具有一定的参考意义，可以指导企业改进其金融资产配置行为。同时，这些结果也有助于政府部门完善气候治理体系，提高环境保护政策的有效性，从而推动可持续发展目标的实现。

本章剩余部分结构安排如下：第 8.2 节为理论分析与假设提出；第 8.3 节为研究数据与研究设计；第 8.4 节为实证结果及分析；第 8.5 节为进一步分析；第 8.6 节为本章小结。

8.2　理论分析与假设提出

8.2.1　气候风险对企业金融化的影响分析

金融资产拥有储存流动性和投资获利的双重属性，在市场情况发生变化时，企业可能出于不同的目的持有金融资产。一方面，由于市场环境发生变化，企业未来的营收情况会变得更加难以预测。为了防止未来出现流动性短缺问题，企业一般会选择持有现金或者流动性强的短期金融资产，以减少资金链断裂对生产经营活动造成的不良影响（Opler et al，1999），这种金融化的动机被称为预防性储蓄。当气候风险上升时，企业经理人的预防性储备动机增强，他们会增持大量流动性金融资产，并通过管理营运资本来应对外部环境冲击，以降低企业的经营风险（Bloom et al，2007）。另一方面，期货、期权、远期合约、掉期等衍生金融工具不仅有储存流动性的作用，也有套期保值、降低企业经营风险的作用。虽然有人指出，当气候政策不确定性增加时，"绿色"和"棕色"领域的能源股票回报率会下降，但总的来说，由于气候风险增加，市场的隐性预期收益率会提高，这会使得有风险追逐偏好的企业增加投资（Segal et al，2015）。

气候风险作为一种外部冲击，可能会内化为企业自身的风险信号，并改变其债券融资成本（梁方等，2022）。企业在面临较高的气候风险时，可能会增加金融资产的持有，以降低违约风险。气候风险增加了企业的融资约束，导致企业获取资金的难度上升，进而影响企业的投资效率（Zhao et al，2025）。在融资约束加剧的情况下，企业可能更加倾向于采取保守的投资决策，增加金融资产的投资。

因此，当气候风险增加时，企业为了应对外部风险，可能会采取以下措施：一方面，它们可能会增加预防性储蓄，以保护资金链的稳定性；另一方面，它们可能会进行套期保值操作，以对冲风险。此外，一些企业还可能利用市场机会来获取利润。这种情况下，企业可能会将更多资金投资于金融资产，其金融资产比例可能会增加，从而进一步加强企业的金融化趋势。由此，本章提出第一个假设。

假设8.1：当面临气候风险时，企业持有金融资产的意愿上升，企业的金融化趋势增强。

8.2.2　气候风险对企业金融化影响的异质性分析

气候风险会影响企业的投资决策，在气候风险升高时，企业可能会寻求规避风险和满足流动性需求的投资渠道。国有企业由于与政府关系密切、具有规模优势等因素，在应对政策调整时具有更强的适应性和灵活性（江民星等，2022）。而对于非国有企业而言，其在市场竞争中更容易受到政策调整的冲击和影响。因此，非国有企业可能更倾向于通过金融化手段来规避政策风险、提高资金利用效率或寻求新的投资机会。另外，非国有企业相较于国有企业，通常面临更严格的融资约束（王竹泉等，2015）。在气候风险增加的情况下，银行可能会减少对企业的信贷额度，并提高贷款利率，导致非国有企业融资更加困难（Xu et al，2024）。为了缓解资金压力，非国有企业可能更倾向于将资金投向金融市场，以寻求短期的、相对较高的金融回报，从而增加金融化趋势。

我国不同地区的发展存在较大差异。东部沿海地区以较小的地域面积集聚了大量人口和创造了巨大的 GDP，而中西部地区面积巨大，人口相对不太密集。与中西部地区相比，东部地区拥有更多的金融资源，直接融资、风险投资发展迅速，融资方式更为多样化，使得金融化程度较高（雷新途等，2020）。另外，东部地区金融服务实体经济能力不断增强，金融风险防控有序推进，金融改革创新积极推进，这些都为经济平稳较快发展营造了更加适宜的货币金融环境。在气候风险增加时，企业可能会更多地依赖金融市场来获取资金和对冲风险，从而增加了金融化的趋势。

根据实物期权理论，金融资产投资的期权价值较大，且资产可逆性较高（Luehrman，1998）。由于气候政策的实施时点、强度以及细节难以被企业完全预期，这使得企业在面对不确定的风险环境时，会调整自身的投资组合以获得最大的期权价值。在气候风险升高的情况下，传统实体投资的期权价值可能会降低，诱发投资不足（Zhao et al，2025）。此时，企业可能会更倾向于将资金投入金融领域，以寻求相对稳定的收益。高竞争度行业中，这种偏好可能更加明显，因为企业面临的市场风险较大，需要快速响应市场变化。此外，气候风险导致银行减少对企业的信贷额度，并提高贷款利率，使得企业获取资金的难度上升，导致现金流量紧张。在高竞争度行业中，这种融资约束问题可能更加突出，迫使企业采取保守的投资决策，放弃潜在的高收益投资机会，转而增加金融资产投资（孙烨和许艳，2016）。由此，本章提出第二个假设。

假设 8.2：气候风险对企业金融化趋势的影响在不同所有权结构、不同地区、不同行业之间存在异质性。

8.2.3　气候风险对企业金融化的影响机制分析

政府在环境政策制定、执行和监督方面的积极程度，可能会通过多种方式影响企业的经营决策和行为，包括增加企业的环保成本和风险，创造新的投资机会，以及促使企业进行绿色创新和减排。政府对环境的关注度提高后，往往会出台更严格的环境监管政策和标准，如要求企业安装更先进的污染治理设备、采用更环保的生产工艺等，这会直接增加企业的生产成本（俞毛毛和马妍妍，2021）。为了维持利润水平，企业可能会减少对实体业务的投入，转而将资金投向金融资产，因为金融资产在短期内可能带来更高的回报，且不需要大量的前期固定资产投资。此外，严格的环境政策使企业面临更大的经营不确定性，如可能因环保不达标而被罚款、停产整顿等，这会影响企业的现金流和盈利能力。在这种情况下，企业为了应对潜在的资金短缺风险，可能会增加金融资产的配置，以增强自身的流动性，储备更多的金融资产来应对不确定性。而气候风险的增加意味着政府需要更加关注环境问题，以制定和调整相关政策来应对气候变化（Wu and Hu，2024）。这种不确定性不仅影响了社会经济，也对企业行为产生了重要影响。企业作为政策的直接响应者，需要适应这些变化，以维持其竞争力和市场地位。企业可能会减少长期资本支出，转而增加短期金融投资，以保持流动性和灵活性（Wen et al，2021）。由此，本章提出第三个假设。

假设 8.3：气候风险使得政府环境关注度提高，进而使得企业金融化趋势增强。

良好的治理结构有助于企业制定合理的投资组合策略。通过适当增加金融资产的配置，企业可以在一定程度上分散风险，降低单一实体业务面临的市场波动和不确定性（干胜道等，2018）。治理水平高的企业通常拥有更科学的决策机制和更高效的管理团队，能够更准确地评估不同投资项目的收益与风险。这种基于风险管理和资产配置优化的考虑，促使治理水平高的企业能够更敏锐地捕捉到金融投资的价值，从而将部分资源从实体业务向金融领域倾斜，以实现资源的优化配置，提高整体的资本回报率。在气候风险升高的背景下，企业更有可能选择这种投资决策。因为气候风险的增加会导致企业陷入困境，弱化其市场竞争力和价值链话语权。在这种情况下，治理水平的提高有助于企业更好地应对政策变化，通过营造更加稳定的气候政策预期来缓解企业升级困境。此外，在气候变化背景下，全社会对绿色发展、可持续理念的重视程度提高。企业也只有提高自身治理水平，减少对环境的破坏，践行绿色发展和可持续发展理念，才能应对气候风险（刘小峰等，2019）。因此，治理水平高的企业更能够关注到投资者的绿色需求，更可能增加绿色金融投资，以满足投资者的绿色投资需求。由此，本章提出第四个假设。

假设 8.4：气候风险使得企业的治理水平提高，进而使得企业金融化趋势增强。

8.3　研究数据与研究设计

8.3.1　变量选取与说明

本章选取了 2008～2022 年在中国沪深两市 A 股上市企业作为初始研究样本，并在此基础上排除了 ST、PT 以及金融行业的样本。企业的财务数据来源于国泰君安上市企业数据库（CSMAR），宏观数据则来自国家统计局。气候政策不确定性的数据来自气候风险数据库①。为确保样本的有效性与完整性，本章采用非平衡面板数据进行分析，以更全面地反映实际情况。经过严格地筛选和整理，研究最终确定了 4 945 家上市企业作为研究样本，共产生了 42 346 个观测值。为了排除极端值的影响，本章对企业层面的连续变量进行了 1% 的双侧缩尾处理。

8.3.1.1　被解释变量

随着金融市场的不断完善和发展，企业有了更多的投资机会和渠道。企业在经营过程中，逐渐增加对金融市场的依赖，通过金融投资、并购重组等方式实现快速扩张和价值增值。本章的被解释变量为企业金融化趋势（*FinRatio*），参考杜勇等（2017）的衡量方法，以企业持有的金融资产比例来定义企业金融化趋势。根据企业的资产负债表，本章将交易性金融资产、衍生金融资产、发放贷款及垫款净额、可供出售金融资产净额、持有至到期投资净额、投资性房地产净额都纳入金融资产的范畴。所以，企业金融化趋势（*FinRatio*）的计算公式为：*FinRatio* =（交易性金融资产 + 衍

---

①　具体数据可访问 http://www.cnefn.com/data/download/climate-risk-database/。

生金融资产 + 发放贷款及垫款净额 + 可供出售金融资产净额 + 持有至到期投资净额 + 投资性房地产净额)/总资产。

8.3.1.2 核心解释变量

本章的核心解释变量是气候风险，本章用气候政策不确定性年度指数来表示气候风险，该指数由马等（Ma et al, 2023）构建，基于中国六家官方媒体（《人民日报》、《光明日报》、《经济日报》、《环球时报》、《科技日报》和中国新闻社）中约 175 万篇新闻文章的内容分析，通过提取与气候政策和不确定性相关的信息，来反映气候变化的趋势。

8.3.1.3 控制变量

结合研究的问题与相关文献（Ren et al, 2024a），本章的控制变量包含了影响企业金融化趋势的其他因素。具体包括财务杠杆（*Lev*）、资产结构（*Tangible*）、现金流量（*Cashflow*）、托宾 Q 值（*TobinQ*）、资产回报率（*ROA*）和企业规模（*Size*）。主要变量的具体说明如表 8 – 1 所示。

表 8 – 1　　　　　　　　　　　主要研究变量说明

变量类型	变量名称	变量说明
被解释变量	*FinRatio*	金融资产/总资产
解释变量	*CPU*	气候风险
控制变量	*Lev*	总负债/总资产
	Tangible	（固定资产净额 + 存货净额）/总资产
	Cashflow	经营活动产生的现金流净额/总资产
	TobinQ	市值/总资产
	ROA	净利润/总资产
	Size	总资产的自然对数

8.3.2　变量描述性统计

为了检验研究的可行性，对数据进行描述性统计，结果如表 8 – 2 所示。被解释变量 *FinRatio* 的最大值为 0.461，最小值为 0，这说明不同企业

金融化趋势存在差异。核心解释变量 *CPU* 的最大值为 3.200，最小值为
1.363，说明 *CPU* 在样本统计期间的波动性比较强。可以看到，变量存在
足够的差异，实证研究具有可行性和实际意义。

表 8 - 2   主要变量描述性统计

变量	观测值	平均值	标准差	最小值	P25	P50	P75	最大值
FinRatio	42 346	0.047	0.086	0.000	0.000	0.009	0.050	0.461
CPU	42 346	2.455	0.433	1.363	2.247	2.341	2.843	3.200
Lev	42 346	0.428	0.214	0.051	0.255	0.418	0.584	0.956
Tangible	42 346	0.354	0.180	0.016	0.221	0.341	0.474	0.794
Cashflow	42 346	0.046	0.072	− 0.180	0.006	0.045	0.087	0.249
TobinQ	42 346	2.037	1.351	0.850	1.238	1.597	2.291	8.954
ROA	42 346	0.035	0.069	− 0.298	0.013	0.038	0.068	0.201
Size	42 346	22.110	1.315	19.630	21.170	21.920	22.850	26.180

8.3.3　计量模型设定

为了研究气候风险与企业金融化之间的关系，本章建立了以下实证回
归模型：

$$FinRatio_{i,t} = \alpha_0 + \alpha_1 CPU_t + \alpha_2 X_{i,t} + \mu_i + \varepsilon_{i,t} \qquad (8-1)$$

其中，下标 i 用来区别不同的企业，t 用来区分不同的年份；$FinRatio_{i,t}$ 为
被解释变量，表示 i 企业在 t 年的金融化趋势；CPU_t 表示中国在 t 年的气候
风险；$X_{i,t}$ 是一系列控制变量；μ_i 表示个体固定效应；$\varepsilon_{i,t}$ 是残差项。

8.4　实证结果及分析

8.4.1　基准回归结果

针对假设 8.1，表 8 - 3 展示了气候风险对企业金融化影响的结果。由

回归结果可知，在控制了企业层面的特征变量后，对模型进行固定效应回归，可以得到列（2）中 CPU 的回归系数为 0.003，并在 1% 的统计水平上显著。该结果说明当气候风险升高时，企业的金融化趋势会增强。这可能是由于在气候风险增强的情况下，企业为了降低气候风险，可能会更倾向于通过金融手段进行风险管理。例如，利用金融衍生品对冲气候风险，或购买相关保险来转移风险。此外，企业可能需要更多的资金进行技术改造、设备升级或投资低碳项目。这促使企业更多地依赖金融市场进行融资，从而增强了其金融化趋势。因此，可以得到结论：气候风险水平升高时，企业的金融化趋势增强。

表 8 – 3   基准回归结果

变量	FinRatio	
	（1）	（2）
CPU	0.014 *** (0.001)	0.003 *** (0.001)
常数项	0.012 *** (0.002)	− 0.206 *** (0.025)
控制变量	未控制	控制
个体固定效应	控制	控制
观测值	42 346	42 346
R²	0.011	0.060

注：*** 、** 、* 分别表示在 1%、5%、10% 的水平上显著，括号内为稳健 t 统计量。

8.4.2 稳健性检验

尽管回归模型中控制了多方面的企业特征，但还是无法排除由于遗漏了某些与气候政策不确定性相关的特征而导致的内生性问题，因此，本节选择了美国的气候政策不确定性指数（CPU_US）作为工具变量进行内生性检验（Ji et al, 2024；Ma et al, 2024）。表 8 – 4 中列（1）汇报了第一阶段的结果，可以看到工具变量与核心解释变量显著相关；列（2）汇报了第二阶段的结果，可以发现在使用了工具变量之后，气候政策不确定性

仍然对企业金融化趋势产生显著的正向影响。此外，不可识别检验的
Kleibergen-Paap LM 统计量的 P 值小于 0.01，说明在 1% 的统计水平上显著
拒绝了"工具变量识别不足"的原假设，且 Kleibergen-Paap Wald rk F 统
计量高于临界值（16.38），上述结果表明，本章选择的工具变量是有效
的，且在考虑内生性之后，本章的结论仍然成立。

　　接下来，本节进行一系列额外的稳健性检验。首先，本节将核心解释
变量替换为姬等（Ji et al，2024）和马等（Ma et al，2024）估计出的全球
气候不确定性指数（GCPU），该数据基于 G20 十二个国家的约 1 127 万篇
新闻文章得以测算。本章选取其中全球气候政策不确定性的月度频率数
据，并计算月度频率数据的年均值作为年度频率数据指数，最后除以 100
作为核心解释变量的替代衡量①。稳健性检验结果如表 8 - 4 列（3）所示，
GCPU 的系数显著为正，与用 CPU 进行回归的结果一致，证明了前文的结
论是可靠的。其次，本节考虑到了公司治理层面可能对企业金融化产生影
响的因素，因此，本节将董事会规模（Board）作为额外的控制变量纳入
回归之中，列（4）中 CPU 的系数仍然显著为正。最后，连续变量中可能
包含异常值或极端值，会对回归模型的估计产生较大影响，因此，本节将
被解释变量转换为 0 - 1 变量，使用 Logistic 模型回归，提高模型的稳健性。
列（5）的结果显示，前文的结论是可靠的。综上所述，本章的基准结果
是有效和可靠的。

表 8 - 4　　　　　　　　　　稳健性检验

变量	工具变量		替换核心解释变量	增加控制变量	Logistic 模型
	（1）	（2）	（3）	（4）	（5）
CPU		0.063 *** (21.340)		0.005 *** (0.001)	0.028 *** (0.005)
CPU_US	0.334 *** (144.670)				

---

①　具体的数据来源可访问 http：//www.cnefn.com/data/download/climate-risk-database/。

变量	工具变量		替换核心解释变量	增加控制变量	Logistic 模型
	(1)	(2)	(3)	(4)	(5)
GCPU			0.054 *** (0.002)		
常数项			0.048 * (0.027)	-0.103 *** (0.028)	-3.602 *** (0.140)
Kleibergen-Paap rk LM statistic		2 425.93 ***			
Kleibergen-Paap Wald rk F statistic		20 929.02			
控制变量	控制	控制	控制	控制	控制
个体固定效应	控制	控制	控制	控制	控制
观测值	41 901	41 901	42 346	42 287	42 346
R^2		-0.086	0.114	0.048	0.139

注：列（1）、列（2）为美国气候政策不确定性作为工具变量的两阶段回归结果；列（3）中，将核心解释变量更换为了全球气候政策不确定性指数；列（4）中，将董事会规模（*Board*）纳入控制变量之中；列（5）中，将回归模型更换为 Logistic 模型。Kleibergen-Paap rk LM statistic 为识别不足检验，Kleibergen-Paap Wald rk F statistic 为弱工具变量检验。***、**、* 分别表示在1%、5%、10%的水平上显著，括号内为稳健 t 统计量。

8.5　进一步分析

8.5.1　异质性分析

国有企业和非国有企业在所有权和控制权、经营目标和社会责任等方面都存在显著差异。这些差异可能使得两者在面对市场变化和政策调整时会表现出不同的特点和趋势。因此，本节考虑了企业的所有权结构差异，将企业分为国有企业和非国有企业进行分样本回归，表8-5的结果显示，列（2）非国有企业样本中，*CPU* 的系数在1%的水平上显著为正，而

列（1）国有企业样本中的 *CPU* 系数不显著。这说明当气候政策不确定性
升高时，非国有企业的金融化趋势更为明显。这可能是由于非国有企业在
面对气候风险时，往往面临着更大的市场压力和经营风险。为了应对这些
不确定性，非国有企业可能更倾向于通过金融化手段来储备流动性、分散
风险或寻求新的增长点。相比之下，国有企业由于历史背景及规模优势等
因素，其经营环境相对稳定，风险承受能力也较强，因此在气候风险升高
时，其金融化趋势可能不如非国有企业明显。此外，非国有企业可能更容
易受到政策变化的影响，从而使其采取更为积极的金融化策略来应对不确
定性。

表 8 - 5 　　　　　　　　　　按所有权结构分类模型估计结果

变量	（1）	（2）
	国有企业	非国有企业
CPU	0.002 (0.001)	0.004 *** (0.001)
常数项	- 0.106 ** (0.045)	- 0.269 *** (0.032)
控制变量	控制	控制
个体固定效应	控制	控制
观测值	15 106	27 240
R^2	0.074	0.060

注：*** 、** 、* 分别表示在1% 、5% 、10% 的水平上显著，括号内为稳健 t 统计量。

中国的经济发展水平呈现出东高西低的态势。东部地区凭借优越的地
理位置、丰富的自然资源以及良好的政策环境，经济发展迅速，成为全国
的经济中心；而西部地区则由于自然条件恶劣、基础设施落后等因素，经
济发展相对滞后。企业的金融化趋势也在一定程度上依赖于地区的经济发
展水平，因此，本节将讨论不同地区的企业金融化趋势受气候风险的影响
程度。以东部、中部、西部划分样本企业进行回归，表 8 - 6 的结果显示，
只有列（1）的 *CPU* 系数显著为正，说明东部地区的企业在面临气候风险
时，更倾向于选择进行金融化。众所周知，东部地区作为中国经济最为发

达的区域之一，拥有较为完善的金融体系和较高的金融发展水平。这为企业的金融化提供了良好的外部环境。东部地区的金融市场相对活跃，金融机构众多，金融产品丰富，这使得企业在面临气候风险时，更容易通过金融市场进行融资、投资等金融活动，以应对潜在的风险和机遇。而且，东部地区的企业通常对市场变化具有较高的敏锐度。它们能够更快地捕捉到市场的新趋势和机遇，从而及时调整自身的经营策略和投资方向，更容易呈现出显著的金融化趋势。

表 8 – 6　　　　　　　　　　按不同地区分类模型估计结果

变量	（1）	（2）	（3）
	东部	中部	西部
CPU	0.003 *** （0.001）	0.001 （0.002）	0.003 （0.002）
常数项	− 0.226 *** （0.033）	− 0.296 *** （0.050）	− 0.149 *** （0.047）
控制变量	控制	控制	控制
个体固定效应	控制	控制	控制
观测值	30 377	6 435	5 497
R^2	0.062	0.090	0.046

注：***、**、*分别表示在1%、5%、10%的水平上显著，括号内为稳健 t 统计量。

此外，气候风险的影响还可能会受到行业竞争程度的影响。为了衡量行业的竞争程度，本节按照销售额计算了赫芬达尔指数，将赫芬达尔指数低于中位数的行业划分为竞争激烈的行业，高于中位数的行业划分为竞争程度较弱的行业。对样本进行分类后得到的回归结果如表 8 – 7 所示。根据回归结果可知，在不同行业竞争程度的企业中，气候风险对企业金融化趋势都具有显著影响，但对高竞争度行业的企业影响更大。在竞争更激烈的行业内，企业面临的市场风险也更大。在气候风险水平升高的情况下，这些行业的企业可能更难以预测市场需求和政策走向，从而增加了经营的不确定性。为了规避这种不确定性带来的风险，企业可能会选择增加金融投资，以降低对主营业务收入的依赖，并寻求更多的收益来源。

表8-7 按不同行业竞争度分类模型估计结果

变量	（1）	（2）
	高竞争度行业内企业	低竞争度行业内企业
CPU	0.008 *** （0.002）	0.003 ** （0.001）
常数项	- 0.171 *** （0.035）	- 0.225 *** （0.034）
控制变量	控制	控制
个体固定效应	控制	控制
观测值	19 194	23 152
R^2	0.067	0.055

注：***、**、*分别表示在1%、5%、10%的水平上显著，括号内为稳健t统计量。

以上结果证实了假设8.2，气候风险对企业金融化趋势具有正向影响，对不同所有权结构、不同地区、不同行业的企业具有异质性。具体而言，这种影响在非国有企业、东部地区的企业以及行业竞争度高的企业中更明显。

8.5.2 影响机制分析

本节基于江艇（2022）的渠道检验法，将进一步分析气候风险导致企业金融化趋势增强的潜在机制。首先，本节以省级政府工作报告中的环保词频作为政府环境关注度（Environment）的衡量标准，将其纳入回归中。表8-8的列（1）显示，CPU的系数显著为正，说明气候风险的存在会使得政府的环境关注度上升，证实了假设8.3。随着气候变化的加剧，政府在制定和实施气候政策时需要考虑气候政策不确定性水平及其对宏观经济的影响，这导致政府对环境问题的关注增加。企业为了适应政策变化，可能会调整其投资和经营策略，包括增加金融资产投资以应对政策风险和市场波动。另外，政府环境关注度提高意味着政府可能会出台更多环境政策，这会影响企业的经营活动和投资决策。企业可能会预期到未来的政策变化，从而提前调整其资产配置，增加金融资产的投资比例，以期获得更灵活的资金调配和风险规避。

表 8 - 8　　　　　　　　　　中介效应模型估计结果

变量	(1)	(2)
	政府环境关注度	企业治理水平
CPU	7.991***	0.038**
	(0.186)	(0.019)
常数项	-10.484***	0.019
	(3.816)	(0.245)
控制变量	控制	控制
个体固定效应	控制	控制
观测值	42 330	9 602
R²	0.080	0.005

注：***、**、*分别表示在1%、5%、10%的水平上显著，括号内为稳健 t 统计量。

其次，本节参考白重恩等（2005）的研究，运用主成分分析法计算出企业的治理水平的指标（Governance），将其纳入回归，如表 8 - 8 列（2）结果显示，CPU 对政府关注度（Governance）的影响系数显著为正，说明气候风险使得企业的治理水平提高，证实了假设 8.4。气候风险的存在意味着企业面临的外部环境变动加剧，企业难以对未来市场需求作出合理预期。在这种情况下，管理者只有加强对公司的治理才可能加强风险管理，探索多样化的投资渠道，以应对潜在的政策风险。治理水平的提高意味着企业决策更加科学、透明和理性。这有助于企业更好地应对外部风险和挑战，包括气候风险。企业可能会寻求规避风险和满足流动性需求的投资渠道。金融资产投资具有较好的流动性，可以作为"蓄水池"满足企业的流动性需求，因此，企业的金融化趋势进一步增强。

8.6　本章小结

气候变化给人类社会带来了许多风险，各个国家和组织也在积极地采取措施应对风险。企业作为经济社会的一个重要主体，其受到气候风险的影响不可忽视,特别是在我国部分企业出现"脱实向虚"的背景下,我们有必要分析气候风险对企业金融化趋势产生的作用。本章利用中国沪深 A 股非金融行业上市企业 2008~2022 年度的数据,通过实证研究的方法,检验了气候风险对企业金融化趋势的影响。实证研究的结果表明,气候风险的存在会使企业的金融化趋势增强。而且气候风险对企业金融化的影响存在异质性。具体而言,气候风险对非国有企业的金融化影响比国有企业更明显;按不同地区分样本回归发现,东部地区的企业在面对气候风险时金融化趋势显著增强,而中部和西部地区的企业金融化趋势变化则不明显;对于竞争程度不同的行业来说,气候风险对高竞争程度行业内的企业金融化趋势促进作用更大。气候风险会通过提高政府环境关注度和企业治理水平来使得企业的金融化趋势增强。

根据研究结论,本章提出以下建议。

首先,增强气候政策的稳定性和透明度。政府和监管机构应致力于制定清晰、稳定的气候政策,以减少企业面临的不确定性。在政策制定过程中,应充分听取企业和利益相关者的意见,确保政策符合市场需求和实际情况。而政策发布后,应及时、全面地进行解读和宣传,提高政策透明度,帮助企业准确理解政策导向。其次,鼓励企业加强气候风险管理。企业应建立健全气候风险管理体系,对气候政策变动可能带来的风险进行及时评估和应对。政府和监管机构可以引导企业开展气候风险压力测试,模拟不同政策情景下的企业财务状况和市场表现,提高企业对气候变化的适应能力。同时,鼓励企业采用绿色金融工具,如绿色债券、绿色信贷等,以应对气候政策变动带来的融资需求。最后,推动绿色金融和可持续发展。政府应加大对绿色金融的支持力度,包括提供税收优惠、资金补贴等激励措施,鼓励企业采用绿色技术和生产方式。推动绿色金融产品的创新和发展,如碳期货、碳远期等碳金融产品,为企业提供多样化的融资和风险管理工具。与此同时,政府也要加强对企业的环保监管和执法力度,促使企业加大环保投入,实现可持续发展。通过绿色金融政策引导社会资本流向绿色产业,促进产业结构调整和转型升级。

第 9 章

气候风险与企业数字化转型

9.1 引　　言

随着气候变化的加剧，其带来的挑战越发显著，不仅深刻影响着生态环境，还对国民经济、能源市场及股票市场的稳定性构成了严峻威胁（Lv and Li，2023）。鉴于此，各国政府积极出台并实施了一系列气候政策，旨在缓解气候变化的不利影响，并推动全球向绿色化转型迈进（Meah，2019；Battiston et al，2017）。气候风险对企业投资决策具有显著的负面效应，可能导致企业在面对气候变化时缩减对基础设施与技术的投资，进而阻碍行业进步与能源结构调整（Ren et al，2022b）。这不仅削弱了企业的投资意愿，还可能促使其在环境与气候方面搁置投资计划，进而对利益相关者和投资者的信心造成冲击，损害企业的信誉与声望（Gulen and Ion，2016）。潘等（Phan et al，2019）研究表明，气候风险与企业现金持有量呈正相关，此关联受预防动机与投资延迟的双重影响，且在依赖政府支出的企业中更为凸显。此外，鲁等（Lu et al，2021）指出，气候风险的上升显著抑制了企业的研发支出，企业因担忧政策变动带来的成本攀升与潜在风险，往往减少对长期创新活动的投资。更进一步，气候风险不仅作用于企业的财务决策与投资行为，还通过直接或间接渠道影响投资者的股票投资组合，进而对市场稳定性构成挑战（Battiston et al，2017；Eisenack et al, 2022)。同时，气候风险也波及商业环境，对企业的经营绩效产生不利影响（Dietz and Stern，2015；Amin and Dogan，2021）。

在当前的数字化转型洪流中，信息技术的普及显著降低了市场准入门槛，为新兴企业涌入市场并参与激烈竞争铺设了道路（Gefen and Carmel，2008）。费利西亚诺 – 塞斯特罗等（Feliciano-Cestero et al，2023）指出，数字化转型已成为企业维持市场竞争力、紧跟技术创新步伐的关键驱动力。许等（Xu et al，2023）研究揭示，低效投资与数字化转型之间存在显著负相关，且融资约束的加剧进一步放大了这一效应。与此同时，数字技术的飞跃提升了企业的数据处理效能，优化了信息披露质量，并强化了企业的风险抵御能力（Maouchi et al，2022）。企业通过数字化转型，不仅运营效率得以提升，更能灵活适应外部环境变迁，有效应对气候政策不确定性带来的挑战。尽管数字化转型的重要性日益显著，但关于影响企业数字化转型宏观因素的研究仍显匮乏。因此，本章旨在数字智能时代背景下，全面审视这些宏观因素的作用。此外，为精准把握气候风险对企业数字化转型的影响程度及机制，亟须开展深入的理论分析，并辅以大规模样本数据的实证检验，以期为企业数字化转型提供科学依据与实践指导。

本章在探究企业数字化转型及其与气候风险关系方面作出了多项重要贡献。首先，本章探讨了气候风险与企业数字化转型之间的内在联系，揭示出随着气候风险加剧，企业更倾向于增加对数字技术的投资。这一发现不仅深刻体现了环境与经济因素间的复杂互动，更强调了企业在制定技术发展战略时需综合考虑环境与经济两大维度。具体而言，本章基于 2006 ~ 2021 年中国 A 股上市公司的数据，深入剖析了驱动企业内部数字化转型的关键因素。本章研究特别聚焦于不同行业与部门，旨在揭示气候风险与数字化转型间可能存在的异质性关联，并进一步探讨了各类极端气候风险因素对企业数字化转型策略的具体影响。通过这一系列分析，我们得以更全面地理解环境因素、商业决策以及技术创新之间错综复杂、相互交织的关系网。综上所述，本章的研究成果不仅为企业在气候变化背景下调整发展战略、优化数字化转型路径提供了关键指导，还为企业在激烈的市场竞争中增强核心竞争力、实现可持续发展奠定了坚实的理论与实践基础，具有重要的学术价值与现实意义。

其次，本章研究还发现，企业的能源消耗与自由现金流在这一关系中扮演着至关重要的调节角色。能源消耗与气候风险之间的互动，深刻展现了环境经济学中企业行为与环境影响间错综复杂的关联（AlNuaimi et al，2022），有助于深化我们对企业在应对气候变化挑战时环境适应性和社会责任感的理解。企业的能源消耗不仅反映了其资源利用效率，还紧密关联着其响应气候变化相关政策的能力。因此，在推进数字化转型的过程中，企业需将能源消耗与碳排放等环境因素纳入考量，以确保在合规的同时达成转型目标。同时，自由现金流在气候风险对企业数字化转型影响中的调节效应不容忽视。拥有充裕自由现金流的企业，能够承担更多的数字技术投资与创新支出，从而能更有效地抵御气候政策变动带来的风险。这一发现为财务因素如何塑造企业技术演进与战略抉择提供了新的视角（Peng and Tao，2022）。自由现金流作为衡量企业财务健康状况的关键指标，直接关系到其在面对外部不确定性时的应变能力与资源配置效率。

总之，本章研究不仅丰富了数字化转型领域的学术文献，还为深入探究企业财务状况对技术创新及应对环境不确定性作用机制提供了重要的理论支撑，具有重要的学术价值与实践意义。

9.2   理论分析与假设提出

9.2.1   气候风险对企业数字化转型的影响分析

近年来，气候变化的影响已广泛渗透至社会生活的各个层面，对各国经济福利构成显著影响（Tol，2018）。极端气候事件对经济体系具有双重效应：一方面可能造成潜在的破坏性冲击，另一方面也可能激发经济复原力的增强。此外，气候变化的影响不仅限于宏观层面，其在微观层面同样具有重要意义（Broto，2017）。鉴于此，苏等（Su et al，2020）强调，尽管全球二氧化碳减排可能伴随较高的技术成本,但此举对于应对气候变化挑战至关重要,不可或缺。国际社会为应对极端天气频发,已采取签署协议、制订行动计划等措施,旨在减少温室气体排放、保护生态环境、促进可再生能源发展,从而缓解气候变化对地球及人类社会的负面影响。在此背景下,企业正积极考虑数字化转型,以期降低潜在风险。数字化转型作为企业自我革新的重要途径,旨在通过引入和应用新型数字工具与技术,优化企业内部运营模式(Peng and Tao,2022)。影响企业数字化转型的关键因素涵盖管理认知的革新、管理社会资本的拓展、业务团队的构建及组织能力的提升等(Li et al,2018)。此外,数字金融的蓬勃发展也为企业创新发展注入动力,进而驱动数字化转型进程(Luo,2022)。然而,现有研究多聚焦于企业内部管理层面与市场层面,针对气候风险对企业数字化转型影响的探讨尚显不足。

从长远视角来看,气候风险不仅会影响国家分配政策,导致资源重新配置,还可能永久性地削减产出(Letta et al,2019)。任等(Ren et al,2022b)研究揭示,气候风险对企业生产力具有显著影响。具体而言,气候风险的上升加剧了投资环境的不稳定性,提升了投资风险,导致投资者因担忧未来政策变动而减少对高污染企业的投资意愿,同时,那些掌握环保技术、采用清洁能源的企业则展现出更强的竞争力(Gulen and Ion,2016;Kang et al,2014)。许等(Xu et al,2023)进一步指出,企业需要有效投资来缓解融资约束,以推动数字化转型进程。这些研究共同指向了一个核心议题:在快速变化的社会环境中,企业如何寻求数字化转型与气候风险之间的平衡点?鉴于此,气候政策制定者在设计政策时,不仅要考量气候变化的影响,还需深入洞察气候风险对企业数字化转型的潜在作用,旨在促进企业发展与环境保护之间的和谐共生,推动数字化转型与气候风险的深度融合,共同实现可持续发展目标。因此,本章致力于探讨气候风险对企业数字化转型的影响效应及其作用机理,以期为政策制定与企业实践提供理论支撑与实践指导。基于上述文献,本章提出以下假设。

假设9.1:气候风险会影响企业的数字化转型。

9.2.2 气候风险对企业数字化转型影响的异质性分析

企业的数字化转型可依据应用领域、技术依赖、资源需求、运营模式及政策依赖五个维度进行系统分类，并细化为数字经济应用、互联网商业模式、智能制造及现代信息系统四大维度。这些维度在资源与资金需求、技术依赖度及创新能力等方面展现出显著差异，同时，在市场反应力与适应性上也各具特色。数字经济应用广泛涵盖电子商务、数字金融及数字营销等领域，成为推动企业绿色创新的重要力量。面对以减少碳排放为核心的气候变化政策，企业日益重视绿色创新投资。数字经济应用通过缓解融资约束、增加研发投入，显著促进了企业的绿色创新进程（Li et al，2022b；Luo，2022）。

此外，数字经济应用还深刻影响着企业的需求侧与供给侧，增强了其应对气候风险的能力与效率（Zhou et al，2022）。互联网商业模式以其低资源需求、高创新性与灵活性著称，尤其在金融科技领域展现出颠覆性创新的强大影响力（Lee and Shin，2018）。由于具备较强的气候政策响应能力，互联网商业模式受气候政策变化的影响相对较小。智能制造则依托物联网、人工智能及自动化等技术，优化并革新生产过程，高度依赖于资本与供应链资源。而现代信息系统的建设、运行与维护则需严格遵循相关政策法规，这些政策法规直接关乎企业信息系统的部署与升级策略。总之，企业的数字化转型各维度在应对气候风险及推动绿色创新方面展现出不同的特征与潜力，为政策制定与企业实践提供了丰富的理论与实践启示。由此，本章提出以下假设。

假设9.2：由于数字化转型的不同维度，气候风险对数字经济的影响将是异质的。

鉴于不同行业在资源配置、运营模式、市场竞争力及政策依赖等方面存在显著差异，本章研究依据各行业生产方式与利润特征，将其划分为资本密集型、劳动密集型及技术密集型三大类别。劳动密集型企业显著依赖于大量劳动力，生产过程相对简单且技术含量较低，其成本结构主要集中于劳动力和原材料，因此可能对能源价格波动及气候风险变化表现出较高敏感性。技术密集型企业则通常展现出强大的技术创新能力和雄厚的资金基础。相比之下，资本密集型企业需进行大量固定资产投资，其生产过程高度仰赖于稳定的政策环境与长期资本支持（Zhang et al，2018）。值得注意的是，气候风险对企业数字化转型的影响并非一概而论，而是因行业特性、经营环境及所面临风险的不同而呈现差异化效应。由此，本章提出以下假设。

假设9.3：由于企业所属行业不同，气候风险对数字经济的影响将是异质的。

9.2.3　气候风险对企业数字化转型的作用机制分析

气候风险可能通过两个调节因素影响企业数字化转型。首先，气候风险中的转型风险与能源消耗之间的关联已在众多研究中得到广泛验证（Borozan and Borozan，2022）。近期的研究主要集中于经济政策不确定性与能源消耗，尤其是碳排放之间的关系（Adams et al，2020；Adedoyin and Zakari，2020；Pirgaip and Dincergok，2020）。然而，气候政策的不确定性与能源消耗之间也有密切联系。李等（Li et al，2023）的研究表明，可再生能源与气候政策不确定性之间的关系依赖于政府对气候变化的立场。如果政府支持减缓气候变化的政策，则两者之间存在正相关关系；若政府立场较为消极，则相关性为负。与此同时，非可再生能源与气候政策不确定性之间的关系总体表现为正相关。鉴于企业数字化转型过程中，能源消耗作为支撑机制的作用，我们推测在气候政策不确定性背景下，能源消耗可能在促进企业数字化转型过程中充当调节变量（Lange et al，2020）。高能源消耗的企业在应对气候政策变化时面临更大的成本压力。此类企业通常将重点放在能源管理和政策合规上，这需要大量资源投入以提高能源效率并减少碳排放。此类资源的配置可能会削弱企业对数字化转型的投资力度，进而影响其数字化转型的进程。此外，能源密集型企业通常需要稳定的能源供应及明确的政策环境，以确保业务的连续性和稳定性。在气候风险较大的情况下，这些企业可能采取较为保守的战略，从而进一步削弱数字化转型的驱动力。由此，本章提出以下假设。

假设9.4：能源消耗对气候风险与企业数字化转型之间的关系具有负向调节作用。

其次，数字化转型涉及技术更新、信息系统的升级、数据分析能力的提升以及组织结构的调整等。这些都需要企业不断进行研发投入和技术探索，且这些投入通常是长期的、持续性的（Xu et al，2023）。自由现金流提供了企业在长期内持续投入研发的资金基础（Yeo，2018；Restrepo et al，2023）。自由现金流较高的企业通常拥有更强的资金实力，可以通过稳健的战略和长期规划来应对气候政策不确定性。这些企业可能会更加保守，不急于投入大量资源进行数字化转型，而是选择逐步调整业务模式或等待更为明确的政策方向。然而，自由现金流较低的企业常常面临更加紧迫的生存压力，因此它们可能会比自由现金流较高的企业更积极地寻求快速转型，通过数字化技术来提升灵活性和竞争力。由此，本章提出以下假设。

假设9.5：企业的自由现金流对气候风险与企业数字化转型之间的关系具有负向调节作用。

9.3　研究数据与研究设计

9.3.1　变量选取与说明

本章采用中国气候政策不确定性（CPU）指数作为衡量气候风险的指标，同时从中国证券市场与会计研究（CSMAR）获取了2006～2021年的中国A股上市企业数据。选择样本的标准如下：没有特殊处理或发生转让情况，账面价值比（BM）不为负值，公开披露至少经营1年以上，金融企业不包括在样本之内。此外，为了减少异常值对结果的影响，在实证分析中，对数据进行1%的双侧缩尾处理。最终样本由43 307个年度观测值组成，包括 4 848 家 A 股上市企业。

9.3.1.1　被解释变量

借鉴李等（Li et al，2022b）的观点，本章从以下四个方面分析企业数字化转型：数字经济应用、互联网商业模式、智能制造和现代信息系统。具体来说，数字经济应用包括数据挖掘、数据管理、数字控制、数字技术、大数据、区块链、云服务和云计算。互联网商业模式包括移动互联网、互联网移动化、互联网应用、互联网营销、互联网战略、互联网生态和电子商务。智能制造包括人工智能、移动智能、高端智能、工业智能、智能控制、智能终端、智能移动、智能制造、自动控制、自动监测和自动检测。现代信息系统包括信息化、信息共享、信息管理、信息集成、信息系统和信息网络。本章通过提取上市企业年报中的关键词频数，并将其除以原始字数，然后对结果进行对数转换，以计算被解释变量——企业数字化转型程度（$Digit$）。这种方法能够涵盖数字化转型的不同方面，更准确地量化企业数字化转型的程度并评估气候政策不确定性对企业数字化转型不同部门的影响，以便有针对性地指导企业在数字化转型过程中进行策略制定和资源配置，并为后续的实证分析提供可靠的数据基础。

9.3.1.2　核心解释变量

本章参考马等（Ma et al，2023）的研究，采用 2006 ~ 2021 年的年度国家指数数据作为核心解释变量，记为 CPU。该指数根据 2000 ~ 2022 年的《人民日报》、《光明日报》、《经济日报》、《环球时报》、《科技日报》和中国新闻社的大约 175 万篇新闻文章构建而成。

9.3.1.3　控制变量

根据李等（Li et al，2022b）的研究，本章通过控制变量来证明相关财务因素对企业数字化转型的影响。这些变量包括：最大股东所有权（$First$）、资产回报率（ROA）、杠杆率（Lev）、营业收入增长（$Growth$）、独立董事占比（$Indep$）、企业规模（$Size$）、企业成立年限（Age）、董事会规模（*Board*）和 CEO 年龄（*CEOAge*）。指标的详细定义如表 9 - 1 所示。

表 9 - 1　　　　　　　　　　　主要研究变量说明

变量类型	变量名称	变量说明
被解释变量	*Digit*	根据上市企业年报中相关词汇的频数计算而得，涵盖了数字技术、互联网商业模式、智能制造和现代信息系统四个方面
核心解释变量	*CPU*	气候风险
控制变量	*First*	最大股东持股比率
	ROA	资产回报率
	Lev	企业资产负债率
	Growth	营业收入增长率
	Indep	独立董事占比
	Size	对企业资产取对数进行计算
	Age	对企业成立年限取对数进行计算
	Board	对企业董事会人数取对数进行计算
	CEOAge	对企业 CEO 年龄取对数进行计算

9.3.2　变量描述性统计

表 9 - 2 提供了这些变量的描述性统计结果。值得注意的是，数字化转型指标（*Digit*）的最大值为 - 1.942，标准差超过 1，这反映了上市企业在数字化转型程度上的巨大差距。此外，气候风险（*CPU*）的年平均值为 2.432，并在样本期内观察到了明显的上升趋势，表明气候政策的不确定性水平在迅速增加。

表 9 - 2　　　　　　　　　　　主要变量描述性统计

变量	观测值	平均值	标准差	最小值	P25	P50	P75	最大值
Digit	41 613	- 4.892	1.220	- 7.434	- 5.770	- 4.963	- 4.085	- 1.942
CPU	43 307	2.432	0.489	1.287	2.259	2.341	2.843	3.200
First	40 121	34.340	14.930	8.560	22.660	32.050	44.550	74.860
ROA	40 114	0.033	0.076	- 0.371	0.009	0.033	0.066	0.240

续表

变量	观测值	平均值	标准差	最小值	P25	P50	P75	最大值
Lev	40 110	0.372	0.224	0.013	0.194	0.349	0.518	1.045
Growth	34 702	0.650	2.676	−1	−0.064	0.109	0.419	22.120
Indep	40 113	0.374	0.053	0.300	0.333	0.333	0.429	0.571
Size	40 114	21.770	1.243	19.080	20.910	21.630	22.450	25.650
Age	39 670	2.063	0.897	0	1.386	2.303	2.773	3.332
Board	40 113	2.134	0.204	1.609	1.946	2.197	2.197	2.708
CEOAge	35 571	3.851	0.145	3.466	3.761	3.871	3.951	4.143

9.3.3　计量模型设定

本章采用一个基准模型来考察气候风险对企业数字化转型的影响，使用个体固定效应的面板回归模型。模型设定如下：

$$Digit_{i,t} = \alpha_0 + \alpha_1 CPU_t + \sum \beta Controls_{i,t} + \mu_i + \varepsilon_{i,t} \qquad (9-1)$$

其中，下标 i 代表各个研究样本企业，t 则代表年份；$Digit_{i,t}$ 是因变量，表示企业数字化转型程度；CPU_t 是核心解释变量，表示气候风险；$Controls_{i,t}$ 表示控制变量；μ_i 代表个体固定效应；ε_{it} 为回归残差项；α_1 表示气候政策不确定性对企业数字化转型的作用，若预测得到的 α_1 大于0，则意味着气候政策的不确定性将直接增加企业数字化转型的水平。

9.4　实证结果及分析

9.4.1　基准回归结果

本章采用模型（9-1）来探讨气候风险对企业数字化转型（*Digit*）的影响，基准回归结果如表9-3所示。结果表明，在控制个体固定效应的情况下，气候风险会对企业数字化转型产生显著的正向影响，系数为0.626，证实了假设 9.1。在加入控制变量后，系数下降到 0.132，但在 1% 的水平上仍具有统计学意义。这表明企业数字化转型与气候风险的增加有共同演化关系，气候变化在带来风险的同时，能够为企业发展提供机遇，在一定程度上激发企业在技术和管理方面进行创新，开发新产品、新服务，提升生产效率和市场竞争力，加快数字化转型步伐。

表 9 – 3   基准回归结果

变量	Digit	
	（1）	（2）
CPU	0.626 *** （43.10）	0.132 *** （7.21）
常数项	− 6.421 *** （− 181.05）	− 10.755 *** （− 22.45）
控制变量	未控制	控制
个体固定效应	控制	控制
观测值	41 613	29 866
R^2	0.149	0.214

注：括号中报告了 t 统计量。 ***、** 和 * 分别表示在 1%、5% 和 10% 的水平上显著。

9.4.2   稳健性检验

为了验证实验结果的可靠性，本节进行了一系列稳健性检验。

首先，由于金融危机和新冠疫情等事件可能会对企业的经营和发展产生广泛影响，而这些影响可能与气候政策不确定性产生交叉或重叠，难以准确评估气候变化对数字化转型的影响。为了排除金融危机和新冠疫情对企业数字化转型的影响，本节删除了 2008 年、2009 年和 2020 年的数据。结果显示在表 9 – 4 的列（1），可以看到核心解释变量的系数仍显著为正（0.249）。这表明如果没有金融危机和新冠疫情的影响，气候风险的增加仍然会使企业数字化转型进程加快。

其次，参照文献（Verhoef et al，2021），本节用 $Digit_a$ 作为替代指标来衡量企业数字化转型程度。该指标涵盖了五个维度和相关关键词，包括人工智能技术、大数据、云计算、区块链技术和数字技术应用，结果显示在表 9－4 的列（2）。可以看到气候风险的系数仍然显著为正，表明存在明显的正向关系，证实了研究结果的稳健性。

再次，美国气候政策不确定性通常与中国国内的气候政策不确定性密切相关。而其变化不会直接影响中国上市企业的数字化转型行为。因此本节参考文献（Ji et al, 2024；Ma et al, 2024），使用美国气候不确定性指数（*CPU_US*）作为工具变量，以解决潜在的内生性问题，结果显示在表 9－4 的列（3）和列（4）。列（3）显示了第一阶段的回归结果，可以看出，工具变量的系数是显著的。并且为了验证工具变量的有效性，研究进行了检验，其中 Kleibergen-Paap rk LM 的 p 值为 0.000，说明工具变量可以识别；Kleibergen-Paap Wald rk F 为 203.050，高于临界值（16.38），因此拒绝弱工具变量的假设，表明不存在弱工具变量问题。列（4）显示，气候风险的系数仍然显著为正，与基准结果一致，从而证明了研究结果的可靠性。

表 9－4　稳健性检验

变量	剔除外部冲击干扰	替换被解释变量	工具变量	
	（1）	（2）	（3）	（4）
CPU	0.249 ***	0.207 ***		2.970 ***
	(8.65)	(7.46)		(11.65)
CPU_US			0.056 ***	
			(14.41)	
常数项	－10.244 ***	－16.418 ***		
	(－20.28)	(－20.98)		
Kleibergen-Paap rk LM			201.219 ***	
Kleibergen-Paap Wald rk F			203.050	
控制变量	控制	控制	控制	控制
个体固定效应	控制	控制	控制	控制
观测值	24 139	16 511	29 267	29 267
R^2	0.194	0.174	0.132	0.061

注：列（1）报告了除 2008 年、2009 年和 2020 年以外的样本期的稳健性检验结果。列（2）显示了更换被解释变量衡量指标后，气候风险对企业数字化转型的影响。列（3）、列（4）报告了用 2SLS 估计器进行稳健性检验的结果。括号中报告了 t 统计量。*** 、** 和 * 分别表示在 1% 、5% 和 10% 的水平上显著。

最后，基准分析中，气候政策不确定性被用来衡量气候风险。在稳健性检验中，根据雷等（Lei et al，2023）的研究，本节使用 *LTD*、*HTD*、*ERD*、*EED* 分别代表极端低温日、极端高温日、极端降雨日和极端干旱日，考虑了极端气候的影响。以上指数有助于我们从多个角度分析气候变化对企业数字化转型的影响，更全面地评估企业数字化转型过程中可能面临的各种挑战和机遇。从表 9 - 5 的列（1）~列（4）可以看出，极端干旱日指标（*EED*）有最强的负向影响，其系数为 - 0.015。而极端降雨日指标（*ERD*）有最强的正向影响，其系数为 0.010。温度是影响情绪的三大因素之一（Howarth and Hoffman，1984）。不愉快的环境条件显著影响企业行为和决策（Goetzmann et al，2015；Addoum et al，2023）。极端干旱会减少企业的风险承担行为，导致企业加快数字化转型，以实现风险规避（He and Ma，2021）。这说明，面对不同类型的极端天气，政府应根据气候影响的具体情况，制定有针对性的措施。

表 9 - 5　　　　　　　　　稳健性检验：更换核心解释变量

变量	*Digit*			
	（1）	（2）	（3）	（4）
LTD	- 0.006 *** （ - 9.81）			
HTD		0.000 （0.33）		
ERD			0.010 *** （6.63）	
EED				- 0.015 *** （ - 9.10）
常数项	- 16.337 *** （ - 21.00）	- 16.852 *** （ - 21.49）	- 16.543 *** （ - 21.17）	- 16.036 *** （ - 20.44）
控制变量	控制	控制	控制	控制
个体固定效应	控制	控制	控制	控制
观测值	16 511	16 511	16 511	16 511
R^2	0.177	0.169	0.173	0.176

注：括号中报告了 t 统计量。*** 、** 和 * 分别表示在 1%、5% 和 10% 的水平上显著。

9.5　进一步分析

9.5.1　异质性分析

为深入探讨气候风险对企业数字化转型影响的异质性，本节在先前假设研究的基础上进行了回归分析，得到了分类后的基准模型估计结果。

首先，基于前面对企业数字化转型的四个维度进行的讨论，本节重新考虑了气候风险的影响。表 9-6 展示了相关结果，表明 CPU 对智能制造的影响最强，其系数为 0.225。智能制造行业依赖于基础设施等资源，能源消耗较大，而这些资源的获取和利用与气候政策密切相关，气候风险可能会导致能源成本、能源供应方式等方面的调整。然而，研究发现，CPU 对企业的互联网商业模式发展（如互联网战略和互联网生态等）的影响系数最小。这可能是因为互联网企业商业模式所依赖的技术和平台基础已相对稳定，不受气候风险的直接影响。此外，互联网企业的商业模式通常较为灵活，能够迅速适应市场的变化和政策的调整，因此对气候风险的反应相对较弱，证实了假设 9.2。

表 9-6　　　　　　按照数字化转型维度分类的模型估计结果

变量	Digit			
	(1)	(2)	(3)	(4)
	数字经济应用	互联网企业商业模式	智能制造	现代信息系统
CPU	0.144 ***	0.143 ***	0.225 ***	0.151 ***
	(4.85)	(6.47)	(10.42)	(7.71)
常数项	-8.468 ***	-5.321 ***	-6.992 ***	-3.693 ***
	(-9.62)	(-9.30)	(-11.55)	(-7.81)
控制变量	控制	控制	控制	控制
个体固定效应	控制	控制	控制	控制
观测值	14 002	23 420	22 301	25 148
R^2	0.306	0.233	0.288	0.071

注：括号中报告了 t 统计量。*** 、** 和 * 分别表示在 1% 、5% 和 10% 的水平上显著。

其次，根据吕和李（Lv and Li，2023）的研究，由于各企业的电力和能源需求不同，气候政策变化对各企业的影响也不同。因此，参照任等（Ren et al，2022b）与吕和李（Lv and Li，2023）的发现，本节根据企业经营特征，将其分为资本密集型、劳动密集型和技术密集型三类。资本密集型企业在生产过程中主要依靠资本货物，如机器和设备（如机械和化学行业）；劳动密集型企业指在生产过程中主要依靠人力劳动的企业（如纺织和食品加工行业）；技术密集型企业，指的是依靠先进技术、研发和创新作为关键资源的企业，这类企业对劳动力和资本货物的依赖相对较少（如计算机和生物技术行业）。

表9-7报告了按行业类型分类的异质性回归结果。结果显示，CPU对所有企业的数字化转型都有显著影响。其中，劳动密集型企业的CPU系数最大，为0.123；技术密集型企业的CPU系数次之，为0.120；受影响最小的是资本密集型企业，CPU系数为0.113。虽然资本密集型企业也会受到CPU的影响，但由于其生产过程较为固定和长期，故CPU对该类企业数字化转型的促进效果相对较弱（Ren et al，2022d）。证实了假设9.3。

表9-7　　　　　　　按照企业所在行业分类的模型估计结果

变量	Digit		
	(1)	(2)	(3)
	资本密集型	劳动密集型	技术密集型
CPU	0.113 ***	0.123 ***	0.120 ***
	(5.49)	(2.69)	(2.59)
常数项	-10.905 ***	-10.444 ***	-8.758 ***
	(-21.02)	(-10.97)	(-8.10)
控制变量	控制	控制	控制
个体固定效应	控制	控制	控制
观测值	22 338	4 671	2 754
R^2	0.198	0.159	0.193

注：括号中报告了 t 统计量。 *** 、 ** 和 * 分别表示在1%、5%和10%的水平上显著。

9.5.2　影响机制分析

能源作为企业资源之一，能源消耗在气候风险下反映了资源配置理论中的企业决策过程，即企业如何合理配置资源以应对外部环境的变化。此外，由于气候风险会对企业的能源消耗产生影响，而企业数字化转型过程往往伴随更多的数字化设备建设和技术支持，因此，本节引入能源消耗量（EC）作为调节变量。为了反映不同类型能源消耗量，我们采用折算成统一标准煤（万吨标准煤）这一指标，综合考虑了各种能源消耗并赋予相应权重，通过加权平均计算得出能源消耗量。具体折算方式如下：

$$
\begin{aligned}
统一标准煤 = {} & 耗水量 \times 0.0002429 + 耗电量 \times 1.229 + 原煤使用量 \\
& \times 0.7143 + 天然气使用量 \times 13.3 + 汽油使用量 \\
& \times 1.4714 + 柴油使用量 \times 1.4571 \\
& + 集中供热 \times 0.03412
\end{aligned}
\tag{9-2}
$$

本章检验企业的能源消耗量在 CPU 影响企业数字化转型中的作用，如式（9-3）所示：

$$
\begin{aligned}
Digit_{i,t} = {} & \alpha_0 + \alpha_1 CPU_t + \alpha_2 EC_{i,t} + \alpha_3 CPU_t \times EC_{i,t} \\
& + \sum \beta Controls_{i,t} + \mu_i + \varepsilon_{i,t}
\end{aligned}
\tag{9-3}
$$

其中，$EC_{i,t}$ 表示能源消耗量，$CPU_t \times EC_{i,t}$ 是交互项。

结果显示在表 9-8 的列（1）。交互项的系数显著为负，说明调节变量能源消耗量弱化了气候风险对企业数字化转型的影响关系。即在低能耗时气候风险能够促进企业数字化转型，而能耗增加时促进作用减弱。可能的原因包括能源消耗量较高的企业，在面临气候变化挑战时面临难以确定的未来环境和具有更高的能源成本，因此不愿意承担数字化转型的长期投资风险，将更多资源用于基础设施更新和环保改造，占用了企业进行数字化转型的资金。而且在市场认可方面，低能耗企业可能在环保和可持续发展方面有较好的形象，这有利于吸引投资者和消费者对其数字化转型的支持。证实了假设9.4。

表 9-8   调节效应检验

变量	Digit	
	（1）	（2）
	能源消耗量	自由现金流
CPU	2.425***	0.426***
	（13.59）	（2.66）
EC	0.004***	
	（15.67）	
CPU×EC	-0.001***	
	（-13.37）	
Cflow		0.028
		（1.21）
CPU×Cflow		-0.018*
		（-1.93）
常数项	-10.409***	-11.125***
	（-17.45）	（-20.32）
控制变量	控制	控制
个体固定效应	控制	控制
观测值	21 326	23 452
R²	0.229	0.223

注：列（1）和列（2）分别为模型（9-3）和模型（9-4）的估计结果。括号中报告了 t 统计量。***、**和*分别表示在1%、5%和10%的水平上显著。

企业的自由现金流对于气候政策不确定性影响数字化转型程度至关重要（Lv et al，2023；Peng and Tao，2022）。因此，本节引入了企业的自由现金流（Cflow）作为调节变量，考察气候政策不确定性在企业自由现金流影响下对企业数字化转型的影响。模型设定如式（9-4）所示：

$$Digit_{i,t} = \alpha_0 + \alpha_1 CPU_t + \alpha_2 Cflow_{i,t} + \alpha_3 CPU_t \times Cflow_{i,t}$$
$$+ \sum \beta Controls_{i,t} + \mu_i + \varepsilon_{i,t} \qquad (9-4)$$

其中，$Cflow_{i,t}$ 表示自由现金流，$CPU_t \times Cflow_{i,t}$ 是交互项。

实证结果如表 9-8 的列（2）所示，交互项的系数显著为负，说明调节变量自由现金流削弱了气候风险对企业数字化转型的正向影响。即对于自由现金流较低的企业而言，气候风险对企业数字化转型的影响程度更大。当自由现金流较高时，企业拥有更多的资金和资源来应对气候风险，因此气候风险对数字化转型的促进作用可能会被进一步放大或得到缓解。而自由现金流较低的企业，则缺乏这种风险应对能力，因此在气候风险增加的情况下，它们可能会更加依赖于传统的生产和经营方式，导致数字化转型的推进受限（Luo，2022）。证实了假设 9.5。

9.6　本章小结

本章以 2006～2021 年的中国 A 股上市企业为样本，研究了气候风险对企业数字化转型的影响效果。结果显示，气候风险对企业数字化转型有积极影响。为了验证结论的可靠性，本章还进行了一系列的稳健性检验。研究发现，不论是更换企业数字化转型衡量方式、排除金融危机和新冠疫情的影响，还是使用全球气候政策不确定性作为工具变量，基准回归的结果都是稳健的。此外，本章从极端低温日、极端高温日、极端降雨日和极端干旱日四个角度分析了极端气候变化对企业数字化转型的影响，发现极端干旱日指标有最强的负向影响，而极端降雨日指标有最强的正向影响。本章还基于企业数字化转型的四个维度进行分析，研究发现，气候风险对智能制造部门的影响最强，对企业的互联网商业模式发展影响最弱。同时，对不同行业的异质性分析揭示了气候风险对劳动密集型和技术密集型企业的数字化转型有更突出的影响。此外，本章探索了气候风险影响企业数字化转型的渠道。通过使用企业能源消耗量和自由现金流作为调节变量，发现企业的能源消耗量和自由现金流会削弱气候风险对企业数字化转型的正向影响。即在能源消耗量较低和自由现金流较少的企业中，企业的数字化转型进程对气候风险更加敏感。

基于上述研究结论，本章提出以下政策建议，旨在优化企业数字化转型路径并有效应对气候风险。首先，企业应高度关注气候政策透明度与稳定性的提升。随着气候变化加剧，气候政策不确定性对企业数字化转型的影响日益显著。尽管其能激发企业创新活力并加速转型进程，但长期且过度的不确定性将增大企业经营风险。因此，增强气候政策的透明度，可以为企业提供清晰、稳定的政策预期，从而降低其应对不确定性的成本。其次，实施差异化支持政策以应对气候政策不确定性对不同维度及行业企业的异质性影响。政策制定者需根据行业特性，制定针对性支持措施。例如，为智能制造企业在数字化转型中购置的智能设备提供税收减免，并设立专项基金支持其技术研发与创新项目。同时，针对劳动密集型和技术密集型行业，分别制定专项支持政策，如为劳动密集型企业提供数字化改造补贴，助力其引进自动化设备及信息系统，提升生产效率与资源利用率；对技术密集型企业，则提供研发资金与人才引进政策，促进其在数字化技术研发与应用方面的创新，增强各行业通过数字化转型应对气候变化的能力。最后，政府应强化企业能源管理并完善信贷支持体系。加强对企业能源消耗的监管，制定严格的能源效率标准与考核机制，要求高能耗企业制定节能降耗计划，并提供技术支持与指导，推动企业通过数字化转型提升能源利用效率。同时，制定鼓励绿色融资与可持续投资的政策，引导银行与金融机构为有潜力的数字化转型项目提供更多支持，降低中小企业融资门槛，共同推动企业在应对气候变化中实现数字化转型与可持续发展。

| 第 10 章 |

结　　论

　　全球经济飞速发展的百余年间，历经了电力的突破、化学和钢铁工业的崛起、飞机和汽车工业的繁荣，以及信息技术的历史性革命，一个多世纪化石能源的疯狂燃烧为人类创造了生产力的神话。然而，巨量的能源消耗将人类带入现代社会的同时，也为地球套上了一层温室气体的外壳。这意味着资源耗竭的预告不仅对人类的生产发出限制警告，更拉响了人类的生存警报。气候变暖拉开了人类与气候危机长期斗争的序幕；温室效应加速了极地冰川消融，抬升了海平面；极端天气在地表肆虐，自然灾害席卷全球。霎时之间，应对气候危机成为全球维护人类生存安全的关键议题。从《联合国气候变化框架公约》到《京都议定书》，再到《巴黎协定》，世界各国纷纷作出"碳中和"的庄严承诺，解除气候危机成为构建人类命运共同体的首要目标。此时，革新生产力，变革生产方式，作为经济社会向绿色低碳转型的必由之路，已在世界各国应对气候变化的白皮书中提上日程。

　　生产的变革，归根结底是对企业的革命。作为社会物质资料生产的基本微观单元，企业在气候风险中的生存能力是社会绿色革命能否胜利的关键。不可避免的是，企业并不能在气候变化所掀起的全球性灾难中独善其身，气候风险的冲击使得企业陷入生存和发展的历史性难题。温室气体笼罩下，气候物理风险随时可能发生，干旱、热浪、洪涝、火灾将使得企业长期受制于资产损失和业务中断的困境。随之而来的资源短缺、运输中断、成本上升、供应链断裂等使得企业濒临在危机中失败的绝境。转型风险接踵而至，气候政策的骤然出台以及环境法规的突发变化，使得企业受困于技术研发的"瓶颈"，绿色创新成为企业成长迈不过的"大山"。消费者的低碳需求、投资者的收益焦虑以及企业声誉的实时维护使得企业深陷市值萎缩、财务风险以及公众压力的发展桎梏。气候风险成为全球变暖时代企业生产经营和生存成长最大的"拦路虎"，防范风险于未然以及在风险中求生存成为这一时期企业发展的必修课。

将长远的目光投射在企业的未来发展之路上，不言而喻，气候风险的防范和化解对企业和经济社会的重要性体现在三个方面。一是社会生产的关键性。企业作为向社会源源不断输送物质的生产单位，一旦企业的生产规模在气候灾难中坍塌，社会生活所需的基本物料对公众的断供将引发整个社会陷入生存的恐慌。二是就业稳固的必要性。企业作为容纳劳动力和实现资源配置的重要容器，若无法在气候危机中保持运营坚挺，将导致大面积的周期性失业，成为社会秩序混乱的导火索。三是社会转型的紧迫性。企业作为生产力发展的主要单位，是绿色技术成果变现的重要载体，是经济社会向绿色低碳转型的关键功能主体。企业在气候风险中的韧性决定了经济绿色转型的潜力以及社会低碳转型的速度，是"双碳"承诺是否能及时兑现的基本前提。因此，当经济社会普遍陷于气候变暖的阴影中，能否成功防范和化解气候风险是人类可持续发展之路得以继续铺展的关键。

当解除气候风险成为企业发展的基本诉求，企业高质量发展的内驱力便由此萌生。气候变化背景下，企业高质量发展成为企业对抗自然之力的主要手段，迫使企业积极探索新的生产方式与发展轨迹。高质量发展，这一融合了经济活力、创新和竞争力的新型发展理念，不仅纳入了绿色发展这一重要的社会转型元素，更展现了经济与环境并重、效率与质量并行的发展原则，以其高科技、高效能、高质量的核心特质，深度融合信息化、智能化、绿色化的时代浪潮，为企业发展摆脱气候风险威胁并推动新时代经济转型升级注入强大动力。在气候风险的困境中，中国作为应对全球气候变化挑战的中流砥柱，将"创新、协调、绿色、开放、共享"的新发展理念作为高质量发展的绿色宣言，为企业的高质量发展路径指明了方向。

不可忽视的是，企业高质量发展是挑战与机遇融合的代名词。一方面，企业高质量发展无疑深度挖掘了企业的内在潜力，将企业推向行业竞争的高地，使企业成为产业发展的标杆。企业的高质量发展水平如同涟漪般扩散，形成系统性的良性互动与协同发展，增强了整个经济系统的抗震能力以及可持续发展生命力。另一方面，气候风险对企业生产和运营所产生的负外部效应，成为企业实现高质量发展所需跨越的重要关卡。气候物理风险和气候转型风险对企业生产经营的双面夹击，使得企业资源流动淤滞，经营管理不畅，技术升级受阻，因此，气候风险既是企业高质量发展的初衷，同时也是影响企业高质量发展的核心因素。

10.1　研究结论

气候变化为企业可持续发展设下的难关，对社会生产和就业造成了长期性和广泛性的损伤，企业开辟高质量发展路径成为抗衡气候风险和推动生产绿色革命的当务之急，探索气候变化背景下企业的高质量发展之路是学术界在经济社会绿色转型浪潮中的必然使命。因此，本书基于气候风险挑战下共筑人类命运共同体的责任和担当，以及为社会低碳转型建言献策的初衷和决心，以推动企业高质量发展进而实现整个社会的可持续发展为目的，系统深入地挖掘了气候风险压力下企业的高质量发展路径。

本书先对企业高质量发展以及气候变化等相关研究背景进行了深刻的阐述和全面的梳理，深度剖析了相关领域的重要理论和研究发展现状。在企业高质量发展方面，研究的关注点主要落在企业竞争力、技术创新以及绿色发展上，而在气候变化领域，研究的重心主要集中在气候变化对企业生产运营以及可持续发展能力的影响上。在已有研究的基础上，本书通过对前人优秀研究成果的提炼、思辨以及经验借鉴，重新构建了多层次、多视角的企业高质量发展评价体系。随后，本书通过对企业绩效提升、动力变革以及风险控制等三个方面进行考察，深入探讨了气候变化对企业高质量发展的影响效应。具体而言，绩效提升主要牵涉到企业生产效率及质量管理等方面，动力变革包括企业组织结构和人才培养的变革，而风险控制则是企业面对气候变化等外部挑战时制定应对策略的重中之重。通过对企业这些方面的综合考察和理解深化，本书成功地描绘了气候风险对企业发展多重影响的轮廓，并助力构建企业应对气候变化挑战开启高质量发展征程的蓝图。

首先，第1章和第2章从理论层面出发，梳理了本书的研究基础，并搭建了本书的研究框架，为本书后续内容的展开奠定理论基础。该部分内容为本书的开端，为读者展示本书的理论支撑和内容架构。其次，第3～第9章为本书的主体内容，涵盖了气候风险与企业全要素生产率、创新水平、环境绩效、过度负债、股价崩盘风险、资产配置以及数字化转型等方面的详尽讨论。该部分系统地分析了气候风险对企业高质量发展的影响路径，通过一系列严谨的实证数据以及丰富的理论观点揭示了气候变化对企业从局部到整体的综合影响。最后，第10章为本书的结论部分，在实证结果的基础上，提炼了本书的核心结论，并从本书的一系列创新性成果延伸出政策建议，为身处气候变化危机中的企业提供兼具实践指导性与理论创新性的高质量发展策略。全书经过全面翔实的理论分析、实证研究、成果总结，得出了以下关键性结论。

第一，基于绩效提升、动力变革和风险控制三个维度所构建的企业高质量发展评价体系对全面把握内外部环境的风险挑战，优化企业生产经营与管理决策彰显出科学性与适用性。

本书基于高质量发展的内涵及特征，从公司治理的不同层面选取了绩效提升、动力变革和风险控制等不同维度的指标来全面衡量企业的高质量发展水平。

（1）从企业绩效提升的维度来看，生产经营的有序运作是企业高质量发展的前提。作为生产绩效的代表性指标，全要素生产率的提升是加速企业成长的关键。除了生产绩效，企业的环境绩效是低碳转型时代企业能否在市场站稳脚跟的决定性因素之一。高质量发展本身就是绿色低碳循环发展，绿色发展关乎企业的绿色形象、品牌价值以及社会责任，是消费者的新型目光聚集点。而企业的碳足迹体现了企业的环境责任意识强度。因此，本书选取了全要素生产率和二氧化碳排放量分别作为企业生产绩效和环境绩效的度量指标，旨在综合考量气候风险对企业经济效益和环境效益的双重影响。通过深入分析这两个指标的变化趋势和相互关系，全面地评估了企业的绩效表现，为企业的高质量发展从绩效提升视角优化了企业经营和管理的决策空间。

（2）从企业动力变革的维度来看，创新驱动是企业开辟高质量发展路径的内在要求。科技成果变现赋能现实生产力，促进新兴产业的崛起，推动落后生产方式的汰换，促进经济生产效率向更高一阶跃升。随着现代技术的不断进化，数字技术迭代加速，大数据一跃成为公司治理的前端工具。数字技术在公司经营管理各个环节的渗透，使得企业更加精准地捕捉市场需求动态，预测市场趋势，优化战略决策。人工智能与机器学习技术也如雨后春笋般涌现，成为企业处理海量数据的高效工具，企业也因此抓住新的商机并促进原有生产流程的优化。同时，以数字技术为支撑发展的互联网打破了企业发展的信息壁垒，降低了信息获取和交易的成本。企业获得了更丰富的市场信息，加强了与客户的深度联动，加快了产品与服务的设计规划，在市场竞争中抢占先机。企业在数字化转型的历程中提高了企业的生产效率，优化了企业的经营管理，拉近了与投资者以及利益相关者的距离。因此，本书选取了数字化转型和研发投入来衡量企业的发展动力，深入探析了气候风险对企业数字化转型与企业创新的具体影响，为企业以高质量发展规划破解气候风险的难题从现代技术革命视角提供新思路。

（3）从企业风险控制的维度来看，除了复杂多变的外部环境引人担忧外，企业内部经营治理不善所衍生的系统性风险同样是企业发展难以突破的障碍。系统性风险多由经济周期的波动、市场竞争的加剧、政策法规的骤变以及自然灾害的破坏诱发，对企业的生产经营具有颠覆性影响。构筑系统全面的风险防控体系是企业高质量发展的必然要求。风险防控屏障的建立增强了企业在冲击中的抗震和维稳能力，提升了企业对环境的动态适应性，加大了企业在动荡环境中竞争的定力，为企业的高质量发展保驾护航。因此，本书选取企业金融化、过度负债以及股价崩盘风险三个指标衡量企业的风险控制能力。多角度反映了企业的财务稳健性、资本结构合理性以及市场信誉度，为评价企业的风险抵御能力提供了全面的参考依据。综上所述，本书从企业绩效提升、动力变革以及风险控制三个维度进行综合考量，选取了七个具有代表性的企业高质量发展水平代理指标，构建了科学完善的企业高质量发展评价体系。并通过剖析气候风险与上述指标之间的内在联系，验证了气候风险挑战下企业基于生产与环境绩效提升、创新与转型动力变革以及风险防范和化解等方面从内破壳的必要性和紧迫性。

第二，气候变化形成的外力刺激推动了企业的数字化转型及企业创新驱动发展战略的实施。

本书考察了气候风险对企业数字化转型的影响。研究结果表明，气候风险与企业数字化转型之间存在显著的正相关关系。为了确保所得结论的科学性和有效性，本书通过排除金融危机与新冠疫情的影响、调整数字化转型的测量方法、使用美国气候政策不确定性指数作为工具变量，以及进一步考察极端气候的影响等方式进行了一系列稳健性检验。对数字化转型维度进行异质性分析，本书发现，气候风险对智能制造部门的影响最为强烈，而对互联网企业商业模式发展的影响较为微弱。而行业异质性分析表明，气候风险对劳动密集型企业数字化转型的影响最显著，其次为技术密集型和资本密集型企业。在渠道分析中，本书采用企业的能源消耗量和自由现金流作为调节因素，检验了两者所发挥的负向调节效应。本书基于实证的研究结果表明，企业在进行与数字化转型相关的投资决策时，全面审慎地评估气候政策带来的潜在风险和机遇至关重要，应当长远地考虑政策变化对企业运营和绩效的关联影响，并对数字技术的应用在减少碳足迹以及提升企业可持续发展力上的功效进行科学的预测估量。同时，政府在制定气候政策的过程中，应将政策着力点落到推动生产率低、成本高且融资约束严重的企业数字化转型上。通过采取提供财政援助、破除融资壁垒以及鼓励企业创新技术投入等针对性的方针政策，推动企业的数字化转型进程。只有政府同企业形成合力，制定并落实明确的、适用的、科学的气候政策，才能加大数字技术革命在企业转型中的覆盖面积，为经济社会的可持续和高质量发展道路创造更为通畅的条件。

为了更深入地探讨气候变化对企业动力变革的影响，本书进一步研究了气候风险与企业创新之间的相关关系。研究结果表明，气候风险与企业创新投入之间存在显著的正相关关系。这意味着企业倾向于通过增加创新投入来应对气候风险带来的外部冲击，以此应对政策变革和环境变化引发的负外部效应。进一步分析表明，气候风险通过市场预期和政府环境关注度两条渠道对企业创新产生影响。从能源类型和所有权结构的角度来看，非新能源行业和国有企业创新动力更足。因此，企业的高质量发展可以从气候变化中探求机遇，与政府、行业协会以及研究机构形成深度合作网络，达成技术共享与资源整合，在绿色技术领域不断深耕，开拓新的创新领地，推动企业创新驱动发展战略迈上新台阶，实现企业在激烈的市场环境中持续领跑，从而将整个行业带入绿色转型和高质量发展的新阶段。

第三，气候变化所带来的冲击对企业风险控制水平的提升及风险应对能力的增强产生了强力驱动。

本书探讨了气候风险与企业过度负债之间的关系，并进一步强调了融资约束与企业金融化所发挥的调节效应。研究结果表明，气候风险是企业过度负债的直接诱发因素。异质性分析表明，气候风险对企业过度负债的促进效应主要体现在国有企业、中部地区企业、高科技企业以及高碳企业。调节效应分析中，融资约束和企业金融化程度展现出对气候风险提升企业过度负债水平的正向调节作用。上述发现不仅拓展了我们对气候风险与企业财务行为之间关系的理解，更将企业管理者的战略抉择纳入了企业高质量发展的路径规划之中。企业在面临日益严峻的气候变化挑战时，不仅要向外警惕气候政策变化所带来的外部冲击，同时要向内考虑企业面临的融资约束以及自身的金融化水平所发挥的调节功能。这对于企业财务战略的部署，风险规避以及财务健康水平的提升具有重要的实践指导意义。因此，气候风险对企业过度负债的影响从企业财务行为视角为企业实现高质量发展发挥主观能动性提供了新方向。

本书通过利用动态面板模型研究了气候风险对中国企业股价崩盘风险的影响。研究结果显示，气候风险对企业股价崩盘风险具有显著的正向影响，这种影响尤其在非国有企业更为明显。不可忽视的是，企业内部更高的治理水平会加剧气候政策波动所带来的股价崩盘风险。而银企关系和环境保护新项目投资则有效降低了气候风险所刺激的股价崩盘风险。这意味着促进银企关系友好发展以及激发企业投资于环境保护新项目的积极性对于缓释由气候风险引发的股价崩盘风险具有现实意义。在抵御气候风险中防范股价崩盘，为企业的高质量发展创造了平稳健康的实施空间，更为整个经济体系的可持续运转增加了定力。

此外，本书运用固定效应模型对气候风险对中国 A 股上市企业金融化的影响进行了深入探索。研究结果显示，随着气候风险的增加，企业金融化趋势逐渐增强。从影响机制的角度分析，气候风险引发了政府更为密切的环境关注度，刺激了企业治理水平的提升，从而使得企业通过金融化手段来增强自身在资本市场的适应力和竞争力。并且不同类型的企业金融化趋势受气候风险的影响具有异质性，具体而言，当面临气候政策波动时，非国有企业、东部地区企业以及行业竞争度较高的企业更倾向于增加对金融资产的投资，这种现象反映出企业调整资产结构配置是应对气候风险的有效手段。因此，在气候变化以及政策调整的高度不确定环境中寻求企业高质量发展路径，需要将建立气候风险管理应急预案以及规范科学地调整资产配置结构放在企业风险应对方案的重要位置，内部治理和资产调整双管齐下稀释气候风险，以金融灵活性促进企业的高质量发展。

第四，气候变化所带来的不确定性对企业环境绩效和生产绩效的影响不具有同一性，表现为对企业全要素生产率和碳足迹的正向刺激提升了企业生产绩效但降低了环境绩效。

本书基于经济投入—产出生命周期评价的创新方法，进行了公司层面的碳足迹评估，并通过采用动态面板估计作为基线模型，研究了气候风险对企业环境绩效的影响。研究结果表明，气候风险与企业碳排放之间存在明显关联，气候风险增加了企业碳足迹从而抑制了企业环境绩效的提升。而且气候风险对企业环境绩效的影响存在显著的区域异质性，具体表现为中部地区和东部地区企业环境绩效受不确定性影响最大。而基于企业特征和企业所有权结构的异质性分析则表明，环境约束严格的企业与非国有企业对气候风险更为敏感，极端气候事件更易引发此类企业碳排放水平的过激反应。机制分析则进一步揭示了气候风险影响企业环境绩效的潜在渠道，企业内部治理水平、创新活力以及投资者关注度均为气候风险对企业环境绩效产生影响的桥梁。这预示着在与气候风险对抗中实现企业的高质量发展，进行严格的碳管理、碳排查、碳过滤具有重要意义，也是在企业高质量发展路径中贯彻绿色理念的必然要求。

为了验证气候风险与企业生产绩效之间的内在相关性，本书以采矿业、制造业以及能源生产和供应行业的 A 股上市公司为样本，探讨了气候风险对企业全要素生产率的影响。研究结果表明，气候风险显著提升了企业的全要素生产率。基于企业主要生产要素及所有权结构的异质性分析表明，气候风险对企业全要素生产率的正向激励主要体现在非国有企业、劳动密集型企业、资本密集型企业以及技术密集型企业。机制分析进一步揭示了气候风险影响企业生产绩效的有效途径，推动企业加大研发投入和增加企业现金流能够放大气候风险对企业生产绩效的影响效应。因此，提升企业生产绩效作为企业高质量发展的基础性目的，是企业在气候变化背景下仍然要完成的艰巨任务，企业通过加大研发投入并建立灵活的资本管理机制来应对气候风险的威胁，是企业得以取得环境效益与经济效益双项丰收的可行策略。

10.2　政策建议

本书在整合前人优秀理论成果及实践经验的基础上，结合中国经济的发展现状及时代命题的特殊要求，树立了气候变化挑战下实现企业高质量发展路径全方位探索的崭新目标，旨在通过企业的生产力绿色革命和创新革命形成企业的高质量发展体系，进而将整个经济社会带入高质量发展时代。通过构建科学、多维、有效、完善的企业高质量发展评价体系，探寻气候变化对企业高质量发展的多重复杂影响，本书得到了一系列兼具创新性与实用性的研究结论，为未来企业在气候危机中持续保持高质量发展的水准提供了丰富的政策措施支持和战略规划支撑。因此，本书基于理论分析和实证研究所得出的开创性成果就以下四个方面提供政策建议。

10.2.1 企业：低碳发展贯穿始终，绿色引领创新驱动

首先，企业应将绿色循环发展理念贯穿企业生产经营的前端至终端，将节约资源和保护环境的发展原则纳入企业成长战略规划的核心内容中。这意味着企业须将绿色改革的目标落实到产品设计、生产制造、物流配送以及销售服务等各个环节，确保环保材料使用的优先级，优化生产工艺，降低能源消耗，提高能源效率，实现全方位的节能降碳改造。具体而言，制造业企业可推广采用轻量化、模块化设计，削减原材料使用量；推广使用节能设备和技术，将生产过程中的能源消耗结构调整至最优。同时，企业须加强环境绩效管理，建立完善的环境监测体系，定期对自身的环境绩效进行评估和考核，找准企业高碳排放的“病灶所在”，针对薄弱环节对症下药；在产品中引入碳标签，通过提升企业绿色形象和塑造企业绿色品牌价值赢得消费者的道德认同感，扩大市场份额。此外，企业还需加强与上下游企业的合作，共同构建绿色供应链，推动整个产业链的绿色转型。通过与供应商合作，签订原材料的绿色采购协议；与经销商合作，优化物流配送方案，减少运输过程中的碳排放，实现产业链上下游企业的协同发展，在企业巩固高质量发展追求过程中建立应对气候变化挑战的战线联盟。

其次，企业须将创新驱动发展战略置于企业高质量发展路线规划的首要位置，加大研发投入，聚焦关键核心技术攻关，突破“卡脖子”问题。这意味着企业须竭力承担科研与生产双肩挑的任务，突破新能源应用、清洁技术推广以及低耗能生产设备投产的技术“瓶颈”。具体而言，企业可以建立博士后科研工作站，创建国家技术创新中心、国家重点实验室等研发平台，自主组织实施重大研发任务；加强产学研用合作，推动科技成果转化应用，积极探索人工智能、大数据、云计算、区块链在企业生产经营中的应用场景。同时，鼓励员工开展创新活动，设立创新奖励基金，对在

创新中具有突出贡献的员工给予丰厚的物质和精神奖励，打造良好的创新氛围和企业文化；注重人才培养和绿色人才引进，建立内部培训体系，针对绿色低碳技术应用以及可持续发展管理构建系统完整的人才培养流程，以优先晋升机会和项目主导权等引导新型复合人才发挥专业优势和创新潜能。此外，企业还需加强知识产权保护，积极申请专属于企业的绿色专利与商标，根据自身业务特点和目标市场等因素定位核心技术和主要品牌，制定与企业发展策略相适应的知识产权布局规划，并在品牌培育中采取"商标先行"的策略；对于研发成果，企业可视技术的创新性及价值性进行分层级、分类别的专利布局，根据技术类型在专利、著作权、商业秘密中合理选择单一保护模式或交叉保护模式，将技术创新视为企业在市场竞争中优先实现高质量发展的制胜要点。

10.2.2　金融机构：开源扩渠资金融通，内外合力风险防控

首先，应强化金融机构在推动企业应对气候变化以及实现高质量发展过程中的资金支持和资源配置作用，优化金融资源配置结构，契合经济高质量发展的短期需求与长期战略要求，促进金融与经济的良性互动和可持续发展。具体而言，金融机构可针对企业绿色转型和应对气候风险的资金需求特点，开发绿色信贷、绿色债券、绿色基金、绿色保险等绿色金融产品，并根据企业的碳减排效果和环境绩效等因素，给予差异化、优惠化的贷款利率和信贷额度；建立绿色项目快速审批通道，简化审批手续，精简审批流程，提高企业绿色融资的便利性。同时，鼓励金融机构按照市场化、法治化原则，对生态环境治理内容和关联产业一体化实施的生态环境导向的开发模式（EOD）项目给予整体授信；拓展多元化气候投融资服务，支持气候投融资试点建设，培育具有显著气候效益的重点项目，探索多元化气候投融资工具和服务体系。此外，金融机构应进一步创新气候投融资政策工具，发挥主权基金等大额资金的作用，引导更多社会资本投向应对气候变化等重点领域；根据企业的碳减排目标和实际碳足迹，提供与碳减排效果挂钩的贷款，并允许企业以其拥有的碳排放权作为质押，获得

贷款支持，以绿色资金助力企业探寻高质量发展路径。

其次，金融机构应将气候风险纳入全面风险管理体系，明确"三道防线"职责分工，将气候风险因素融入风险管理全过程，为企业高质量发展牢牢构筑风险屏障。具体而言，金融机构应对企业的气候风险暴露、风险传导机制以及潜在损失进行科学评估，在贷款审批和投资决策等环节合理确定风险定价和风险限额；监测和报告气候相关风险敞口，以确保管理在风险偏好范围内，采用定量和定性工具来识别预警迹象。同时，明确 ESG 与气候风险管理职责，将 ESG 与气候风险纳入向高级管理层与董事会的报告范围，探索在风险偏好制定过程中将 ESG 与气候风险因素纳入考量；完善内部评级模型，在金融机构的内部评级模型中综合评价客户各方面经营和风险状况，同时考虑 ESG 相关因素。此外，金融机构应借鉴并采纳国际通行的信息披露框架，按照气候相关财务信息披露工作组（TCFD）框架披露气候风险信息，发布专门针对金融机构气候风险信息披露的指导性文件和细则；加强与专业气候风险评估机构的合作，引入先进的风险评估技术和预测模型，在气候风险管理中引入人工智能和机器学习方法，实现金融机构风险管理技术创新应用与企业高质量发展创新驱动发展战略规划同频共进。

10.2.3　监管部门：法律警戒市场协同，网络搭建堵点疏通

首先，监管部门应发挥在改革和转型过程中规范和引导企业的"守门员"作用，强化对市场的监督、指引和服务，以市场机制和法治体系的深度融合提升监管效能，推进企业高质量发展在法治轨道上运行。具体而言，监管部门须定期对企业进行气候风险压力测试，评估企业在不同气候风险情景下的财务状况和经营稳定性，要求气候风险触发红线警报的企业在规定时间内制订针对性应急预案，并跟踪监督预案实施情况；建立企业环境信用评价体系，将企业的环境绩效与信用评级挂钩，对环境信用表现不佳的企业进行联合惩戒，限制其市场准入和融资渠道。同时，加强督促企业绿色信息披露，强制企业定期发布环境责任报告，制定统一的绿色信

息披露标准和格式，加大信息披露不规范企业的违法成本；通过定期检查、抽查等方式确保企业环境信息披露的准确性、完整性和真实性，对存在虚假信息的企业采取限制其参与政府采购、禁止其上市融资、取消其荣誉称号等措施责令其整改。此外，监管部门须制定科学合理的考核评价指标，具体细化到绿色信贷投放规模、绿色债券发行量以及绿色金融创新产品数量等；建立智能化的监管法规信息跟踪与分析系统，自动发现、识别、归档新发布的绿色行为监管信息，以树立绿色标杆引领行业高质量发展风向。

其次，监管部门应为不同的市场部门搭建信息桥梁，以监管信息为纽带，建立监管部门、金融机构、企业、行业协会以及政府部门之间的高质量监管网络，为企业高质量发展破除信息壁垒。具体而言，监管部门可以建立金融机构与企业之间的常态化对接机制，定期组织银企对接，促进金融机构与企业之间的信息互联互通；搭建线上线下的银企对接平台，定期发布企业的绿色融资需求和金融机构的绿色金融产品信息，组织双方进行面对面的交流和洽谈，加大企业绿色转型获取金融支持的便捷性。同时，深化与财政部门的合作，破解财政政策与企业环境绩效之间的信息不对称，推动绿色财政资源流向企业技术升级的洼地，解决政府财政政策与企业财政需求脱轨的难题；进一步深化与科技部门的合作，利用企业绿色发展信息引导企业与科研机构通力合作开展碳捕获与封存技术和高效太阳能利用技术等前沿绿色技术研究。此外，监管部门应坚持企业绿色革命经验"引进来"与"走出去"政策，积极参与国际绿色金融标准制定，推动国内绿色金融标准与国际接轨，提升企业国际话语权和市场影响力，在对抗气候风险的国际队伍中发挥示范作用；深化与共建企业跨国绿色项目的重点领域市场规划与顶层设计合作，以此融合国际先进的项目开发标准与监管准则，推动国内监管体系程序与结构优化，为企业高质量发展路径创新方案试水建立灵活的、科学的、符合全球共同气候目标需求的监管体系。

10.2.4　政府：财政援助加减并重，区域协同发展与共

首先，政府应充分发挥财政政策的导向性、撬动性以及激励性作用，

构建财金联动大格局，将主体财政资源向绿色创新发展型实体企业倾斜，优化政策工具，多措并举释放企业高质量发展活力。具体而言，政府应增加企业绿色发展专项资金规模，用于入规企业奖励、新型工业高质量发展奖励、低碳技术创新升级以及企业纾困增效，以财政资金赋能企业绿色转型；着力强化制造业领域重点研发计划，推行研发费用加计扣除政策，深入实施重大技术设备和重点材料应用保险补偿，促进重点产品绿色创新应用。同时，须积极推动惠企政策落实落地，深入企业、窗口等宣传低碳发展财政政策，加快惠企资金兑付；优化营商环境，税费政策不断加码，会同税务、工信、文旅和住建等部门落实落细减税降费，助力企业绿色改革轻装上阵。此外，政府可以设立科创基金，推动企业、高校以及科研机构创新资源形成优势互补，加快产学研深度融合，使企业绿色创新动力多源头化；积极布局新兴产业和未来产业，发挥政府引导基金的杠杆作用，吸引社会资本参与，加大对新能源、新材料、节能环保等绿色产业的投资力度，培育新的经济增长点，推动产业结构优化升级，为气候变化中的企业高质量发展提供更为广阔的空间和机遇。

其次，政府应基于区域发展的平衡性和协调性，发挥财政信号的指引功能，促进形成地区间企业合作与产业融合、功能互补与规模增效的整体企业高质量发展空间格局。具体而言，政府可以设立区域协调发展基金，重点支持中西部地区和东北老工业基地的绿色产业转型升级，改善区域间绿色财政资源的分配不平等现状，促进绿色低碳产业在区域间的梯度转移；推动区域间形成完整产业链条，建立跨区域的产业园区和产业联盟，促进资源的优化配置和区域同频发展。同时，加强跨区域的交通、能源以及信息等基础设施建设，提高区域间的互联互通水平，降低企业获取绿色发展资源要素的物流成本；引导社会资本参与市政设施投资运营，加大关键核心技术研发，提升基础设施技术自主可控水平，推动形成布局合理、功能完善、衔接紧密、保障有力的现代化基础设施网络体系，为企业绿色创新发展协调各方资源提供基础保障。此外，政府应建立区域间的政策协调机制，定期召开区域政策协调会议，推进实行统一的市场准入和公平竞争制度，消除市场分割和地方保护主义，为新兴绿色企业拓展发展空间；

推进建立区域间资源共享机制，打破行政壁垒，建立区域间的人才交流平台，引导资金向绿色产业和创新项目跨区域循环流动，通过政府因势利导、政策因地制宜打造企业高质量发展的良好生态制度环境。

总而言之，气候变化将人类经济社会发展推进了人与自然展开全面博弈的时代，但也使世界各国脱离了各自独立与自然灾害抗衡的孤岛，这是全球不同国界、不同发展形态以及不同发展目标的经济群体为建立统一战线的首次破壁。进入温室效应时代，人类经济社会生产的绿色革命得到了世界范围内的广泛认同，绿色低碳发展成为经济可持续向前迈进的主导发展原则。由此，高质量发展成为当前乃至长远阶段人类社会发展的主旋律。作为社会生产力的主要载体，企业的高质量发展是气候风险挑战下旧式生产力能否过渡到绿色生产力的关键，是人类在与气候变化斗争中能否取得胜利的决定性一环。因此，在气候风险对社会生产的遏制中寻求企业高质量发展路径是当前全人类不可推脱的使命。只有政府、企业、金融机构、监管部门以及消费者等市场主体齐心协力，以坚定不移的信念探索企业高质量发展路径，以坚实牢固的政策破除企业高质量发展桎梏，以坚韧不拔的决心铺就企业高质量发展道路，才能实现人类与气候风险抗争的全面胜利，为社会未来发展赢取福祉、为经济财富增长谋求福利、为人类生存繁荣传递福音！

参考文献

［1］白重恩，刘俏，陆洲，等．中国上市公司治理结构的实证研究［J］．经济研究，2005（2）：81－91．

［2］毕晓方，刘晟勇，傅绍正，等．盈余平滑影响企业突破式创新吗——外部利益相关者评价的视角［J］．会计研究，2022（12）：91－102．

［3］曾国安，张宏强，刘轶芳，等．企业市场表现、财务绩效及环境信息披露——基于重污染上市企业的分析［J］．吉林大学社会科学学报，2021，61（4）：94－104，236．

［4］陈国进，郭珺莹，赵向琴．气候金融研究进展［J］．经济学动态，2021（8）：131－145．

［5］陈海强，韩乾，吴错．融资约束抑制技术效率提升吗？——基于制造业微观数据的实证研究［J］．金融研究，2015（10）：148－162．

［6］陈海山，陈志龙．气候风险、经济增长与城市内涵式发展——基于暴雨冲击的经验证据［J］．统计研究，2024，41（6）：121－134．

［7］陈建华．经济政策不确定性对企业融资成本的影响研究［J］．东岳论丛，2023，44（7）：126－137．

［8］翟淑萍，黄宏斌，毕晓方．资本市场业绩预期压力、投资者情绪与企业研发投资［J］．科学学研究，2017，35（6）：896－906．

［9］丁海，石大千，朱文博．环境法制建设与污染企业金融化——基于新《环境保护法》出台的准自然实验［J］．金融学季刊，2021，15

（4）：83－116.

［10］丁攀，李凌，李业嘉，等．气候转型风险宏观情景压力测试：方法探索及行业应用——基于高碳企业债券违约概率模型［J］．南方金融，2022（12）：16－32.

［11］丁宇刚，孙祁祥．气候风险对中国农业经济发展的影响——异质性及机制分析［J］．金融研究，2022（9）：111－131.

［12］丁志帆．数字经济驱动经济高质量发展的机制研究：一个理论分析框架［J］．现代经济探讨，2020（1）：85－92.

［13］杜剑，张杰．气候变化对企业风险承担能力与金融化关系的影响研究——来自 A 股非金融类上市公司的证据［J］．贵州师范大学学报（社会科学版），2023（1）：73－82.

［14］杜勇，谢瑾，陈建英．CEO 金融背景与实体企业金融化［J］．中国工业经济，2019（5）：136－154.

［15］杜勇，张欢，陈建英．金融化对实体企业未来主业发展的影响：促进还是抑制［J］．中国工业经济，2017（12）：113－131.

［16］干胜道，贺易，肖亮．非金融企业金融化水平受管理者影响吗？——基于过度自信的视角［J］．当代经济管理，2018，40（2）：11－16.

［17］高睿，王营，曹廷求．气候变化与宏观金融风险——来自全球 58 个代表性国家的证据［J］．南开经济研究，2022（3）：3－20.

［18］顾雷雷，郭建鸾，王鸿宇．企业社会责任、融资约束与企业金融化［J］．金融研究，2020（2）：109－127.

［19］韩晶，陈曦，冯晓虎．数字经济赋能绿色发展的现实挑战与路径选择［J］．改革，2022（9）：11－23.

［20］何光辉，杨咸月．融资约束对企业生产率的影响——基于系统 GMM 方法的国企与民企差异检验［J］．数量经济技术经济研究，2012，29（5）：19－35.

［21］侯宇恒，姚鸣奇，曲晓溪，等．气候变化对宏观经济的影响研究——基于 DSGE 模型［J］．生态经济，2023，39（4）：144－152，198.

［22］胡海峰，窦斌，王爱萍．企业金融化与生产效率［J］．世界经济，2020，43（1）：70－96.

［23］黄速建，肖红军，王欣．论国有企业高质量发展［J］．中国工业经济，2018（10）：19－41.

［24］江民星，丰兴亮，何文剑．经济政策不确定性与企业技术创新：经验证据与机制分析［J］．西南大学学报（社会科学版），2022，48（4）：94－108.

［25］江艇．因果推断经验研究中的中介效应与调节效应［J］．中国工业经济，2022（5）：100－120.

［26］金碚．关于"高质量发展"的经济学研究［J］．中国工业经济，2018（4）：5－18.

［27］孔东民，刘莎莎，应千伟．公司行为中的媒体角色：激浊扬清还是推波助澜？［J］．管理世界，2013（7）：145－162.

［28］雷新途，朱容成，黄盈莹．企业金融化程度、诱发因素与经济后果研究［J］．华东经济管理，2020，34（1）：76－85.

［29］李博阳，张嘉望，沈徐豪．气候变化风险存在股票溢价效应吗［J］．财经科学，2024（6）：31－47.

［30］李慧鹏，周小亮．低碳城市建设对企业数字化转型的影响研究——来自上市公司的经验证据［J］．工业技术经济，2023，42（5）：105－113.

［31］李金昌，史龙梅，徐蔼婷．高质量发展评价指标体系探讨［J］．统计研究，2019，36（1）：4－14.

［32］李静，彭飞，毛德凤．研发投入对企业全要素生产率的溢出效应——基于中国工业企业微观数据的实证分析［J］．经济评论，2013（3）：77－86.

［33］梁方，赵璞，黄卓．金融科技、宏观经济不确定性与商业银行主动风险承担［J］．经济学（季刊），2022，22（6）：1869－1890.

［34］刘桂平．努力提高金融体系气候风险管理能力［J］．中国金融，2022（5）：9－11.

［35］刘瑞霞．气候风险信息披露的全球实践［J］．中国金融，2022（1）：86 - 88.

［36］刘素荣，谢笑潇，霍江林．补贴退坡对新能源企业研发投资的影响——基于市场预期调节视角［J］．资源与产业，2022，24（4）：65 - 76.

［37］刘小峰，赵慧菊，庞纪阳．环境管理能力提升能否改善环境绩效与财务绩效？——基于 A 股上市公司的实证分析［J］．南京财经大学学报，2019（6）：65 - 73.

［38］刘振华，丁志华，段钊平．气候政策不确定性会加剧能源市场间极端风险溢出吗？［J］．系统工程理论与实践，2023，43（6）：1651 - 1667.

［39］刘志彪，凌永辉．结构转换、全要素生产率与高质量发展［J］．管理世界，2020，36（7）：15 - 29.

［40］毛德凤，李静，彭飞，等．研发投入与企业全要素生产率——基于 PSM 和 GPS 的检验［J］．财经研究，2013，39（4）：134 - 144.

［41］倪克金，刘修岩．数字化转型与企业成长：理论逻辑与中国实践［J］．经济管理，2021，43（12）：79 - 97.

［42］彭俞超，倪骁然，沈吉．企业"脱实向虚"与金融市场稳定——基于股价崩盘风险的视角［J］．经济研究，2018，53（10）：50 - 66.

［43］齐绍洲，段博慧．碳交易政策对企业金融化的影响研究［J］．西安交通大学学报（社会科学版），2022，42（5）：63 - 71.

［44］任保平，李禹墨．新时代我国高质量发展评判体系的构建及其转型路径［J］．陕西师范大学学报（哲学社会科学版），2018，47（3）：105 - 113.

［45］任保平，文丰安．新时代中国高质量发展的判断标准、决定因素与实现途径［J］．改革，2018（4）：5 - 16.

［46］申萌，李凯杰，曲如晓．技术进步、经济增长与二氧化碳排放：理论和经验研究［J］．世界经济，2012，35（7）：83 - 100.

［47］盛明泉，吴少敏，张娅楠．探索式创新与企业全要素生产率

[J]．产业经济研究，2020（1）：28 – 41.

[48] 孙海波，曹迪，刘忠璐．气候政策不确定性、数字化转型与企业投资效率 [J]．上海财经大学学报，2024，26（6）：62 – 77.

[49] 孙烨，许艳．产品市场竞争与融资约束关系研究——基于董事会成员背景特征的中介作用 [J]．产业经济研究，2016（1）：100 – 110.

[50] 田国强，李双建．经济政策不确定性与银行流动性创造：来自中国的经验证据 [J]．经济研究，2020，55（11）：19 – 35.

[51] 田秋生．高质量发展的理论内涵和实践要求 [J]．山东大学学报（哲学社会科学版），2018（6）：1 – 8.

[52] 万华．基于委托代理理论的外部审计独立性分析——以 U 公司为例 [J]．财会通讯，2023（1）：121 – 126.

[53] 汪顺，余璐，雷玲．气候政策不确定性与中国企业升级困境 [J]．财经研究，2024，50（2）：123 – 138.

[54] 汪顺，周泽将．气候政策不确定性与企业债券发行——基于债券信用利差的经验证据 [J]．上海财经大学学报，2023，25（6）：59 – 72，87.

[55] 王博，宋玉峰．气候变化的转型风险对宏观经济和金融稳定的影响——基于存量流量一致性模型视角 [J]．经济学动态，2020（11）：84 – 99.

[56] 王金南，董战峰，蒋洪强，等．中国环境保护战略政策 70 年历史变迁与改革方向 [J]．环境科学研究，2019，32（10）：1636 – 1644.

[57] 王俊领，蔡闫东．公司战略与高管机会主义减持——基于信息不对称和投资者情绪的分析 [J]．经济管理，2022，44（10）：129 – 150.

[58] 王少华，上官泽明．货币政策宽松度、过度金融化与企业创新 [J]．财经科学，2019（10）：45 – 58.

[59] 王永贵，李霞．促进还是抑制：政府研发补助对企业绿色创新绩效的影响 [J]．中国工业经济，2023（2）：131 – 149.

[60] 王竹泉，赵璨，王贞洁．国内外融资约束研究综述与展望 [J]．财务研究，2015（3）：16 – 26.

［61］危平，舒浩，成静涛．气候变化背景下搁浅资产理论的演变［J］．金融论坛，2021，26（9）：70 – 80.

［62］魏敏，李书昊．新时代中国经济高质量发展水平的测度研究［J］．数量经济技术经济研究，2018，35（11）：3 – 20.

［63］闫海洲，陈百助．产业上市公司的金融资产：市场效应与持有动机［J］．经济研究，2018，53（7）：152 – 166.

［64］易福金，周甜甜，陈晓光．气候变化、农业科研投入与农业全要素生产率［J］．南京农业大学学报（社会科学版），2021，21（4）：155 – 167.

［65］于孝建，万梦玥，梁柏淇，等．气候变化、绿色转型与农业贷款不良率——基于压力测试的实证［J］．金融监管研究，2022（8）：40 – 57.

［66］于孝建，詹爱娟．基于碳税冲击的我国商业银行气候转型风险压力测试分析［J］．南方金融，2021（6）：20 – 33.

［67］俞毛毛，马妍妍．环境规制抑制了企业金融化行为么？——基于新《环保法》出台的准自然实验［J］．北京理工大学学报（社会科学版），2021，23（2）：30 – 43.

［68］翟胜宝，易旱琴，郑洁，等．银企关系与企业投资效率——基于我国民营上市公司的经验证据［J］．会计研究，2014（4）：74 – 80，96.

［69］张彩云，吕越．绿色生产规制与企业研发创新——影响及机制研究［J］．经济管理，2018，40（1）：71 – 91.

［70］张成思，张步昙．中国实业投资率下降之谜：经济金融化视角［J］．经济研究，2016，51（12）：32 – 46.

［71］张成思．金融化的逻辑与反思［J］．经济研究，2019，54（11）：4 – 20.

［72］张豪，谭静，张建华．气候变化与城市全要素生产率：理论与实证［J］．气候变化研究进展，2018，14（2）：165 – 174.

［73］张江雪，张力小，李丁．绿色技术创新：制度障碍与政策体系

［J］. 中国行政管理，2018（2）：153－155.

［74］张军扩，侯永志，刘培林，等. 高质量发展的目标要求和战略路径［J］. 管理世界，2019，35（7）：1－7.

［75］张帅，陆利平，张兴敏，等. 金融系统气候风险的评估、定价与政策应对：基于文献的评述［J］. 金融评论，2022，14（1）：99－120，124.

［76］赵宸宇，王文春，李雪松. 数字化转型如何影响企业全要素生产率［J］. 财贸经济，2021，42（7）：114－129.

［77］赵剑波，史丹，邓洲. 高质量发展的内涵研究［J］. 经济与管理研究，2019，40（11）：15－31.

［78］中国人民银行西安分行课题组，魏革军. 气候变化对系统性金融风险的影响研究——兼论应对气候变化的宏观审慎管理［J］. 金融发展研究，2023（1）：57－65.

［79］Aalbers M B. Corporate financialization［J］. International Encyclopedia of Geography：People，the Earth，Environment and Technology，2016：1－11.

［80］Ackerberg D A，Caves K，Frazer G. Identification properties of recent production function estimators［J］. Econometrica，2015，83（6）：2411－2451.

［81］Adachi-Sato M，Vithessonthi C. Bank systemic risk and corporate investment：Evidence from the US［J］. International Review of Financial Analysis，2017，50：151－163.

［82］Adams S，Adedoyin F，Olaniran E，et al. Energy consumption，economic policy uncertainty and carbon emissions：Causality evidence from resource rich economies［J］. Economic Analysis and Policy，2020，68：179－190.

［83］Addoum J M，Ng D T，Ortiz-Bobea A. Temperature shocks and industry earnings news［J］. Journal of Financial Economics，2023，150（1）：1－45.

［84］ Adedoyin F F, Zakari A. Energy consumption, economic expansion, and CO_2 emission in the UK: The role of economic policy uncertainty ［J］. Science of the Total Environment, 2020, 738: 140014.

［85］ Adu D A, Abedin M Z, Saa V Y, et al. Bank sustainability, climate change initiatives and financial performance: The role of corporate governance ［J］. International Review of Financial Analysis, 2024, 95: 103438.

［86］ Aharonson B S, Schilling M A. Mapping the technological landscape: Measuring technology distance, technological footprints, and technology evolution ［J］. Research Policy, 2016, 45 (1): 81 – 96.

［87］ Ahmed R, Chaudhry S M, Kumpamool C, et al. Tail risk, systemic risk and spillover risk of crude oil and precious metals ［J］. Energy Economics, 2022, 112: 106063.

［88］ Akerlof G A. The market for "lemons": Quality uncertainty and the market mechanism ［J］. Quarterly Journal of Economics, 1970, 84 (3): 488 – 500.

［89］ Alayo H, Rider M J, Contreras J. Economic externalities in transmission network expansion planning ［J］. Energy Economics, 2017, 68: 109 – 115.

［90］ Alessandri P, Bottero M. Bank lending in uncertain times ［J］. European Economic Review, 2020, 128: 103503.

［91］ Al-Najjar B, Anfimiadou A. Environmental policies and firm value ［J］. Business Strategy and the Environment, 2012, 21 (1): 49 – 59.

［92］ AlNuaimi B K, Singh S K, Ren S, et al. Mastering digital transformation: The nexus between leadership, agility, and digital strategy ［J］. Journal of Business Research, 2022, 145: 636 – 648.

［93］ Amar Rao, Brian Lucey, Satish Kumar. Climate risk and carbon emissions: Examining their impact on key energy markets through asymmetric spillovers ［J］. Energy Economics, 2023, 126.

［94］ Amin A, Dogan E. The role of economic policy uncertainty in the energy-environment nexus for China: Evidence from the novel dynamic simulations method [J]. Journal of Environmental Management, 2021, 292: 112865.

[95] An H, Chen Y, Luo D, et al. Political uncertainty and corporate investment: Evidence from China [J]. Journal of Corporate Finance, 2016, 36: 174 – 189.

[96] An H, Zhang T. Stock price synchronicity, crash risk, and institutional investors [J]. Journal of Corporate Finance, 2013, 21: 1 – 15.

[97] Andreou P C, Antoniou C, Horton J, et al. Corporate governance and firm-specific stock price crashes [J]. European Financial Management, 2016, 22 (5): 916 – 956.

[98] Andreou P C, Cooper I, Louca C, et al. Bank loan loss accounting treatments, credit cycles and crash risk [J]. British Accounting Review, 2017, 49 (5): 474 – 492.

[99] Arbex M, Batu M. What if people value nature? Climate change and welfare costs [J]. Resource and Energy Economics, 2020, 61: 101176.

[100] Arena M P, Dewally M. Firm location and corporate debt [J]. Journal of Banking & Finance, 2012, 36 (4): 1079 – 1092.

[101] Bai D, Du L, Xu Y, et al. Climate policy uncertainty and corporate green innovation: Evidence from Chinese A-share listed industrial corporations [J]. Energy Economics, 2023, 127: 107020.

[102] Baker E D, Boulton T J, Braga-Alves M V, et al. ESG government risk and international IPO underpricing [J]. Journal of Corporate Finance, 2021, 67: 101913.

[103] Baker M, Wurgler J. Investor sentiment in the stock market [J]. Journal of Economic Perspectives, 2007, 21 (2): 129 – 151.

[104] Bakke T E, Mahmudi H, Fernando C S, et al. The causal effect of option pay on corporate risk management [J]. Journal of Financial Economics, 2016, 120 (3): 623 – 643.

[105] Banalieva E R, Dhanaraj C. Internalization theory for the digital

economy [J]. Journal of International Business Studies, 2019, 50: 1372 – 1387.

[106] Banerjee S, Homroy S, Slechten A. Stakeholder preference and strategic corporate social responsibility [J]. Journal of Corporate Finance, 2022, 77: 102286.

[107] Bansal P, Clelland I. Talking trash: Legitimacy, impression management, and unsystematic risk in the context of the natural environment [J]. Academy of Management Journal, 2004, 47 (1): 93 – 103.

[108] Bansal P, Roth K. Why companies go green: A model of ecological responsiveness [J]. Academy of Management Journal, 2000, 43 (4): 717 – 736.

[109] Barseghyan L, DiCecio R. Entry costs, industry structure, and cross-country income and TFP differences [J]. Journal of Economic Theory, 2011, 146 (5): 1828 – 1851.

[110] Battiston S, Mandel A, Monasterolo I, et al. A climate stress-test of the financial system [J]. Nature Climate Change, 2017, 7 (4): 283 – 288.

[111] Benlemlih M, Yavaş Ç V. Economic policy uncertainty and climate change: Evidence from CO_2 emission [J]. Journal of Business Ethics, 2024, 191 (3): 415 – 441.

[112] Berle A A, Means G G C. The modern corporation and private property [M]. Transaction Publishers, 1991, 42: 989 – 1000.

[113] Bernstein S, Colonnelli E, Malacrino D, et al. Who creates new firms when local opportunities arise? [J]. Journal of Financial Economics, 2022, 143 (1): 107 – 130.

[114] Bertoni F, Croce A, Guerini M. Venture capital and the investment curve of young high-tech companies [J]. Journal of Corporate Finance, 2015, 35: 159 – 176.

[115] Bloom N, Bond S, Van Reenen J. Uncertainty and investment dy-

namics [J]. Review of Economic Studies, 2007, 74 (2): 391 –415.

[116] Bloom N. The impact of uncertainty shocks [J]. Econometrica, 2009, 77 (3): 623 –685.

[117] Borozan D, Borozan B. The asymmetric effect of economic policy uncertainty on energy consumption [J]. Energy Efficiency, 2022, 15 (5): 28.

[118] Brammer S J, Pavelin S, Porter L A. Corporate social performance and geographical diversification [J]. Journal of Business Research, 2006, 59 (9): 1025 – 1034.

[119] Brogaard J, Detzel A. The Asset-Pricing Implications of Government Economic Policy Uncertainty [J]. Management Science, 2015, 61 (1): 3 – 18.

[120] Broto V C. Urban governance and the politics of climate change [J]. World Development, 2017, 93: 1 –15.

[121] Caldecott B, Dericks G, Pfeiffer A, et al. Stranded assets: The transition to a low carbon economy [J]. Lloyd's of London Emerging Risk Report, 2016.

[122] Callen J L, Fang X. Religion and stock price crash risk [J]. Journal of Financial and Quantitative Analysis, 2015a, 50 (1 –2): 169 –195.

[123] Callen J L, Fang X. Short interest and stock price crash risk [J]. Journal of Banking and Finance, 2015b, 60: 181 – 194.

[124] Campbell J Y, Hilscher J, Szilagyi J. In search of distress risk [J]. The Journal of Finance, 2008, 63 (6): 2899 –2939.

[125] Campiglio E, Dafermos Y, Monnin P, et al. Climate change challenges for central banks and financial regulators [J]. Nature Climate Change, 2018, 8 (6): 462 –468.

[126] Castells-Quintana D, Krause M, McDermott T K J. The urbanising force of global warming: The role of climate change in the spatial distribution of population [J]. Journal of Economic Geography, 2021, 21 (4): 531 –556.

［127］ Chalvatzis K J, Hooper E. Energy security vs. climate change: Theoretical framework development and experience in selected EU electricity markets ［J］. Renewable and Sustainable Energy Reviews, 2009, 13 （9）: 2703 – 2709.

［128］ Chang C, Chen X, Liao G. What are the reliably important determinants of capital structure in China? ［J］. Pacific-Basin Finance Journal, 2014, 30: 87 – 113.

［129］ Chang K, Kang E, Li Y. Effect of institutional ownership on dividends: An agency-theory-based analysis ［J］. Journal of Business Research, 2016, 69 （7）: 2551 – 2559.

［130］ Chang X, Chen Y, Zolotoy L. Stock liquidity and stock price crash risk ［J］. Journal of Financial and Quantitative Analysis, 2017, 52 （4）: 1605 – 1637.

［131］ Chapple L, Clarkson P M, Gold D L. The cost of carbon: Capital market effects of the proposed emission trading scheme （ETS） ［J］. Abacus, 2013, 49 （1）: 1 – 33.

［132］ Chen X, Fu Q, Chang C P. What are the shocks of climate change on clean energy investment: A diversified exploration ［J］. Energy Economics, 2021b, 95: 105136.

［133］ Chen Y C, Hung M, Wang Y. The effect of mandatory CSR disclosure on firm profitability and social externalities: Evidence from China ［J］. Journal of Accounting and Economics, 2018, 65 （1）: 169 – 190.

［134］ Chen Y, Ma Y. Does green investment improve energy firm performance? ［J］. Energy Policy, 2021, 153: 112252.

［135］ Cheng B, Ioannou I, Serafeim G. Corporate social responsibility and access to finance ［J］. Strategic Management Journal, 2014, 35 （1）: 1 – 23.

［136］ Cheng R, Gupta B, Rajan R S. Do green financial policies offset the climate transition risk penalty imposed on long-term sovereign bond yields?

［J］. Research in International Business and Finance, 2023, 65: 101976.

［137］ Chiu Y B, Lee C C. Effects of financial development on energy consumption: The role of country risks ［J］. Energy Economics, 2020, 90: 104833.

［138］ Choi S, Jung H. Director liability reduction and stock price crash risk: Evidence from Korea ［J］. International Review of Finance, 2021, 21 (4): 1492 – 1502.

［139］ Clarkson M E. A stakeholder framework for analyzing and evaluating corporate social performance ［J］. Academy of Management Review, 1995, 20 (1): 92 – 117.

［140］ Coase R A. The Problem of Social Choice ［J］. The Journal of Law and Economics, 1960 (3).

［141］ Colenbrander S, Vaze P, Vikas C, et al. Low-carbon transition risks for India's financial system ［J］. Global Environmental Change, 2023, 78: 102634.

［142］ Colombo M G, Guerci M, Rovelli P. The effects of firm financialization on human resource management: How financialization affects the design of managerial jobs ［J］. Human Resource Management Journal, 2022, 32 (3): 647 – 663.

［143］ Compston H, Bailey I. Climate policy strength compared: China, the US, the EU, India, Russia, and Japan ［J］. Climate Policy, 2016, 16 (2): 145 – 164.

［144］ Contreras G, Platania F. Economic and policy uncertainty in climate change mitigation: The London Smart City case scenario ［J］. Technological Forecasting and Social Change, 2019, 142: 384 – 393.

［145］ Cook D O, Tang T. Macroeconomic conditions and capital structure adjustment speed ［J］. Journal of Corporate Finance, 2010, 16 (1): 73 – 87.

［146］ Cull R, Xu L C. Institutions, ownership, and finance: The determinants of profit reinvestment among Chinese firms ［J］. Journal of Financial

Economics, 2005, 77 (1): 117 – 146.

[147] Cupertino S, Consolandi C, Vercelli A. Corporate social perform-ance, financialization, and real investment in US manufacturing firms [J]. Sustainability, 2019, 11 (7): 1836.

[148] Dai L, Zhang J, Luo S. Effective R&D capital and total factor pro-ductivity: Evidence using spatial panel data models [J]. Technological Fore-casting and Social Change, 2022, 183: 121886.

[149] Dalton D R, Hitt M A, Certo S T, et al. The fundamental agency problem and its mitigation: Independence, equity, and the market for corporate control [J]. Academy of Management Annals, 2007, 1 (1): 1 – 64.

[150] Dass N, Massa M. The impact of a strong bank-firm relationship on the borrowing firm [J]. The Review of Financial Studies, 2011, 24 (4): 1204 – 1260.

[151] Data B. The Benefits of Lending Relationships: Evidence from Small [J]. The Journal of Finance, 1994, 49 (1).

[152] Datta S, Doan T, Iskandar-Datta M. Policy uncertainty and the ma-turity structure of corporate debt [J]. Journal of Financial Stability, 2019, 44: 100694.

[153] De Guevara J F, Maudos J, Salvador C. Effects of the degree of fi-nancial constraint and excessive indebtedness on firms' investment decisions [J]. Journal of International Money and Finance, 2021, 110: 102288.

[154] Degryse H, Van Cayseele P. Relationship lending within a bank-based system: Evidence from European small business data [J]. Journal of Fi-nancial Intermediation, 2000, 9 (1): 90 – 109.

[155] Delis M D, Greiff K, Iosifidi M, et al. Being stranded with fossil fuel reserves? Climate policy risk and the pricing of bank loans [J]. Journal of Financial Markets, Institutions and Instruments, 2024, 33 (3): 239 – 265.

[156] Delmas M A, Toffel M W. Organizational responses to environmental demands: Opening the black box [J]. Strategic Management Journal, 2008,

29 (10): 1027 – 1055.

[157] Derrien F, Kecskés A, Mansi S A. Information asymmetry, the cost of debt, and credit events: Evidence from quasi-random analyst disappearances [J]. Journal of Corporate Finance, 2016, 39: 295 – 311.

[158] Dietz S, Stern N. Endogenous growth, convexity of damage and climate risk: How Nordhaus' framework supports deep cuts in carbon emissions [J]. The Economic Journal, 2015, 125 (583): 574 – 620.

[159] Dixit A K, Pindyck R S. Investment under uncertainty [M]. Princeton University Press, 1994.

[160] DragomirV D. How do we measure corporate environmental performance? A critical review [J]. Journal of Cleaner Production, 2018, 196: 1124 – 1157.

[161] Du K, Li P, Yan Z. Do green technology innovations contribute to carbon dioxide emission reduction? Empirical evidence from patent data [J]. Technological Forecasting and Social Change, 2019, 146: 297 – 303.

[162] Dumitrescu A, Zakriya M. Stakeholders and the stock price crash risk: What matters in corporate social performance? [J]. Journal of Corporate Finance, 2021, 67: 101871.

[163] Eisenack K, Paschen M. Adapting long-lived investments under climate change uncertainty [J]. Journal of Environmental Economics and Management, 2022, 116: 102743.

[164] Epstein G A. Financialization and the World Economy [J]. Edward Elgar, 2005.

[165] Fan J P H, Wong T J. Corporate ownership structure and the informativeness of accounting earnings in East Asia [J]. Journal of Accounting and Economics, 2002, 33 (3): 401 – 425.

[166] Fang T Y, Lin F, Lin S W, et al. The association between political connection and stock price crash risk: Using financial reporting quality as a moderator [J]. Finance Research Letters, 2020, 34: 101267.

［167］Fankhauser S, Tol R S J. On climate change and economic growth ［J］. Resource and Energy Economics, 2005, 27（1）：1 – 17.

［168］Farah T, Li J, Li Z, et al. The non-linear effect of CSR on firms' systematic risk：International evidence ［J］. Journal of International Financial Markets, Institutions and Money, 2021, 71：101288.

［169］Faulkender M, Flannery M J, Hankins K W, et al. Cash flows and leverage adjustments ［J］. Journal of Financial Economics, 2012, 103（3）：632 – 646.

［170］Faulkender M, Petersen M A. Does the source of capital affect capital structure? ［J］. The Review of Financial Studies, 2006, 19（1）：45 – 79.

［171］Feliciano-Cestero M M, Ameen N, Kotabe M, et al. Is digital transformation threatened? A systematic literature review of the factors influencing firms' digital transformation and internationalization ［J］. Journal of Business Research, 2023, 157：113546.

［172］Fisman R. Estimating the value of political connections ［J］. American Economic Review, 2001, 91（4）：1095 – 1102.

［173］Flammer C. Corporate green bonds ［J］. Journal of Financial Economics, 2021, 142（2）：499 – 516.

［174］Flannery M J, Rangan K P. Partial adjustment toward target capital structures ［J］. Journal of Financial Economics, 2006, 79（3）：469 – 506.

［175］Foley-Fisher N, Ramcharan R, Yu E. The impact of unconventional monetary policy on firm financing constraints：Evidence from the maturity extension program ［J］. Journal of Financial Economics, 2016, 122（2）：409 – 429.

［176］Freeman R E. Strategic management：A stakeholder approach ［M］. Cambridge University Press, 2010.

［177］Fuss S, Szolgayova J, Obersteiner M, et al. Investment under market and climate policy uncertainty ［J］. Applied Energy, 2008, 85（8）：

708 - 721.

[178] Garfinkel J A, Hankins K W. The role of risk management in merg-ers and merger waves [J]. Journal of Financial Economics, 2011, 101 (3): 515 - 532.

[179] Gavriilidis K. Measuring climate policy uncertainty [J]. Available at SSRN 3847388, 2021.

[180] Gefen D, Carmel E. Is the world really flat? A look at offshoring at an online programming marketplace [J]. MIS quarterly, 2008: 367 - 384.

[181] Geng Y, Zheng Z, Ma Y. Digitization, perception of policy uncer-tainty, and corporate green innovation: A study from China [J]. Economic Analysis and Policy, 2023, 80: 544 - 557.

[182] Gerlagh R. A climate-change policy induced shift from innovations in carbon-energy production to carbon-energy savings [J]. Energy Economics, 2008, 30 (2): 425 - 448.

[183] Ghoshal S. Bad management theories are destroying good manage-ment practices [J]. Academy of Management Learning and Education, 2005, 4 (1): 75 - 91.

[184] Ginglinger E, Moreau Q. Climate risk and capital structure [J]. Management Science, 2023, 69 (12): 7492 - 7516.

[185] Giordono L, Gard-Murray A, Boudet H. From peril to promise? Local mitigation and adaptation policy decisions after extreme weather [J]. Cur-rent Opinion in Environmental Sustainability, 2021, 52: 118 - 124.

[186] Goldman E, Rocholl J, So J. Political connections and the alloca-tion of procurement contracts [J]. Unpublished paper, 2008: 2331 - 2360.

[187] Golub A A, Fuss S, Lubowski R, et al. Escaping the climate poli-cy uncertainty trap: Options contracts for REDD + [J]. Climate Policy, 2018, 18 (10): 1227 - 1234.

[188] Gonseth C, Cadot O, Mathys N A, et al. Energy-tax changes and competitiveness: The role of adaptive capacity [J]. Energy Economics, 2015,

48：127 – 135.

［189］ Graham J R，Harvey C R. The theory and practice of corporate finance：Evidence from the field［J］. Journal of Financial Economics，2001，60（2 – 3）：187 – 243.

［190］ Guesmi K，Makrychoriti P，Spyrou S. The relationship between climate risk，climate policy uncertainty，and CO_2 emissions：Empirical evidence from the US［J］. Journal of Economic Behavior and Organization，2023，212：610 – 628.

［191］ Guizani M. Does managerial myopia exacerbate firms excessive financialization? Evidence from Malaysia［J］. Management Research Review，2024.

［192］ Gulen H，Ion M. Policy Uncertainty and Corporate Investment［J］. The Review of Financial Studies，2016，29（3）：523 – 564.

［193］ Guo K，Ji Q，Zhang D. A dataset to measure global climate physical risk［J］. Data in Brief，2024，54：110502.

［194］ Gurley J G，Shaw E S. Financial Aspects of Economic Development［J］. The American Economic Review，1955，45（4）：515 – 538.

［195］ Habib A，Hasan M M，Jiang H. Stock price crash risk：Review of the empirical literature［J］. Accounting and Finance，2018，58：211 – 251.

［196］ Han S，Qiu J. Corporate precautionary cash holdings［J］. Journal of Corporate Finance，2007，13（1）：43 – 57.

［197］ Harris M，Raviv A. The theory of capital structure［J］. The Journal of Finance，1991，46（1）：297 – 355.

［198］ Hart S L，Ahuja G. Does it pay to be green? An empirical examination of the relationship between emission reduction and firm performance［J］. Business strategy and the Environment，1996，5（1）：30 – 37.

［199］ Haurie A，Tavoni M，Van der Zwaan B C C. Modeling Uncertainty and the Economics of Climate Change：Recommendations for Robust Energy Policy［J］. Environmental Modeling and Assessment，2012，17：1 – 5.

［200］ He J，Ma X. Extreme temperatures and firm-level stock returns

［J］. International Journal of Environmental Research and Public Health，2021，18（4）：2004.

［201］ He X，Xu X，Shen Y. How climate change affects enterprise inventory management—From the perspective of regional traffic ［J］. Journal of Business Research，2023，162：113864.

［202］ Healy P M，Palepu K G. Information asymmetry，corporate disclosure，and the capital markets：A review of the empirical disclosure literature ［J］. Journal of Accounting and Economics，2001，31（1－3）：405－440.

［203］ Hennessy C A，Whited T M. How Costly Is External Financing? Evidence from a Structural Estimation ［J］. The Journal of Finance，2007，62（4）：1705－1745.

［204］ Hinkel J，Bisaro A. A review and classification of analytical methods for climate change adaptation ［J］. Wiley Interdisciplinary Reviews：Climate Change，2015，6（2）：171－188.

［205］ Hoffman A J. Climate change strategy：The business logic behind voluntary greenhouse gas reductions ［J］. California Management Review，2005，47（3）：21－46.

［206］ Hong H，Li F W，Xu J. Climate risks and market efficiency ［J］. Journal of Econometrics，2019，208（1）：265－281.

［207］ Howarth E，Hoffman M S. A multidimensional approach to the relationship between mood and weather ［J］. British Journal of Psychology，1984，75（1）：15－23.

［208］ Huang H C，Wang X，Xiong X. When macro time series meets micro panel data：A clear and present danger ［J］. Energy Economics，2022，114：106289.

［209］ Huang H H，Kerstein J，Wang C. The impact of climate risk on firm performance and financing choices：An international comparison ［J］. Journal of International Business Studies，2018，49（5）：633－656.

［210］ Huang R，Ritter J R. Testing theories of capital structure and estimating the speed of adjustment ［J］. Journal of Financial and Quantitative Analysis, 2009, 44 （2）: 237 – 271.

［211］ Hui K W, Klasa S, Yeung P E. Corporate suppliers and customers and accounting conservatism ［J］. Journal of Accounting and Economics, 2012, 53 （1 – 2）: 115 – 135.

［212］ Huynh T D, Nguyen T H, Truong C. Climate risk: The price of drought ［J］. Journal of Corporate Finance, 2020, 65: 101750.

［213］ Ilhan E, Sautner Z, Vilkov G. Carbon tail risk ［J］. The Review of Financial Studies, 2021, 34 （3）: 1540 – 1571.

［214］ Ilyas M, Mian R U, Suleman M T. Economic policy uncertainty and firm propensity to invest in corporate social responsibility ［J］. Management Decision, 2022, 60 （12）: 3232 – 3254.

［215］ Ioannou I, Serafeim G. The impact of corporate social responsibility on investment recommendations: Analysts' perceptions and shifting institutional logics ［J］. Strategic Management Journal, 2015, 36 （7）: 1053 – 1081.

［216］ Javadi S, Masum A A. The impact of climate change on the cost of bank loans ［J］. Journal of Corporate Finance, 2021, 69: 102019.

［217］ Jensen M C, Meckling W H. Theory of the firm: Managerial behavior, agency costs and ownership structure ［J］. Journal of Financial Economics, 1976, 3 （4）: 305 – 360.

［218］ Jensen S, Traeger C P, Träger C. Pricing climate risk ［R］. CESifo Working Paper, 2021.

［219］ Jeong B. Policy uncertainty and long-run investment and output across countries ［J］. International Economic Review, 2002: 363 – 392.

［220］ Ji Q, Quan X, Yin H, et al. Gambling preferences and stock price crash risk: Evidence from China ［J］. Journal of Banking and Finance, 2021, 128: 106158.

［221］ Ji, Q., Ma, D., Zhai, P., Fan, Y., Zhang, D. Global climate policy uncertainty and financial markets ［J］. Journal of International Financial Markets, Institutions and Money, 2024, 95: 102047.

[222] Jia F, Ma X, Xu X, et al. The differential role of manufacturing and non-manufacturing TFP growth in economic growth [J]. Structural Change and Economic Dynamics, 2020, 52: 174 – 183.

[223] Jiang F, Jiang Z, Huang J, et al. Bank competition and leverage adjustments [J]. Financial Management, 2017, 46 (4): 995 – 1022.

[224] Jiang Z, Wang Z, Lan X. How environmental regulations affect corporate innovation? The coupling mechanism of mandatory rules and voluntary management [J]. Technology in Society, 2021, 65: 101575.

[225] Jin L, Myers S C. R^2 around the world: New theory and new tests [J]. Journal of Financial Economics, 2006, 79 (2): 257 – 292.

[226] Kamien M I, Schwartz N L. Market structure and innovation: A survey [J]. Journal of Economic Literature, 1975, 13 (1): 1 – 37.

[227] Kamiya S, Kang J K, Kim J, et al. Risk management, firm reputation, and the impact of successful cyberattacks on target firms [J]. Journal of Financial Economics, 2021, 139 (3): 719 – 749.

[228] Kang W, Lee K, Ratti R A. Economic policy uncertainty and firm-level investment [J]. Journal of Macroeconomics, 2014, 39: 42 – 53.

[229] Keeling C D. Climate change and carbon dioxide: An introduction [J]. Proceedings of the National Academy of Sciences, 1997, 94 (16): 8273 – 8274.

[230] Kim J B, Wang Z, Zhang L. CEO overconfidence and stock price crash risk [J]. Contemporary Accounting Research, 2016, 33 (4): 1720 – 1749.

[231] Kim Y, Li H, Li S. Corporate social responsibility and stock price crash risk [J]. Journal of Banking and Finance, 2014, 43: 1 – 13.

[232] Koirala S, Marshall A, Neupane S, et al. Corporate governance reform and risk-taking: Evidence from a quasi-natural experiment in an emerging market [J]. Journal of Corporate Finance, 2020, 61: 101396.

［233］ Kolk A, Pinkse J. Business responses to climate change: Identifying emergent strategies ［J］. California Management Review, 2005, 47 (3): 6 – 20.

［234］ Konar S, Cohen M A. Does the market value environmental performance? ［J］. The Review of Economics and Statistics, 2001, 83 (2): 281 – 289.

［235］ Kong D, Zhu L, Yang Z. Effects of foreign investors on energy firms' innovation: Evidence from a natural experiment in China ［J］. Energy Economics, 2020, 92: 105011.

［236］ Korajczyk R A, Levy A. Capital structure choice: Macroeconomic conditions and financial constraints ［J］. Journal of Financial Economics, 2003, 68 (1): 75 – 109.

［237］ Kothari S P, Shu S, Wysocki P D. Do managers withhold bad news? ［J］. Journal of Accounting Research, 2009, 47 (1): 241 – 276.

［238］ Kotsantonis S, Serafeim G. Four things no one will tell you about ESG data ［J］. Journal of Applied Corporate Finance, 2019, 31 (2): 50 – 58.

［239］ Kouloukoui D, de Oliveira Marinho M M, da Silva Gomes S M, et al. Corporate climate risk management and the implementation of climate projects by the world's largest emitters ［J］. Journal of Cleaner Production, 2019, 238: 117935.

［240］ Krippner G R. The financialization of the American economy ［J］. Socio-Economic Review, 2005, 3 (2): 173 – 208.

［241］ Krueger P, Sautner Z, Starks L T. The importance of climate risks for institutional investors ［J］. The Review of Financial Studies, 2020, 33 (3): 1067 – 1111.

［242］ Lamont O, Polk C, Saaá-Requejo J. Financial constraints and stock returns ［J］. The Review of Financial Studies, 2001, 14 (2): 529 – 554.

［243］ Lamperti F, Bosetti V, Roventini A, et al. The public costs of climate-induced financial instability [J]. Nature Climate Change, 2019, 9 (11): 829 - 833.

[244] Lange S, Pohl J, Santarius T. Digitalization and energy consumption. Does ICT reduce energy demand? [J]. Ecological Economics, 2020, 176: 106760.

[245] Leary M T. Bank loan supply, lender choice, and corporate capital structure [J]. The Journal of Finance, 2009, 64 (3): 1143 - 1185.

[246] Lee C C, Wang C W, Ho S J, et al. The impact of natural disaster on energy consumption: International evidence [J]. Energy Economics, 2021, 97: 105021.

[247] Lee C C. Energy consumption and GDP in developing countries: A cointegrated panel analysis [J]. Energy Economics, 2005, 27 (3): 415 - 427.

[248] Lee I, Shin Y J. Fintech: Ecosystem, business models, investment decisions, and challenges [J]. Business Horizons, 2018, 61 (1): 35 - 46.

[249] Lee S Y, Klassen R D. Firms' response to climate change: The interplay of business uncertainty and organizational capabilities [J]. Business Strategy and the Environment, 2016, 25 (8): 577 - 592.

[250] Lei L, Zhang D, Ji Q, et al. A text-based managerial climate attention index of listed firms in China [J]. Finance Research Letters, 2023, 55: 103911.

[251] Lemmon M, Roberts M R. The response of corporate financing and investment to changes in the supply of credit [J]. Journal of Financial and Quantitative Analysis, 2010, 45 (3): 555 - 587.

[252] Lemoine D. The climate risk premium: How uncertainty affects the social cost of carbon [J]. Journal of the Association of Environmental and Resource Economists, 2021, 8 (1): 27 - 57.

[253] Letta M, Tol R S J. Weather, climate and total factor productivity

[J]. Environmental and Resource Economics, 2019, 73 (1): 283 – 305.

[254] Leung W S, Song W, Chen J. Does bank stakeholder orientation enhance financial stability? [J]. Journal of Corporate Finance, 2019, 56: 38 – 63.

[255] Levinsohn J, Petrin A. Estimating production functions using inputs to control for unobservables [J]. The Review of Economic Studies, 2003, 70 (2): 317 – 341.

[256] Li G, Zhang R, Feng S, et al. Digital finance and sustainable development: Evidence from environmental inequality in China [J]. Business Strategy and the Environment, 2022, 31 (7): 3574 – 3594.

[257] Li B, He M, Gao F, et al. The impact of air pollution on corporate cash holdings [J]. Borsa Istanbul Review, 2021a, 21: S90 – S98.

[258] Li K, Guo Z, Chen Q. The effect of economic policy uncertainty on enterprise total factor productivity based on financial mismatch: Evidence from China [J]. Pacific-Basin Finance Journal, 2021b, 68: 101613.

[259] Li K, Xia B, Chen Y, et al. Environmental uncertainty, financing constraints and corporate investment: Evidence from China [J]. Pacific-Basin Finance Journal, 2021c, 70: 101665.

[260] Li K. Does information asymmetry impede market efficiency? Evidence from analyst coverage [J]. Journal of Banking and Finance, 2020, 118: 105856.

[261] Li L, Su F, Zhang W, et al. Digital transformation by SME entrepreneurs: A capability perspective [J]. Information Systems Journal, 2018, 28 (6): 1129 – 1157.

[262] Li Q, Shan H, Tang Y, et al. Corporate climate risk: Measurements and responses [J]. The Review of Financial Studies, 2024, 37 (6): 1778 – 1830.

[263] Li R, Rao J, Wan L. The digital economy, enterprise digital transformation, and enterprise innovation [J]. Managerial and Decision Economics,

2022b，43（7）：2875 – 2886.

［264］Li Z Z，Li R Y M，Malik M Y，et al. Determinants of carbon emission in China：How good is green investment？［J］. Sustainable Production and Consumption，2021d，27：392 – 401.

［265］Li Z Z，Su C W，Moldovan N C，et al. Energy consumption within policy uncertainty：Considering the climate and economic factors［J］. Renewable Energy，2023，208：567 – 576.

［266］Lin B，Wu N. Climate risk disclosure and stock price crash risk：The case of China［J］. International Review of Economics and Finance，2023，83：21 – 34.

［267］Lin M S，Sharma A，Pan B，et al. Information asymmetry in the innovation adoption decision of tourism and hospitality SMEs in emerging markets：A mixed-method analysis［J］. Tourism Management，2023，99：104793.

［268］Lin Y，Fu X，Fu X. Varieties in state capitalism and corporate innovation：Evidence from an emerging economy［J］. Journal of Corporate Finance，2021，67：101919.

［269］Lin Z J，Liu S，Sun F. The impact of financing constraints and agency costs on corporate R&D investment：Evidence from China［J］. International Review of Finance，2017，17（1）：3 – 42.

［270］Ling S，Xia H，Liu Z F，et al. Navigating climate policy uncertainty：Impacts on continuous innovation in corporations［J］. Finance Research Letters，2025，71：106436.

［271］Liu G，Zhang C. Economic policy uncertainty and firms' investment and financing decisions in China［J］. China Economic Review，2020，63：101279.

［272］Liu J，Deng G，Yan J，et al. Unraveling the impact of climate policy uncertainty on corporate default risk：Evidence from China［J］. Finance Research Letters，2023，58：104385.

［273］Liu T，Song Y，Xing X，et al. Bridging production factors allocation and environmental performance of China's heavy-polluting energy firms: The moderation effect of financing and internationalization [J]. Energy, 2021, 222: 119943.

[274] Liu W, McKibbin W J, Morris A C, et al. Global economic and environmental outcomes of the Paris Agreement [J]. Energy Economics, 2020, 90: 104838.

[275] Liu Y, Gao Q. Economic policy uncertainty and enterprise innova-tion in China: From the perspective of equity financing and financing structure [J]. Economic Analysis and Policy, 2024, 81: 17 – 33.

[276] Liverman D. Geography and climate vulnerabilities [J]. Transac-tions of the Institute of British Geographers, 2024, 49 (4): e12721.

[277] Lopez J M R, Sakhel A, Busch T. Corporate investments and envi-ronmental regulation: The role of regulatory uncertainty, regulation-induced un-certainty, and investment history [J]. European Management Journal, 2017, 35 (1): 91 – 101.

[278] Lou Z, Chen S, Yin W, et al. Economic policy uncertainty and firm innovation: Evidence from a risk-taking perspective [J]. International Re-view of Economics and Finance, 2022, 77: 78 – 96.

[279] Lu J, Wang C, Zhang C, et al. Avoided external energy costs due to penetration of renewables: Evidence form Baltic States [J]. Journal of Envi-ronmental Management, 2021, 296: 113247.

[280] Luehrman T A. Investment opportunities as real options: Getting started on the numbers [J]. Harvard Business Review, 1998, 76 (4): 51 – 67.

[281] Luo L, Tang Q. Corporate governance and carbon performance: Role of carbon strategy and awareness of climate risk [J]. Accounting and Fi-nance, 2021, 61 (2): 2891 – 2934.

[282] Luo S. Digital finance development and the digital transformation of enterprises: Based on the perspective of financing constraint and innovation drive

[J]. Journal of Mathematics, 2022, 2022 (1): 1607020.

[283] Lv C, Shao C, Lee C C. Green technology innovation and financial development: Do environmental regulation and innovation output matter? [J]. Energy Economics, 2021b, 98: 105237.

[284] Lv W, Li B. Climate policy uncertainty and stock market volatility: Evidence from different sectors [J]. Finance Research Letters, 2023, 51: 103506.

[285] Lyon T P, Maxwell J W. Corporate social responsibility and the environment: A theoretical perspective [J]. Review of Environmental Economics and Policy, 2008 (2): 2.

[286] Lyu Y, Zhang J, Qing X, et al. The influence of non-financial enterprises' financialization on total factor productivity of enterprises: Promotion or inhibition? [J]. International Journal of Finance and Economics, 2025, 30 (1): 172 – 189.

[287] Ma D, Zhang D, Guo K, et al. Coupling between global climate policy uncertainty and economic policy uncertainty [J]. Finance Research Letters, 2024, 69: 106180.

[288] Ma D, Zhu Q. Innovation in emerging economies: Research on the digital economy driving high-quality green development [J]. Journal of Business Research, 2022, 145: 801 – 813.

[289] Ma Y R, Liu Z, Ma D, et al. A news-based climate policy uncertainty index for China [J]. Scientific Data, 2023, 10 (1): 881.

[290] Ma D, Zhang D, Guo K, et al. Coupling between global climate policy uncertainty and economic policy uncertainty [J]. Finance Research Letters, 2024, 69: 106180.

[291] Malik I, Chowdhury H, Dong X, et al. Do natural disasters encourage bad news hoarding? Evidence from firm-level stock price crash risk [J]. Evidence from firm-level stock price crash risk (January 4, 2022), 2022.

[292] Maouchi Y, Charfeddine L, El Montasser G. Understanding digital

bubbles amidst the COVID – 19 pandemic: Evidence from DeFi and NFTs [J]. Finance Research Letters, 2022, 47: 102584.

[293] Markowitz H. Portfolio Selection [J]. The Journal of Finance, 1952, 7 (1): 77 – 91.

[294] McCollum D L, Zhou W, Bertram C, et al. Energy investment needs for fulfilling the Paris Agreement and achieving the Sustainable Development Goals [J]. Nature Energy, 2018, 3 (7): 589 – 599.

[295] McGlade C, Ekins P. The geographical distribution of fossil fuels unused when limiting global warming to 2 C [J]. Nature, 2015, 517 (7533): 187 – 190.

[296] Meah N. Climate uncertainty and policy making—what do policy makers want to know? [J]. Regional Environmental Change, 2019, 19 (6): 1611 – 1621.

[297] Michiels A, Molly V. Financing decisions in family businesses: A review and suggestions for developing the field [J]. Family Business Review, 2017, 30 (4): 369 – 399.

[298] Monasterolo I, Raberto M. The EIRIN flow-of-funds behavioural model of green fiscal policies and green sovereign bonds [J]. Ecological Economics, 2018, 144: 228 – 243.

[299] Moriarty P, Honnery D. The risk of catastrophic climate change: Future energy implications [J]. Futures, 2021, 128: 102728.

[300] Moyer E J, Woolley M D, Matteson N J, et al. Climate impacts on economic growth as drivers of uncertainty in the social cost of carbon [J]. The Journal of Legal Studies, 2014, 43 (2): 401 – 425.

[301] Naeem K, Li M C. Corporate investment efficiency: The role of financial development in firms with financing constraints and agency issues in OECD non-financial firms [J]. International Review of Financial Analysis, 2019, 62: 53 – 68.

[302] Nagy R L G, Hagspiel V, Kort P M. Green capacity investment un-

der subsidy withdrawal risk [J]. Energy Economics, 2021, 98: 105259.

[303] Nath P K, Behera B. A critical review of impact of and adaptation to climate change in developed and developing economies [J]. Environment, Development and Sustainability, 2011, 13: 141 – 162.

[304] NGFS A. A call for action: Climate change as a source of financial risk [J]. Network for Greening the Financial System: London, UK, 2019.

[305] Nguyen J H, Phan H V. Carbon risk and corporate capital structure [J]. Journal of Corporate Finance, 2020, 64: 101713.

[306] Nguyen T H H, Elmagrhi M H, Ntim C G, et al. Environmental performance, sustainability, governance and financial performance: Evidence from heavily polluting industries in China [J]. Business Strategy and the Environment, 2021, 30 (5): 2313 – 2331.

[307] Nidumolu R, Prahalad C K, Rangaswami M R. Why sustainability is now the key driver of innovation [J]. Harvard Business Review, 2009, 87 (9): 56 – 64.

[308] Nzotta S M, Okereke E J. Financial deepening and economic development of Nigeria: An empirical investigation [J]. African Journal of Accounting, Economics, Finance and Banking Research, 2009, 5 (5).

[309] Opler T, Pinkowitz L, Stulz R, et al. The determinants and implications of corporate cash holdings [J]. Journal of Financial Economics, 1999, 52 (1): 3 – 46.

[310] Orazalin N, Baydauletov M. Corporate social responsibility strategy and corporate environmental and social performance: The moderating role of board gender diversity [J]. Corporate Social Responsibility and Environmental Management, 2020, 27 (4): 1664 – 1676.

[311] Pan X, Pan X, Wu X, et al. Research on the heterogeneous impact of carbon emission reduction policy on R&D investment intensity: From the perspective of enterprise's ownership structure [J]. Journal of Cleaner Production, 2021, 328: 129532.

[312] Pankratz N, Bauer R, Derwall J. Climate change, firm performance, and investor surprises [J]. Management Science, 2023.

[313] Pastor L, Veronesi P. Uncertainty about government policy and stock prices [J]. The Journal of Finance, 2012, 67 (4): 1219 – 1264.

[314] Peñasco C, Anadón L D, Verdolini E. Systematic review of the outcomes and trade-offs of ten types of decarbonization policy instruments [J]. Nature Climate Change, 2021, 11 (3): 257 – 265.

[315] Peng Y, Tao C. Can digital transformation promote enterprise performance? —From the perspective of public policy and innovation [J]. Journal of Innovation and Knowledge, 2022, 7 (3): 100198.

[316] Phan H V, Nguyen N H, Nguyen H T, et al. Policy uncertainty and firm cash holdings [J]. Journal of Business Research, 2019, 95: 71 – 82.

[317] Pindyck R S. Climate change policy: What do the models tell us? [J]. Journal of Economic Literature, 2013, 51 (3): 860 – 872.

[318] Pinkse J, Gasbarro F. Managing physical impacts of climate change: An attentional perspective on corporate adaptation [J]. Business and Society, 2019, 58 (2): 333 – 368.

[319] Pirgaip B, Dinçergök B. Economic policy uncertainty, energy consumption and carbon emissions in G7 countries: Evidence from a panel Granger causality analysis [J]. Environmental Science and Pollution Research, 2020, 27: 30050 – 30066.

[320] Popp D. Innovation and climate policy [J]. Annual Review Resource Economics, 2010, 2 (1): 275 – 298.

[321] Porter M, Van der Linde C. Green and competitive: Ending the stalemate [J]. The Dynamics of the Eco-efficient Economy: Environmental Regulation and Competitive Advantage, 1995, 33: 120 – 134.

[322] Purnanandam A. Financial distress and corporate risk management: Theory and evidence [J]. Journal of Financial Economics, 2008, 87 (3):

706 – 739.

[323] Rammel C, van den Bergh J C J M. Evolutionary policies for sustainable development: Adaptive flexibility and risk minimising [J]. Ecological Economics, 2003, 47 (2 – 3): 121 – 133.

[324] Reboredo J C, Otero L A. Are investors aware of climate-related transition risks? Evidence from mutual fund flows [J]. Ecological Economics, 2021, 189: 107148.

[325] Reboredo J C, Ugolini A. Climate transition risk, profitability and stock prices [J]. International Review of Financial Analysis, 2022, 83: 102271.

[326] Ren X, Duan K, Tao L, et al. Carbon prices forecasting in quantiles [J]. Energy Economics, 2022a, 108: 105862.

[327] Ren X, Li J, He F, et al. Impact of climate policy uncertainty on traditional energy and green markets: Evidence from time-varying granger tests [J]. Renewable and Sustainable Energy Reviews, 2023a, 173: 113058.

[328] Ren X, Li W, Duan K, et al. Does climate policy uncertainty really affect corporate financialization? [J]. Environment, Development and Sustainability, 2024a, 26 (2): 4705 – 4723.

[329] Ren X, Li W, Li Y. Climate risk, digital transformation and corporate green innovation efficiency: Evidence from China [J]. Technological Forecasting and Social Change, 2024b, 209: 123777.

[330] Ren X, Li Y, Qi Y, et al. Asymmetric effects of decomposed oil-price shocks on the EU carbon market dynamics [J]. Energy, 2022b, 254: 124172.

[331] Ren X, Li Y, Shahbaz M, et al. Climate risk and corporate environmental performance: Empirical evidence from China [J]. Sustainable Production and Consumption, 2022c, 30: 467 – 477.

[332] Ren X, Shi Y, Jin C. Climate policy uncertainty and corporate investment: evidence from the Chinese energy industry [J]. Carbon Neutrality,

2022d, 1 (1): 14.

［333］Ren X, Zeng G, Gozgor G. How does digital finance affect industrial structure upgrading? Evidence from Chinese prefecture-level cities ［J］. Journal of Environmental Management, 2023b, 330: 117125.

［334］Ren X, Zhang X, Yan C, et al. Climate policy uncertainty and firm-level total factor productivity: Evidence from China ［J］. Energy Economics, 2022e, 113: 106209.

［335］Ren X, Zhong Y, Cheng X, et al. Does carbon price uncertainty affect stock price crash risk? Evidence from China ［J］. Energy Economics, 2023c, 122: 106689.

［336］Restrepo N, Uribe J M. Cash flow investment, external funding and the energy transition: Evidence from large US energy firms ［J］. Energy Policy, 2023, 181: 113720.

［337］Roncoroni A, Battiston S, Escobar-Farfán L O L, et al. Climate risk and financial stability in the network of banks and investment funds ［J］. Journal of Financial Stability, 2021, 54: 100870.

［338］Salike N, Huang Y, Yin Z, et al. Making of an innovative economy: A study of diversity of Chinese enterprise innovation ［J］. China Finance Review International, 2022, 12 (3): 496 – 518.

［339］Salisu A A, Ndako U B, Vo X V. Transition risk, physical risk, and the realized volatility of oil and natural gas prices ［J］. Resources Policy, 2023, 81: 103383.

［340］Santos J, Borges A S, Domingos T. Exploring the links between total factor productivity and energy efficiency: Portugal, 1960 – 2014 ［J］. Energy Economics, 2021, 101: 105407.

［341］Sarkodie S A, Owusu P A. Escalation effect of fossil-based CO_2 emissions improves green energy innovation ［J］. Science of the Total Environment, 2021, 785: 147257.

［342］Sautner Z, Van Lent L, Vilkov G, et al. Firm-level climate change exposure [J]. The Journal of Finance, 2023, 78 (3): 1449 – 1498.

[343] Schaltegger S, Wagner M. Sustainable entrepreneurship and sustainability innovation: Categories and interactions [J]. Business Strategy and the Environment, 2011, 20 (4): 222 – 237.

[344] Segal G, Shaliastovich I, Yaron A. Good and bad uncertainty: Macroeconomic and financial market implications [J]. Journal of Financial Economics, 2015, 117 (2): 369 – 397.

[345] Sen S, von Schickfus M T. Climate policy, stranded assets, and investors' expectations [J]. Journal of Environmental Economics and Management, 2020, 100: 102277.

[346] Shang Y, Han D, Gozgor G, et al. The impact of climate policy uncertainty on renewable and non-renewable energy demand in the United States [J]. Renewable Energy, 2022, 197: 654 – 667.

[347] Sheng Y, Song L. Re-estimation of firms' total factor productivity in China's iron and steel industry [J]. China Economic Review, 2013, 24: 177 – 188.

[348] Sheng Y, Zhao S, Yang S. Weather shocks, adaptation and agricultural TFP: A cross-region comparison of Australian Broadacre farms [J]. Energy Economics, 2021, 101: 105417.

[349] Shimbar A. Environment-related stranded assets: What does the market think about the impact of collective climate action on the value of fossil fuel stocks? [J]. Energy Economics, 2021, 103: 105579.

[350] Shleifer A, Vishny R W. Politicians and firms [J]. The Quarterly Journal of Economics, 1994, 109 (4): 995 – 1025.

[351] Soener M. Did the "real" economy turn financial? Mapping the contours of financialisation in the non-financial corporate sector [J]. New Political Economy, 2021, 26 (5): 817 – 831.

[352] Solomon S J, Bendickson J S, Marvel M R, et al. Agency theory and entrepreneurship: A cross-country analysis [J]. Journal of Business Re-

search, 2021, 122: 466 - 476.

[353] Stambaugh F. Risk and value at risk [J]. European Management Journal, 1996, 14 (6): 612 - 621.

[354] Stein J C. Information production and capital allocation: Decentralized versus hierarchical firms [J]. The Journal of Finance, 2002, 57 (5): 1891 - 1921.

[355] Stern N H. The economics of climate change: The Stern review [M]. Cambridge University Press, 2007.

[356] Stiglitz J E, Weiss A. Credit rationing in markets with imperfect information [J]. The American Economic Review, 1981, 71 (3): 393 - 410.

[357] Stolbova V, Monasterolo I, Battiston S. A financial macro-network approach to climate policy evaluation [J]. Ecological Economics, 2018, 149: 239 - 253.

[358] Stott P A, Christidis N, Otto F E L, et al. Attribution of extreme weather and climate-related events [J]. Wiley Interdisciplinary Reviews: Climate Change, 2016, 7 (1): 23 - 41.

[359] Stroebel J, Wurgler J. What do you think about climate finance? [J]. Journal of Financial Economics, 2021, 142 (2): 487 - 498.

[360] Su C W, Naqvi B, Shao X F, et al. Trade and technological innovation: The catalysts for climate change and way forward for COP21 [J]. Journal of Environmental Management, 2020, 269: 110774.

[361] Tavakolifar M, Omar A, Lemma T T, et al. Media attention and its impact on corporate commitment to climate change action [J]. Journal of Cleaner Production, 2021, 313: 127833.

[362] Tol R S J. The economic impacts of climate change [J]. Review of Environmental Economics and Policy, 2018.

[363] Tran Q T. Economic policy uncertainty and cost of debt financing: International evidence [J]. The North American Journal of Economics and Finance, 2021, 57: 101419.

［364］ Tyteca D, Carlens J, Berkhout F, et al. Corporate environmental performance evaluation: Evidence from the MEPI project ［J］. Business Strategy and the Environment, 2002, 11 (1): 1 – 13.

［365］ Valta P. Competition and the cost of debt ［J］. Journal of Financial Economics, 2012, 105 (3): 661 – 682.

［366］ Verhoef P C, Broekhuizen T, Bart Y, et al. Digital transformation: A multidisciplinary reflection and research agenda ［J］. Journal of Business Research, 2021, 122: 889 – 901.

［367］ Wang B, Zhao J, Dong K, et al. High-quality energy development in China: Comprehensive assessment and its impact on CO_2 emissions ［J］. Energy Economics, 2022, 110: 106027.

［368］ Wang C, Deng X, Wang D, et al. Financial regulation, financing constraints, and enterprise innovation performance ［J］. International Review of Financial Analysis, 2024: 103387.

［369］ Wang F, Sun J, Liu Y S. Institutional pressure, ultimate ownership, and corporate carbon reduction engagement: Evidence from China ［J］. Journal of Business Research, 2019, 104: 14 – 26.

［370］ Wang L F, Dai Y J. Analysis of provincial eco-efficiency and eco-efficiency illusion in China ［J］. China Population, Resources and Environment, 2017, 27 (2): 71 – 76.

［371］ Wang N, Hagedoorn J. The lag structure of the relationship between patenting and internal R&D revisited ［J］. Research Policy, 2014, 43 (8): 1275 – 1285.

［372］ Watts N, Adger W N, Agnolucci P, et al. Health and climate change: Policy responses to protect public health ［J］. The Lancet, 2015, 386 (10006): 1861 – 1914.

［373］ Weinhofer G, Busch T. Corporate strategies for managing climate risks ［J］. Business Strategy and the Environment, 2013, 22 (2): 121 – 144.

［374］ Wen F，Li C，Sha H，et al. How does economic policy uncertainty affect corporate risk-taking? Evidence from China ［J］. Finance Research Letters，2021，41：101840.

［375］ Wen F，Xu L，Ouyang G，et al. Retail investor attention and stock price crash risk：Evidence from China ［J］. International Review of Financial Analysis，2019，65：101376.

［376］ Wen H，Lee C C，Zhou F. How does fiscal policy uncertainty affect corporate innovation investment? Evidence from China's new energy industry ［J］. Energy Economics，2022，105：105767.

［377］ Wheeler T，Von Braun J. Climate change impacts on global food security ［J］. Science，2013，341（6145）：508－513.

［378］ Whited T M，Wu G. Financial constraints risk ［J］. Review of Financial Studies，2006，19（2）：531－559.

［379］ Wu G，Hu G. Asymmetric spillovers and resilience in physical and financial assets amid climate policy uncertainties：Evidence from China ［J］. Technological Forecasting and Social Change，2024，208：123701.

［380］ Xie G，Chen J，Hao Y，et al. Economic policy uncertainty and corporate investment behavior：Evidence from China's Five-Year Plan cycles ［J］. Emerging Markets Finance and Trade，2021，57（10）：2977－2994.

［381］ Xie X，Zou H，Qi G. Knowledge absorptive capacity and innovation performance in high-tech companies：A multi-mediating analysis ［J］. Journal of Business Research，2018，88：289－297.

［382］ Xu G，Li G，Sun P，et al. Inefficient investment and digital transformation：What is the role of financing constraints? ［J］. Finance Research Letters，2023，51：103429.

［383］ Xu L，Rao Y，Cheng Y，et al. Internal coalition and stock price crash risk ［J］. Journal of Corporate Finance，2020，64：101640.

［384］ Xu N，Li X，Yuan Q，et al. Excess perks and stock price crash risk：Evidence from China ［J］. Journal of Corporate Finance，2014，25：

419 - 434.

［385］Xu X, Ren X, He F. Climate policy uncertainty and bank liquidity creation ［J］. Finance Research Letters, 2024, 65: 105403.

［386］Xu X, Wang Y. Ownership structure and corporate governance in Chinese stock companies ［J］. China Economic Review, 1999, 10 (1): 75 - 98.

［387］Xu X, Xuan C. A study on the motivation of financialization in emerging markets: The case of Chinese nonfinancial corporations ［J］. International Review of Economics and Finance, 2021, 72: 606 - 623.

［388］Xu Z. Economic policy uncertainty, cost of capital, and corporate innovation ［J］. Journal of Banking and Finance, 2020, 111: 105698.

［389］Yan C, Yan J. Optimal and naive diversification in an emerging market: Evidence from China's A-shares market ［J］. International Journal of Finance and Economics, 2021, 26 (3): 3740 - 3758.

［390］Ye L. The effect of climate news risk on uncertainties ［J］. Technological Forecasting and Social Change, 2022, 178: 121586.

［391］Yeo H J. Role of free cash flows in making investment and dividend decisions: The case of the shipping industry ［J］. The Asian Journal of Shipping and Logistics, 2018, 34 (2): 113 - 118.

［392］Yildiz Y, Karan M B. Environmental policies, national culture, and stock price crash risk: Evidence from renewable energy firms ［J］. Business Strategy and the Environment, 2020, 29 (6): 2374 - 2391.

［393］Yuan M, Zhang L, Lian Y. Economic policy uncertainty and stock price crash risk of commercial banks: Evidence from China ［J］. Economic Analysis and Policy, 2022, 74: 587 - 605.

［394］Zhang D. Green credit regulation, induced R&D and green productivity: Revisiting the Porter Hypothesis ［J］. International Review of Financial Analysis, 2021, 75: 101723.

［395］Zhang G, Han J, Pan Z, et al. Economic policy uncertainty and capital structure choice: Evidence from China [J]. Economic Systems, 2015, 39 (3): 439 – 457.

[396] Zhang M, Zhang R, Zhao Y. Economic policy uncertainty and volatility of corporate bond credit spread: Evidence from China and the United States [J]. International Review of Economics and Finance, 2024, 93: 827 – 841.

[397] Zhang P, Deschenes O, Meng K, et al. Temperature effects on productivity and factor reallocation: Evidence from a half million Chinese manufacturing plants [J]. Journal of Environmental Economics and Management, 2018, 88: 1 – 17.

[398] Zhang Y, Xing C, Wang Y. Does green innovation mitigate financing constraints? Evidence from China's private enterprises [J]. Journal of Cleaner Production, 2020, 264: 121698.

[399] Zhao L, Ma Y, Chen N, et al. How does climate policy uncertainty shape corporate investment behavior? [J]. Research in International Business and Finance, 2025, 74: 102696.

[400] Zheng J, Mi Z, Coffman D M, et al. Regional development and carbon emissions in China [J]. Energy Economics, 2019, 81: 25 – 36.

[401] Zhou N, Price L, Yande D, et al. A roadmap for China to peak carbon dioxide emissions and achieve a 20% share of non-fossil fuels in primary energy by 2030 [J]. Applied Energy, 2019, 239: 793 – 819.

[402] Zhou X, Zhou D, Zhao Z, et al. A framework to analyze carbon impacts of digital economy: The case of China [J]. Sustainable Production and Consumption, 2022, 31: 357 – 369.

[403] Zhu B, Deng Y, Lin R, et al. Energy security: Does systemic risk spillover matter? Evidence from China [J]. Energy Economics, 2022a, 114: 106252.

[404] Zhu D, Gao X, Luo Z, et al. Environmental performance and corporate risk-taking: Evidence from China [J]. Pacific-Basin Finance Journal, 2022b, 74: 101811.

［405］Zhu N, Zhang X, Ren X, et al. The response of corporate innovation to climate policy uncertainty: Evidence from China ［J］. Journal of Environmental Assessment Policy and Management, 2023, 25 (2): 2350008.

［406］Zhu Z, Zhu Z, Xu P, et al. Exploring the impact of government subsidy and R&D investment on financial competitiveness of China's new energy listed companies: An empirical study ［J］. Energy Reports, 2019, 5: 919 – 925.

［407］Zulkhibri M. Corporate investment behaviour and monetary policy: Evidence from firm-level data for Malaysia ［J］. Global Economic Review, 2013, 42 (3): 269 – 290.